퇴계시 풀이

8

제팔권 속집 권1

도산서당 시 풀이 제팔권 속집 권1

초판 인쇄 • 2019년 2월 15일

초판 발행 • 2019년 2월 25일

지은이 • 이 황

옮긴이 • 이장우·장세후

펴낸곳 • 영남대학교출판부

출판등록 • 1975년 9월 5일 경산 제16-1호

주소 • 경상북도 경산시 대학로 280

전화 • 053) 810-1801~3

FAX • 053) 810-4722

홈페이지 • book.yu.ac.kr

ISBN 978-89-7581-584-3 94810

978-89-7581-329-0 (셋트)

• 값은 표지 뒷면에 있습니다.

• 잘못 만들어진 책은 바꾸어 드립니다.

이 도서의 국립중앙도서관 출판예정도서목록(CIP)은 서지정보유통지원시스템 홈페이지(http://seoji.nl.go.kr)와 국가자료종합목록시스템(http://www.nl.go.kr/kolisnet)에서 이용하실 수 있습니다. (CIP제어번호 : CIP2018038143)

퇴계시 풀이 8

제팔권 속집 권1

이황 지음
이장우 · 장세후 옮김

영남대학교출판부

머리말

《퇴계 시 풀이》 9권을 완간하면서

— 외집·속집 번역까지 마치면서

이번에 퇴계 선생의 목판본 문집에 수록된 한시 중 외집 1권, 속집 1, 2권의 번역을 각각 1책씩 따로 내어 3권을 더 추가함으로서, 필자와 장세후 박사가 30년 가까이 지속하여 오던 퇴계선생의 한시 풀이는, 내집 1~5권, 별집 1권 등 6권에 이어 모두 9권으로 이 《퇴계 시 풀이》 작업을 일단 마무리하게 되었다.

퇴계선생의 시로 번역한 것이 무려 2,200수가 넘는데, 여기에 번역하는 퇴계의 시와 연관이 있는 중국 역대 문인들의 시며 한국 선현들의 시도 많이 참고 자료로 번역하여 첨부하여 두었으니, 번역한 시가 아마도 3,000수 이상이 될 것이라고 생각한다.

거기다가 역주에서 인용한 여러 가지 전고典故 설명에 동원된 시구 풀이는 수없이 많은데, 그런 시구들도 기본적으로는 2구절 이상씩 찾아서 뜻을 풀고, 그러한 시의 제목들까지 모두 한글로 쉽게 풀어 보았으니, 이 9권을 마칠 때까지 우리 두 사람이 지속한 작업의 양과 질은 대단한 노력과 정밀을 기한 것이었다고 감히 자부해본다.

이렇게 오랫동안 일관된 작업을 할 수 있었던 것은 서울의 사단법인 퇴계학연구원에서 내는 학보에 우리들의 원고를 80회 이상 게재하여 주었고, 또 매번 녹록치 않는 원고료를 지급하여 준 덕분이었으니 감사를 드린다. 또 이 책을 앞서 두 차례에 나누어 낼 때마다 대한민국학술원에서 번번히 우수학술도서로 선정하여, 이 책의 가치를 인정해 주고 크게 선양하여 준 점에 대하여서도 감격하고 있다.

이 모두 우리나라의 경제 발전과 더불어 이어지는 문화 발전의 징표들이라고 생각하면서 감사할 뿐이다. 앞으로도 계속하여 우리나라의 전통문화 연구와 이퇴계 학문이 거듭 발전하여 세계적으로도 크게 선양될 날을 기대하여 본다. 그러한 뜻 깊은 발전을 하는데 이 책도 일조하게 되기를 바랄 뿐이다.

지금 서울 퇴계학연구원에서는 이퇴계 전서 정본定本 작업을 재개하고 있으며, 우리가 번역하지 못한 시—목판본 문집에 수록되지 않은 시—까지 계속하여 수집하려고 노력하고 있는데, 아마 그 양이 그렇게 많지는 않을 것 같이 생각되지만, 그런 것은 그 작업이 완성된 뒤에 다시 이 작업의 〈보유〉편으로 1권을 더 추가하였으면 싶다.

영남대학교 출판부에서도 이 책을 맡아서 매우 정성을 기울여서 책을 내어 주고 관리하여 주고 있다. 처음에 이 책을 내도록 결정을 하여 준 10년 전 당시의 출판부장 이희욱 교수의 배려를 잊을 수 없으며, 10여 년 동안이나 이 책을 다듬어 준 이종백 출판 실장에게도 감사를 드린다.

2019년 2월

북산서루에서

공역자 이장우李章佑 적음.

차례

1. 次吳仁遠偶吟韻[1]

오인원의 우연히 읊조리다라는 시의 운자를 써서 짓다

雲山隨處樂無邊
운 산 수 처 락 무 변

구름 낀 산 곳곳에
즐거움 끝이 없으니,

卜築何須待暮年
복 축 하 수 대 모 년

살 곳 정하여 집 지음 어찌 모름지기
늘그막 기다려야 하리.

已辦衡門藏澗底[2]
이 판 형 문 장 간 저

이미 사립문 갖추어
시내 바닥에 숨겼으나,

豈無良士背山前[3]
기 무 량 사 배 산 전

어찌 없겠는가 훌륭한 선비
산 앞에 살고 계심이.

1 | 오인원(吳仁遠) : 오언의(吳彦毅: 1494~1566)의 자이며 호는 죽오(竹塢)이다. 송재(松齋) 이우(李堣)의 둘째 사위로 퇴계에게는 사촌 자형이 된다. 퇴계의 문인인 춘당(春塘) 오수영(吳守盈)의 부친이다.《별집》 44번 시에 보인다. 이 시의 원운시를 찾을 수 없어 언제 지은 것인지 알기 힘드나, 여기서는 이퇴계가 집을 짓고서 오인원이 가까이 살고 있음을 즐겁게 생각한 뜻으로 풀어보았다.

2 | 형문(衡門) : 형(衡)은 횡(橫)자와도 뜻이 통하며, 「가로대다」라는 뜻이다. 형문은 나무 따위를 가로대어 얼기설기 만든 문이란 뜻이다.《시경·진(陳)나라의 민요·형문(衡門)》「형문의 아래여, 편히 놀고 쉴 수 있도다.」(衡門之下, 可以棲遲) 주자의 주석 「형문은 나무를 가로로 대어 문을 만든 것이다. 문이 깊은 것은 기둥과 글방, 마루, 지붕이 있는데 여기서는 다만 나무를 가로로 대어서 만든 것이다.」(衡門, 橫木為門也. 門之深者, 有阿塾堂宇, 此惟橫木為之)

3 | 양사(良士) : 훌륭한 선비. 여기서는 제목에 나오는 오인원(곧 오언의)를 가리키는 것으로 보았다. 일곱째 구절의 상식자(相識者)도 마찬가지이다.
배산(背山) : 배산임수(背山臨水), 즉 뒤로는 산, 앞으로는 물인 살기 좋은 터를 말한다.

塵機絶處方眞得[4] 진 기 절 처 방 진 득	속세의 기심(機心) 끊어진 곳 바야흐로 정말 얻었으니,
道味多時莫謾傳[5] 도 미 다 시 막 만 전	도의 맛 오랫동안 음미할 뿐 함부로 말하지 않으리.
更有風流相識者 갱 유 풍 류 상 식 자	그 위에 풍류 서로 알아주는 사람 있다면,
時從三徑醉陶然[6] 시 종 삼 경 취 도 연	이따금 세 오솔길 따라 거닐며 기분 좋게 취해보리라.

4 | 진기(塵機) : 《풀이》 제3권 70. 〈구저(鷗瀦)〉 시 해제를 보라.

5 | 도미(道味) : 도의 참된 맛, 참뜻. 《진(晉)나라의 역사·성공간(成公簡)의 전기》 「성품이 소박하여 영리를 추구하지 않았으며 마음을 모아 도를 음미하니 그 뜻을 방해하는 사람이 없었다.」(性朴素, 不求榮利, 潛心味道, 罔有干其志者)

6 | 삼경취도연(三徑醉陶然) : 삼경은 소나무와 국화, 대나무를 심어놓은 오솔길인데, 은자의 거처를 가리킨다. 《내집》 권1 87번 시의 주 7)을 보라. 도연은 기분 좋게 술이 취하는 것을 말한다. 진(晉)나라 도연명(陶淵明)의 〈계절의 운행(時運)〉 「이 한 잔 잡고서, 기분 좋게 취하여 스스로 즐기네.」(揮茲一觴, 陶然自樂)

2. 石蟹_ 十五歲作

가재_ 15세 때 지었다

負石穿沙自有家 부 석 천 사 자 유 가	돌 지고 모래 뚫으니 절로 집이 되었고,
前行郤走足偏多 전 행 각 주 족 편 다	앞으로 갔다 뒤로 물러났다 다리 많기도 하네.
生涯一掬山泉裏 생 애 일 국 산 천 리	평생을 한 웅큼 산의 샘물 안에 있으며,
不問江湖水幾何 불 문 강 호 수 기 하	강과 호수의 물 얼마나 되는지 묻지 않는다네.

3. 登尙州觀水樓[1] _樓在洛東江東岸○癸巳

상주의 관수루에 오르다_ 누대는 낙동강 동쪽 기슭에 있다 ○ 계사년(1533)

鑿道緣崖北
착 도 연 애 북

길 뚫고 북쪽 벼랑 따라가자니,

飛樓翼岸東
비 루 익 안 동

나는 듯한 누대
기슭 동쪽에서 나래 펼친 듯.

試登槎上漢[2]
시 등 사 상 한

시험 삼아 뗏목 타고
은하수 올라보았는데,

久立腋生風[3]
구 립 액 생 풍

오래 서 있자니
겨드랑이에서 바람 생긴다네.

1 | 누각의 명칭은 《맹자·마음을 다함(盡心) 하》의 「물을 보는데도 기술이 있으니 반드시 그 큰 물결을 볼 것이다.」(觀水有術, 必觀其瀾)라는 말에서 따왔다. 관수루를 읊은 시는 《별집》(32번 시)에 보인다.

2 | 사상한(槎上漢) : 뗏목을 타고 은하수로 올라가다. 당나라 왕유(王維)의 〈임금님이 지으신 옥진공주의 산장에 가서 ……라는 시에 삼가 화답하다(奉和聖製幸玉真公主山莊……)〉「정원에는 하늘 뚫고 올라가는 학을 기르고, 시냇물에는 은하수 올라가는 뗏목 흐르네.」(庭養冲天鶴, 溪流上漢槎)

3 | 액생풍(腋生風) : 신선이 되어 하늘에 오름을 말한다. 당나라 노동(盧仝)의 〈붓을 갈겨 간의대부 맹간이 새 차를 보내 준 데에 대해 감사함(走筆謝孟諫議新茶)〉「일곱째 잔은 마실 것도 없이, 또한 오로지 느껴진다네, 두 겨드랑이에 맑은 바람 솔솔 일어남이. 신선 사는 봉래산은 어디에 있는고? 아! 나 옥천자도 이 바람 타고 거기로 돌아가려 한다네.」(七碗喫不得, 也唯覺兩腋習習淸風生. 蓬萊山在何處, 玉川子乘此風欲歸去)

野帶浮嵐逈 야 대 부 람 형	들판은 뜬 이내 아득히 띠고 있고,
江含落照紅 강 함 락 조 홍	강은 지는 해 붉은 빛 머금고 있네.
方知塵世□[4] 방 지 진 세 □	바야흐로 속세의 □ 알고서,
回首羨漁翁 회 수 선 어 옹	고개 돌리며 고기잡이 늙은이 부러워하네.

4 | 난외주(欄外注)에서는 「결자는 수본에는 『쓸 고』자로 되어 있다.」(缺手本作苦)라 하였다. 「바야흐로 속세의 괴로움 알고서」가 된다.

4. 白巖東軒. 濯纓金公韻[1]

백암의 동헌에서. 탁영당 김공이 지은 시의 운자를 써서 짓다

萬古英雄逝
만 고 영 웅 서

만고의 영웅 떠나,

追思淚滿裳[2]
추 사 루 만 상

뒤좇아 생각하니 눈물 옷 다 적시네.

當時留醉墨
당 시 류 취 묵

당시도 취하여 쓴 묵적 남겼는데,

1 | 백암(白巖) : 백암은 의령의 마을이며, 여기에 퇴계의 처조부인 허원보(許元輔)가 백암정이라는 정자를 지었다고 한다. 박천은 그 앞으로 흐르는 물이 알록달록 다양하게 보여 서 붙인 이름이라고 한다. 동헌은 여기서는 동쪽의 헌함(軒檻: 베란다)을 갖춘 정자라는 뜻이다.
탁영김공(濯纓金公) : 탁영은 김일손(金馹孫: 1464년~1498)의 호이다. 본관은 김해이고, 자는 계운(季雲)이다. 김종직(金宗直)의 문하에 들어가 정여창(鄭汝昌)·강혼(姜渾) 등과 깊이 교유하였다. 다시 벼슬길에 들어서서 승정원의 주서(注書), 홍문관의 교리(校理) 및 이조정랑 등을 역임하였다. 훈구파의 권귀화(權貴化)를 공격하고 사림파의 중앙 정계 진출을 적극적으로 돕다가 유자광(柳子光)·이극돈(李克墩) 등 훈구파가 일으킨 무오사화 때 〈조의제문(弔義帝文)〉의 사초화(史草化) 등으로 능지처참을 당했다. 중종반정으로 복관되었으며, 순조 때 이조판서로 추증되었다. 시호는 문민(文愍)이다. 이 시 역시 바로 앞에 나온 시와 같은 해 봄에 지은 것으로, 그때 경남지역을 여행하면서 지었던 시첩(詩帖)인 《남행록(南行錄)》에도 수록되어 있다. 그곳에는 2수가 수록되어 있으나 여기에는 그 첫째 시만 수록되어 있다.

2 | 누만상(淚滿裳) : 주자의 〈임용중의 자계를 떠나며 짓다라는 시의 각운자를 써서 짓다(次韻擇之發紫溪有作)〉「가는 길 이렇게 어려움 오래 전부터 알았으니, 슬픈 노래 눈물이 옷 가득 적실 필요 없다네.」(久知行路難如此, 不用悲歌淚滿裳)

此日媚韶陽[3]
차 일 미 소 양

오늘은 날 밝은 볕 아름답네.

爲國腸如鐵
위 국 장 여 철

나라 위해서는 마음 철석 같았고,

誅奸刃似霜
주 간 인 사 상

간신 죽임에 칼날 추상 같았다네.

花明駁川上[4]
화 명 박 천 상

꽃 박천 가에 밝게 피었는데,

慷慨一揮觴[5]
강 개 일 휘 상

나 강개하여 술잔 한번 높이 든다네.

3 | 소양(韶陽) : 밝고 아름다운 봄볕을 말한다.

4 | 장여철~인사상(腸如鐵~刃似霜) : 당나라 이하(李賀)의 〈흰 호랑이(白虎行)〉「칼 서릿발 같음이여 마음 쇠와 같고, 연나라 성 나섬이여 진나라 달 바라본다네.」(劍如霜兮腸如鐵, 出燕城兮望秦月)

5 | 휘상(揮觴) : 잔을 들어 술을 마심을 말한다. 진(晉)나라 도연명(陶淵明)의 〈옛 거처로 돌아오다(還舊居)〉「내버려두고 잠깐 생각을 말고, 한 잔 술 애오라지 든다네.」(撥置且莫念, 一觴聊可揮). 같은 사람의 〈소씨 숙질을 노래함(詠二疏)〉「늙은 친지들 맞아다 자리 같이 하고서, 술잔 들고서 지난날 이야기한다네.」(促席延故老, 揮觴道平素).

【원운시】

宜寧駁川, 與許上舍元輔同遊[6]

의령의 박천에서 허진사원보와 함께 놀다

移牀坐坡面	평상 옮기어 언덕에 앉으니,
冷氣透衣裳	차가운 기운 옷 안에 스미네.
白石留佳客	흰 돌은 아름다운 손님 머물게 하고,
靑山易夕陽	푸른 산은 석양 바꾸네.
金尊滴寒露	금 술잔에 차가운 이슬 듣고,
銀鯽斫飛霜	은빛 붕어 내린 서리 쪼갠 듯.
共作臨流會	함께 냇물 내려다보는 모임 만들었으니,
何如曲水觴	유상곡수 즐김 어떠한가?

6 | 이 시는《탁영집·속상(濯纓集·續上)》에 수록되어 있다.
허원보(許元輔) : 퇴계의 처조부로 진사였으며, 의령에 살았다.

5. 過梨浦[1]

이포에 들러

欲將身世付鷗波[2] 욕 장 신 세 부 구 파	신세 기러기 물결에 맡기고자 하여,
細和滄浪一曲歌[3] 세 화 창 랑 일 곡 가	창랑 한 곡조 노래에 꼼꼼하게 화답하네.
世事筭來憂思集[4] 세 사 산 래 우 사 집	세상 일 생각하여보니 근심스런 생각 모였고,

1 | 이포(梨浦) : 《신증동국여지승람》 권7 〈경기·여주목(京畿·驪州牧)〉「주 서쪽 43리 여강 하류에 있다.」

선생은 23세 되던 해 겨울부터 이듬해 봄까지 성균관에서 공부도 하고, 과거시험에 응시하기도 하다가 낙방하여 가을에 고향으로 돌아갔는데, 여주에 잠시 들러 모재 김안국 선생을 만났다. 모재는 경상도 관찰사로 있을 때 안동 향교에 와서 강의하고 온계까지 와서 젊은 온계·퇴계 형제에게 학자금을 보태준 일이 있었다. 《연보》 권1에 의하면 김안국은 그때 벼슬을 그만 두고 여주 이호촌(梨湖村)에 머무르고 있었다. 퇴계는 당시 서울 여행 중에 지은 시들을 모아 《서행록(西行錄)》이란 기행 시집을 엮었는데 이 시는 그 안에 수록되어 있다.

2 | 신세부구파(身世付鷗波) : 송나라 육유(陸游)의 〈배 안에서 짓다(舟中作)〉「아강 서쪽 길 석범 동쪽에서, 몸 기러기 물결 호탕한 가운데 맡겼다네.」(娥江西路石帆東, 身寄鷗波浩蕩中)

3 | 창랑일곡(滄浪一曲) : 굴원의 〈어부사(漁父辭)〉를 말한다. 거기에 「어부가 빙그레 웃고는 뱃전을 두드리며 떠나면서 노래를 불렀다. 『창랑의 물이 맑음이여! 내 갓끈 씻을 만하고, 창랑의 물이 흐림이여! 내 발을 씻을 만하도다.』」(漁父莞爾而笑, 鼓枻而去, 乃歌曰, 滄浪之水清兮, 可以濯吾纓, 滄浪之水濁兮, 可以濯吾足)라는 말이 있다.

雲林別去夢魂多
운 림 별 거 몽 혼 다

구름에 덮인 숲 헤어져 떠나니
꿈속의 넋 많다네.

船牕倒射溶溶日[5]
선 창 도 사 용 용 일

배의 창으로는 밝고 깨끗한
햇빛 거꾸로 쏘아대고,

水渚輕搖點點荷[6]
수 저 경 요 점 점 하

물가에서는 연꽃
점점이 가벼이 흔들리네.

常愧未能渾脫略
상 괴 미 능 혼 탈 략

늘 부끄럽기는 사뭇
속세의 굴레 벗어날 수 없어,

每逢佳處等閒過
매 봉 가 처 등 한 과

아름다운 곳 만날 때마다
무심하게 지나친다네.

4 | 우사집(憂思集) : 당나라 두보의 〈미피로 가다(渼陂行)〉「유리알 같은 물결 질펀한데 배 띄워 들어가니, 일 다르고 흥 다하여 근심스런 생각 모였다네.」(琉璃漫汗泛舟入, 事殊興極憂思集)

5 | 용용(溶溶) : 여러 가지 뜻이 있는데 여기서는 밝고 깨끗한 모양을 나타내는 의태어로 쓰인 것 같다.

6 | 점점하(點點荷) : 당나라 이상은(李商隱)의 〈마음(腸)〉「나무 너머로는 비 쏴쏴 내리는데, 온 연못에 연꽃 점점이 있다네.」(隔樹澌澌雨, 通池點點荷)

6. 漁人[1]

어부

峽裏風波萬頃寒 협 리 풍 파 만 경 한	골짜기의 바람 일어 만경창파 추워졌는데,
扁舟一葉宿蒼灣 편 주 일 엽 숙 창 만	일엽 편주 푸른 물굽이에서 묵고 있다네.
得鮮來賣西行客[2] 득 선 래 매 서 행 객	생선 잡으면 와서 서울 가는 나그네에게 팔고,
笑入雲烟杳靄閒 소 입 운 연 묘 애 한	웃으며 구름과 안개 아득한 속으로 들어간다네.

1 | 어인(漁人) : 《서행록》에는 수록되어 있지 않지만 바로 앞에 나온 시에 연속하여 쓴 것으로 양근 두미협(豆彌峽) 근처에서 지은 것으로 보인다.

2 | 서행객(西行客) : 서울로 가는 나그네. 경상도에서는 서울로 가는 것을 서행(西行)이라고 표현하였다.

7. 舟中偶吟[1]

배 안에서 우연히 읊다

兀坐舟中何所思 올 좌 주 중 하 소 사	배 안에 우뚝하니 앉아 무엇 생각하는가?
漁人多了一竿絲[2] 어 인 다 료 일 간 사	고기잡이는 한 줄기 낚싯줄 잘 안다네.
可憐白鳥滄江裏 가 련 백 조 창 강 리	어여쁘구나! 흰 새 푸른 강에서,
飛去飛來自得時[3] 비 거 비 래 자 득 시	이리저리 날아다님 스스로 터득하였으니.

1 | 《서행록》에 수록되었다. 바로 위의 시를 짓고 난 뒤에 지은 것 같다.

2 | 료(了) : 료(瞭)자와 같은 뜻으로 쓰였다.

3 | 자득시(自得時) : 이 구절의 마지막에 쓴 「때 시」(時)자는 별 의미 없이 운자를 고려하여 글자의 수만 채워주는[湊韻] 역할을 한다.

8. 次韻琴大任[1]_在泮[2]

금대임이 지은 시의 각운자를 써서 짓다_ 성균관에서

南國佳人體弱纖
남 국 가 인 체 약 섬

남국의 가인
　몸 약하고 가늘어,

生平只許燕窺簾[3]
생 평 지 허 연 규 렴

평생토록 다만
　제비 주렴 엿봄만 허락하셨다네.

1 | 대임(大任) : 남계(南溪) 금축(琴軸: 1496~1561)의 자이다. 달리 호를 송계(松溪)라고 하였다. 1531년 생원 시험에 합격하여 참봉이 되었다. 《외집》에 금축에게 지어준 시(187번)가 보인다.

2 | 반은 반궁(泮宮)을 말하는데, 조선에서는 성균관을 지칭하는 말로 쓰였다. 《고증》 「계사년(1533년, 퇴계33세)에 선생은 시험을 치기 위해 성균관에 머물러 있었다.」(癸巳先生就試留泮)

3 | 연규렴(燕窺簾) : 송나라 왕봉령(王逢令)의 〈발(簾)〉 「말았다 폈다 반드시 바람 막자는 뜻은 아니고, 어느 순간에라도 꼭 제비 엿보는 것만은 막아야 하리」(卷舒未必風無意, 間隙須防燕解窺) 왕봉령의 이 시구의 뜻은 좋은 터에 집을 지어놓고 방안에 주렴을 친 것은 그 안에서 은밀한 즐거움을 맛보기 위하여 제비초차 들여다보는 것을 차단하고 있다는 것이다. 그런데 퇴계의 이 시에 나오는 금축은 그런 행동을 하지 않는 공명정대한 사람이라는 뜻이다.

宜儲金屋千重最[4]
의 저 금 옥 천 중 최

마땅히 금옥 천 겹
가장 깊은 곳에 두어야 할 것이고,

合寘牙牀七寶兼[5]
합 치 아 상 칠 보 겸

상아 침상에 칠보
겸하여 함께 두어야 하리.

舊恨易將新恨積
구 한 역 장 신 한 적

오랜 한 뒤
새로운 한 함께 쌓이는데,

4 | 의저금옥(宜儲金屋) : 후한의 반고(班固)가 지었다고 하는 《한무고사(漢武故事)》 권1 「교동왕(한무제)이 몇 살이었을 때 (고모인) 장공주가 그를 안아서 무릎에 앉히고는 물었다. 『너는 부인을 갖고 싶으냐?』 그리고는 장공주가 좌우에서 길게 어거하고 있는 백여 명을 가리키니 모두 말하길 『필요없습니다.』라 하였다. 그 딸인 아교를 가리키며 『어떠냐?』라 하였더니, 웃으면서 대답하기를 『좋습니다, 아교를 얻어서 부인으로 삼을 수만 있다면 당연히 금으로 된 집을 지어 살게 하겠습니다.』라 하였다.」(膠東王數歲, 公主抱置膝上問曰, 兒欲得婦否? 長主指左右長御百餘人皆云不用. 指其女阿嬌, 好否? 笑對曰, 好, 若得阿嬌作婦, 當作金屋貯之)

5 | 아상칠보(牙牀七寶) : 《고증》「(남조 晉나라의 재상) 석숭은 향기로운 가루를 상아침대에 뿌리고 기녀에게 걷게 하였는데 아무런 흔적도 남기지 않으면 진주 백 꿰미를 내렸다. 또 이백이 부름을 받았을 때 명황(현종)은 칠보로 장식한 침대를 금란전에 설치하였다.」(石崇以香塵布象牀, 使妓踐之, 無跡則賜眞珠百琲. 又李白被召, 明皇以七寶牀置之金鑾殿上) 석숭의 고사는 위진시대 진(晉)나라 왕가(王嘉)의 《습유기(拾遺記)》 권9에 보인다. 이백의 이야기는 이양빙(李陽氷)의 〈초당집서(草堂集序)〉에 보인다.

容華難與歲華添[6]
용 화 난 여 세 화 첨

아름다운 용모 세월과
더불어 좋아지기는 어렵다네.

但知遇合皆緣命
단 지 우 합 개 연 명

다만 우연히 만남
모두 운명 때문임 알리니,

莫爲銀釵露指尖[7]
막 위 은 채 로 지 첨

은비녀 손가락 끝에
드러내지 말게나.

6 | 남국가인~용화(南國佳人~容華) : 아름다운 얼굴. 삼국 위(魏) 조식(曹植)의 〈잡시(雜詩)〉 제4수 「남국에 가인 있는데, 아름다운 얼굴 복숭아며 자두 같네.」(南國有佳人, 容華若桃李)

이상 두 구절은 금축이 자주 과거에 급제하지 못한 것을 안타까워하고, 또 벌써 40살 가까운 나이니 점점 더 어려워지지 않을까 걱정하는 뜻을 담고 있는 것 같다.

7 | 은채로지첨(銀釵露指尖) : 《당척언(唐摭言)》 「장호가 회남의 막중을 떠돌다가 주연에 참석하였는데, 두목이 함께 앉아서 사귀고자하는 뜻이 있어서 주사위를 찾아 술내기를 하면서 낮게 읊조렸다. 『주사위를 느릿느릿 감싼 손으로 집으니, 섬섬옥수를 찾아볼 길이 없네.』 이에 장호가 말하기를 『금비녀가 떨어졌다고 알리기만 한다면, 그에 응하여 손가락 끝 드러낼 테지.』라 하였다」(張祜客淮南幕中赴燕, 杜牧同坐, 有所屬意, 索骰子賭酒, 微吟曰, 骰子逡巡裹手帖, 無因得見玉纖纖. 祜曰, 但知報道金釵落, 彷彿還應露指尖) 이 시는 《전당시》 권792에도 나오는데 장호와 두목이 지은 연구시(聯句詩)로 되어 있으며, 제목은 〈기생 자리에서 두목과 함께 읊다(妓席與杜牧之同詠)〉으로 되어 있다. 첫 구절은 「骰子逡巡裹手拈」으로 되어 있다.

이상 두 구절은 우리들이 여기서 만난 것(또는 우연히 대과에 급제하는 것)은 모두 운명에 달린 것이니 성과에만 집착하여 경거망동하지 말자는 다짐으로 보인다. 이해에 퇴계는 대과에 급제하였고 금축은 급제하지 못하였다.

9. 泮宮[1]

성균관

泮宮隨例亦何爲
반 궁 수 례 역 하 위

반궁에서 예에 따라
　또한 무엇 하는가?

日日公堂得飽嬉
일 일 공 당 득 포 희

날마다 공당에서
　장난이나 실컷 즐긴다네.

擧業生踈憑竄抹
거 업 생 소 빙 찬 말

과거공부 생소하여
　가만히 만지작거리기나 하고,

陳編寥落付唔咿[2]
진 편 요 락 부 오 이

묵은 책 보는 일도 엉성하여
　웅얼거리기만 할 뿐이네.

1 | 반궁(泮宮) : 바로 앞의 시와 같은 해 성균관에 체류할 때 지은 것으로 본다면, 이 시의 내용으로 보건대 이때 퇴계는 성균관의 분위기나 과거의 의미에 대하여 상당히 실망한 것으로 보인다.

2 | 진편(陳編) : 고적(古籍), 고서(古書)를 가리킨다. 당나라 한유(韓愈)의 〈학문에만 매진하는 태도를 비방하는 것을 해명함(進學解)〉「평범한 길에 쉬지 않고 일함만 좇아 묵은 책을 엿보면서 (국록을) 훔쳐 먹고 있다.」(踵常途之役役, 窺陳編以盜竊) 송나라 소식(蘇軾)의 〈유도원이 역사를 읊은 시에 답하다(和劉道原詠史)〉「홀로 묵은 책 덮고 흥망성쇠 슬퍼하는데, 창문 앞의 산에 비 줄줄 내리네.」(獨掩陳編弔興廢, 窓前山雨夜浪浪)
오이(唔咿) : 이(咿)는 이(伊)라고도 하며, 또 이오(咿唔)라고도 한다. 의성어로 책을 읽는 소리를 형용할 때 쓴다. 이 구절은 성균관에서 함께 공부하던 자들을 놀리는 말이다.

多將問事供調笑 다 장 문 사 공 조 소	묻는 일 많은 것은 웃음거리나 삼으려 함 때문이니,
豈有懷材可設施 기 유 회 재 가 설 시	어찌 재주 품었다고 베풀 수 있겠는가?
昨夜夢中蝴蝶意[3] 작 야 몽 중 호 접 의	어젯밤 꿈속에서 본 호랑나비의 뜻이,
曉牕和露寫新詩 효 창 화 로 사 신 시	새벽 창의 이슬과 더불어 사라지니 새 시 썼다네.

3 | 몽중호접의(夢中蝴蝶意) : 《장자·제물론(齊物論)》「언제인가 나(장주)는 꿈속에서 나비가 되었다. …… 내가 나비가 된 꿈을 꾼 것일까? 나비가 내가 되는 꿈을 꾼 것일까? 나비와 나는 반드시 구별이 있지만 이런 것을 가지고 만물의 변화라고 한다.」(昔者, 莊周夢爲胡蝶……不知周之夢爲胡蝶與, 胡蝶之夢爲周與. 周與胡蝶, 則必有分矣, 此之謂物化)

10. 葵花[1]

해바라기 꽃

物物誰非天地精[2] 물 물 수 비 천 지 정	온갖 사물 어느 것 하나 천지의 정령 아니리오만,
憐渠偏得一團誠[3] 연 거 편 득 일 단 성	너 유독 일단의 정성 얻었음 어여쁘다네.
莫嫌近日連陰雨 막 혐 근 일 련 음 우	요즘 들어 연일 내리는 장맛비 싫어하는 법도 없이,
唯向高高盡意傾 유 향 고 고 진 의 경	오직 높디높은 곳 향하여 온 뜻 기울인다네.

1 ㅣ 규화(葵花) : 《서행록》. 성균관에 유학하는 기간(5~6월)에 지었다.

2 ㅣ 물물수비천(物物誰非天) : 송나라 위료옹(魏了翁)의 〈무주 숭인현의 옥청관에 있는 도사 황석로는 옛 전자에 뛰어났는데 이유(李劉)의 부친의 글을 가지고 와서 글자를 물었다(撫州崇仁縣玉淸觀, 道士黃石老工古篆, 以李公父書來問字)〉 「능히 이러한 것에서 그 단서를 알겠는가? 모든 사물 어느 것이 하늘이 만든 것 아니리오?」(能於此處知其端, 事事物物誰非天)

3 ㅣ 거(渠) : 지시사로 쓰이면 「그것」이라는 뜻이 되는데, 여기서는 해바라기를 가리키는 말로 쓰였다.

11. 詠松_甲午

소나무를 읊음_ 갑오년(1534)

石上千年不老松[1]
석 상 천 년 불 로 송

바위 위 천년 된
늙지 않는 소나무,

蒼鱗蹙蹙勢騰龍[2]
창 린 축 축 세 등 룡

검푸른 비늘 쭈글쭈글
기세 용이 뛰어오르는 듯하네.

生當絶壑臨無底
생 당 절 학 림 무 저

살아서 깎아지른 골짜기에서
바닥 보이지 않는 곳 내려다보고,

氣拂層霄壓峻峯
기 불 층 소 압 준 봉

기운은 겹겹의 하늘에 떨치며
높은 봉우리 누르고 있네.

1 | 석상~불로송(石上~不老松) : 당나라 진계(秦系)의 〈모산에 있는 이존사의 산의 거처에 적다(題茅山李尊師山居)〉「울타리 사이에는 5월에도 잔설 남아 있고, 바위 위에는 천년토록 기이한 소나무 그늘 드리우네.」(籬間五月留殘雪, 石上千年蔭怪松)

2 | 창린축축(蒼鱗蹙蹙) : 창린은 검은 빛을 띤 용의 비늘이라는 뜻인데, 소나무의 껍질을 이렇게 표현한 것이다. 축축은 주름이 진 모양을 나타내는 의태어이다. 송나라 소식의 〈이씨의 동산(李氏園)〉「숲속의 백 자나 되는 소나무, 세월 오래되어 검푸른 빛을 띤 비늘이 쭈글쭈글하네.」(林中百尺松, 歲久蒼鱗蹙) 소나무를 용의 비늘에 비유하여 표현한 구절이 《내집》 권1(87번 시)에도 보이는데 「바위 위의 검푸른 소나무는 늙어 비늘이 쭈그러진 것 같네.」(石上蒼松老蹙鱗)라 하였다.

不願靑紅戕本性[3] 불 원 청 홍 장 본 성	단청 칠하여 본성 해침 원하지 않으니,
肯隨桃李媚芳容 긍 수 도 리 미 방 용	어찌 복숭아나 오얏처럼 아름다운 모습으로 아양 떪 기꺼이 따르리오.
深根養得龜蛇骨[4] 심 근 양 득 구 사 골	깊은 뿌리 거북이나 뱀 같은 기골로 잘 길러,
霜雪終敎貫大冬 상 설 종 교 관 대 동	서리와 눈에도 끝내 한겨울 지내게 하였네.

3 | 청홍(靑紅) : 《고증》「청황과 같다.」(與靑黃意同) 재목으로 잘려나가 단청이 가해지는 것을 말하는 것 같다.

4 | 귀사골(龜蛇骨) : 송나라 소식의 〈장씨네 일곱째의 호주태수로 나가다란 시에 화답하다(和章七出守湖州)〉 제2수 「솥 속에 용과 호랑이 있으니 황금이 천해보이고, 소나무 아래 거북과 뱀 있으니 푸른 뼈가 가볍네.」(鼎中龍虎黃金賤, 松下龜蛇綠骨輕) 같은 사람의 〈장난삼아 소나무를 심으며 짓다(戲作種松)〉「모여서 거북과 뱀 굴 파헤치네.」(會開龜蛇窟) 정연(程縯)의 주석 「송진이 땅에 들어가 천년이 되면 복령이 되는데 그 모양이 거북과 뱀, 조수와 같은 것이 좋은 것이다.」(松脂入土, 千歲爲茯笭, 狀如龜蛇鳥獸者良)

12~13. 咸陽. 與主人金仲晬話舊, 次東軒韻贈之[1]

함양에서. 군수 김중수와 옛날 이야기를 하다가 동헌에 걸린 시의 각운자를 써서 지어 드리다

12

天嶺逢春氣已酣[2] 천 령 봉 춘 기 이 감	하늘까지 닿은 재마루에서 봄 만나니 기운 이미 무르익었고,
故人喜作故鄕談 고 인 희 작 고 향 담	옛 친구 고향 이야기 하는 것 좋아하네.
我今多病君猶甚 아 금 다 병 군 유 심	내 지금 병 많거니와 그대 더욱 심하니,
歸夢同懸小白南 귀 몽 동 현 소 백 남	돌아가려는 꿈 함께 소백산 남쪽에 걸려 있네.

1 | 갑오년(34세) 1월 바로 앞의 시 뒤에 지은 것으로 추측된다.
김중수(金仲晬) : 수(晬)는 수(粹)로도 표기하였다. 이름은 윤석(潤石), 예안 사람이나 영주에서 살았다. 병조정랑과 사헌부 지평 등의 벼슬을 하였다.(권오봉 《퇴계시대전(이하 《대전》)》 168쪽 주)

2 | 천령(天嶺) : 《신증동국여지승람》 권31 〈경상도·함양군(慶尙道·咸陽郡)〉 「본래 신라 속함군인데 경덕왕이 천령군으로 고쳤다.」(本新羅速含郡, 景德王改天嶺郡)

13

方丈山高接翠烟[3]
방 장 산 고 접 취 연

방장산 높이
푸른 연무까지 닿아 있고,

荒城喬木不知年[4]
황 성 교 목 부 지 년

거친 성의 높은 나무는
나이 알지 못하겠네.

割雞妙術君應得[5]
할 계 묘 술 군 응 득

닭 잡는 묘한 기술
그대 응당 얻었으리니,

詩老淸芬與共傳
시 로 청 분 여 공 전

시 짓는 늙은이의 맑은 향기까지
아울러 함께 전하고 있네.

仲睟與余俱禮安人, 而家在榮川. 榮禮皆小白山之南. 詩老指金季昷[6]

중수와 나와 함께 모두 예안 사람인데 집은 영주에 있다. 영주와 예안은 모두 소백산 남쪽이다. 시로는 김계온을 가리킨다

3 | 방장산(方丈山) : 방장산은 삼신산의 하나인데, 여기서는 지리산을 가리킨다. 이외에 봉래산은 금강산, 영주는 한라산을 가리킨다.

4 | 교목부지년(喬木不知年) : 송나라 육유(陸游)의 〈이한림[이백]의 묘(李翰林墓)〉「준마며 이름난 미녀 어제와 같은데, 비석 부러지고 키 큰 나무는 (언제 났는지) 나이도 모르겠네.」(駿馬名姬如昨日, 斷碑喬木不知年)

5 | 할계묘술(割雞妙術) : 《논어·양화가(陽貨)》「공자께서 (자유가 縣長으로 있는) 무성에 갔을 때 금과 슬 같은 현악기를 타면서 시를 노래하는 것을 들었다. 공자께서는 빙그레 웃음을 띠고 말씀하셨다. 『닭을 잡는데 어찌 소 잡는 칼을 쓰는가?』 이에 자유가 대답하였다. 『전에 제가 선생님에게 듣기를 「벼슬하는 사람이 배우면 인애(仁愛)의 마음이 있게 되고, 백성들이 배우면 쉽게 지휘를 따르고, 말을 잘 듣게 된다.」 하였습니다.』 공자께서 말씀하시기를 『제자들이여! 언언의 이 말이 참말로 옳다. 내가 방금 말한 것은 그에게 농담을 한 것 뿐이다.』」(子之武城, 聞弦歌之聲. 夫子莞爾而笑曰, 割雞焉用牛刀? 子游對曰, 昔者偃也聞諸夫子曰, 君子學道則愛人, 小人學道則易使也. 子曰, 二三者! 偃之言是也. 前言戲之耳) 이때부터 할계는 지방의 수령이 되어 나가는 것을 가리키게 되었다.

6 | 김계온(金季昷) : 《고증》「곧 점필재로 일찍이 함양군수가 된 적이 있다.」(卽佔畢齋, 嘗爲咸陽宰)

14. 有儒生數人, 讀書于江亭, 以詩索酒, 次其韻送酒[1]_丙申

유생 몇 사람이 강의 정자에서 글을 읽다가 시로써 술을 구하기에 그 각운자를 써서 시를 짓고 술을 보내주다_ 병신년(1536)

晩日憑高閣 만 일 빙 고 각	저물녘에 높은 누각에 기대어,
無心賞素秋[2] 무 심 상 소 추	무심히 가을 풍경 감상한다네.
那知鄰有客 나 지 린 유 객	어찌 알았으리오? 이웃에 손님 있어,
能解笑臨流 능 해 소 림 류	흐르는 시내 굽어보며 웃을 줄 안다는 것을.
寄句紓吾悶[3] 기 구 서 오 민	싯구 부쳐와 나의 번민 풀어주니,

1 | 강정(江亭) : 현 도산서원 남쪽 시사단의 서쪽에 있었다. 강사(江寺)라는 절을 독서하는 곳이란 뜻으로 이렇게 바꾸어 불렀다.(권오봉《대전》175쪽 주)

2 | 소추(素秋) : 가을를 말한다. 옛날 오행의 설에 의하면 가을은 금(金)에 해당되고 색은 흰색이므로 이렇게 말한다. 봄을 청춘(靑春), 가을을 현동(玄冬)이라고 하는 것과 같다.

3 | 서(紓) : 동사로 사용되면 흩어준다, 덮어준다는 뜻이 된다.《진서·곽박전(郭璞傳)》「막혔던 기운이 동풍을 따라서 흩어졌다.」(否滯之氣, 隨谷風而舒開)

傳甁慰子愁 전 병 위 자 수	술병 전하여 그대들 근심 위로한다네.
風流聊爾耳[4] 풍 류 료 이 이	풍류 애오라지 그럴 따름이나,
都勝博凉州[5] 도 승 박 양 주	모두 양주와 바꿈보다 낫다네.

4 | 요이이(聊爾耳) : 일단 이렇게 할 따름이라는 뜻이다. 이(耳)는 (爾)라고도 한다. 남조 송나라 유의경(劉義慶)의 《세설신어·마음 내키는 대로 함(任誕)》 「7월 7일에 북쪽의 완씨는 옷을 널어 말렸는데 모두 화려한 비단옷들이었다. 중용[阮咸]은 뜰 한가운데서 장대에다 거친 베로 만든 짧은 바지를 걸어놓았다. 어떤 사람이 이상하게 여기자 답하기를 『풍속을 벗어날 수 없기 때문에 애오라지 또 잠깐 그렇게 해놓았을 뿐이오.』라 하였다.」(七月七日, 北阮盛曬衣, 皆紗羅錦綺, 仲容以竿挂大布犢鼻幝於中庭. 人或怪之. 答日, 未能免俗, 聊復爾耳) 주자의 〈삼가 유수야 어르신의 「한가로이 거처하다」라는 시 열 다섯 수를 읽고 삼가 격조 높은 운자에 차운하여 경솔하게 절하여 드리고 엎드려 통렬하게 첨삭하여 주실 것을 바란다·뱃집(伏讀秀野劉丈閑居十五詠, 謹次高韻, 率易拜呈, 伏乞痛加繩削是所願望·舫齋)〉 「물 가운데 집 지음 애오라지 일단 이와 같을 따름이니, 어찌 모름지기 먼 물가에 있는 붉은 궁궐 바라리!」(築室水中聊爾耳, 何須極浦望朱宮)

5 | 박양주(博凉州) : 박(博)은 바꾼다는 뜻으로 쓰였다. 양주는 서역에 가까운 변경지대로 포도가 많이 나는 지역이다. 여기서는 포도주의 산지라는 뜻으로 쓰였다. 당나라 왕환(王翰)의 시에 〈양주사(凉州詞)〉가 있는데 첫 구절이 「포도로 빚은 맛좋은 술에 야광주 술잔」(葡萄美酒夜光杯)으로 시작한다. 송나라 육유(陸游)의 〈산중에서 밤에 돌아오다가 장난삼아 짧은 노래를 짓다(山中夜歸戲作短歌)〉 「준마 아름다운 여인과 바꿀 필요 없고, 이름난 술 양주와 바꿀 필요 없다네.」(駿馬不用換美妾, 名酒不用博凉州)

15. 早起[1]

일찍 일어나다

日出雲開野
일 출 운 개 야

해 뜨니 구름
　들판에서 개어,

霜寒葉滿池
상 한 엽 만 지

서리 차가운데 잎
　온 못에 가득하네.

松絃彈院盡
송 현 탄 원 진

소나무 현악기처럼
　온 정원에 울리고,

菊鈿釕叢差[2]
국 전 조 총 치

국화 꽃송이들
　어긋나게 떨기 장식하였다네.

1 | 36세 되던 해 연말에 지었다.

2 | 조총치(釕叢差) : 조(釕)자는 명사로는 금속으로 장식한 말고삐라는 뜻인데, 여기서는 동사로 사용되어 「길게 장식하다」라는 뜻으로 본다. 「差(차)」자는 여기서 각운자로 「치」(어긋나다)로 읽어야 한다.

寥落與心愜 요 락 여 심 협	쓸쓸함 마음에 꼭 맞고,
荒凉惟性宜 황 량 유 성 의	황량함 본성에 딱 마땅하네.
尋師黃卷裏[3] 심 사 황 권 리	누런 책 속에서 스승 찾으니,
此志未應衰[4] 차 지 미 응 쇠	이 뜻 시들지 않으리라.

3 | 황권(黃卷) : 곧 책을 말한다. 옛날에는 황벽나무로 종이를 누렇게 물들여 좀이 스는 것을 막았으므로 이렇게 부른다.

4 | 차지미응쇠(此志未應衰) : 송나라 육유(陸游)의 〈달팽이집(蝸舍)〉「이 생애 비록 끝나가나, 내 뜻 틀림없이 시들지 않으리.」(此生雖欲盡, 吾志未應衰)

16. 答朴豫叔, 時爲忠淸監司[1]_庚子[2]

박예숙에게 답하다. 당시 충청감사였다._ 경자년(1540)

竹嶺巉天翠欲流
죽 령 참 천 취 욕 류

죽령 가팔라 하늘까지 솟았고
푸른 빛 흐르려는 듯한데,

遙知玉節望中留
요 지 옥 절 망 중 류

아득히 알았네, 옥 부절
바라보는 곳에 머무름.

詩來說著東湖別[3]
시 래 설 저 동 호 별

시 보내와 동호에서
헤어지던 일 이야기하자니,

無限新愁帶舊愁[4]
무 한 신 수 대 구 수

끝도 없이 새 시름
옛 시름 띠고 있네.

1 | 박예숙(朴豫叔) : 《고증》「박예숙은 (호가) 치재이며, 힘껏 행하고 착한 일을 잘 베풀기로 당대에 일컬어졌다.」(豫叔耻齋, 稱力行好善) 예숙의 이름은 박소립(朴素立: 1514~1582)이며, 본관은 함양(咸陽)이다. 박세무(朴世茂)의 아들로 명종(明宗) 10년(1555)에 문과에 합격하였다. 1567년 동부승지(同副承旨)로 있을 때 명종이 후사 없이 세상을 떠나자 이준경(李浚慶) 등과 함께 선조를 왕으로 즉위시키는 데 공을 세워 대사성이 되었다. 관직은 도승지·대사헌 등을 거쳐 지중추부사(知中樞府事)에 이르렀다. 1570년에 충청감사를 지냈다.

2 | 경자(庚子) : 경오(庚午)의 오기로 퇴계가 작고하던 해에 지은 시이다.

3 | 동호(東湖) : 사가독서를 하던 독서당을 말한다.

4 | 신수대구수(新愁帶舊愁) : 송나라 육유(陸游)의 〈집으로 돌아오다(還舍)〉「자못 술잔 들고 태평함 즐기고자 하니, 새 시름 다시 옛 시름 이어 생겨나네.」(頗欲銜盃樂太平, 新愁還續舊愁生)

17. 三月十六日, 謁權判書江亭_亭在桂谷, 上洛公金方慶舊游處[1]

3월 16일 권판서님을 강정으로 찾아뵙다_ 정자는 계곡에 있으며 상락공 김방경이 옛날에 놀던 곳이다

小舟橫渡一江天 소 주 횡 도 일 강 천	작은 배로 강과 하늘 하나인 곳 가로 건너서,
草屋中間謁退賢 초 옥 중 한 알 퇴 현	초가집 안에서 물러난 현자 찾아뵈었다네.
上洛巖前千丈水[2] 상 락 암 전 천 장 수	상락공 놀던 바위 앞 천 길 되는 물,
從今喚作判書淵 종 금 환 작 판 서 연	지금부터는 판서의 연못이라 부르리.

1 | 계곡(桂谷) : 《고증》「안동부 서쪽 20리 지점에 있다.」(在安東府西二十里)
권판서(卷判書) : 권예(權輗: 1495~1549), 본관은 안동이고, 자는 경신(景申), 호는 마애(磨厓)이며, 호조판서와 이조판서를 역임하였다.
김방경(金方慶 : 1212~1300) : 본관은 안동이고 자는 본연(本然)이다. 고려의 명장으로 왜구의 격퇴와 삼별초 항쟁 때 공을 세웠다. 시호는 충렬(忠烈)이다.
정석태는 이 시를 퇴계 46세 3월 16일 경에 후취 장인의 산소를 찾아볼 때 쓴 것으로 보았다.(《연보》 권1 524쪽)

2 | 천장수(千丈水) : 당나라 백거이(白居易)의 〈막 골짜기에 들어 느낌이 있다(初入峽有感)〉「위로는 만 인의 산 있고, 아래로는 천 장의 물 있다네.」(上有萬仞山, 下有千丈水)

18. 次韻晩翠堂_李承孝號思謙堂, 又晩翠堂[1]

만취당이 지은 시의 각운자를 써서 짓다_ 이승효는 호가 사겸당이며 또한 만취당이라고도 한다

城郭囂塵匪雅栖
성 곽 효 진 비 아 서

성곽의 시끄러운 속세
　　고상한 거처 아닌데,

鉢山松麓占東西
발 산 송 록 점 동 서

발산의 소나무 산기슭
　　동쪽서쪽 차지하였다네.

風號一院濤聲殷[2]
풍 호 일 원 도 성 은

바람 온 뜰에 부니
　　물결 소리 크고,

柏悅千霜翠色迷[3]
백 열 천 상 취 색 미

잣나무 많은 서리 기뻐하니
　　짙푸른 색 흐릿해지네.

1 | 이승효(李承孝 : 1513~1572) : 본관은 전의(全義)이며, 전주에서 살았다. 자는 자술(子述)이고 중종(中宗) 30년(1535) 별시로 문과에 급제하였으며, 벼슬은 홍문관수찬(弘文館修撰)을 지냈다. 《퇴계시대전》에서는 이 시를 퇴계 40세에 지은 것으로 보았다.

2 | 일원도성은(一院濤聲殷) : 도성(濤聲)은 바람이 불어 소나무 잎끼리 부딪쳐 나는 소리를 형용한 것이다. 《남조의 역사·도홍경의 전기(陶弘景傳)》「특히 소나무 바람을 좋아하여 정원 가득히 소나무를 심어놓고 그 소리를 들을 때마다 흔연히 즐거워하였다.」(特愛松風, 庭院皆植松, 每聞其響, 欣然爲樂) 《내집》 권5 〈도산으로 돌아온 뒤에, 이담이 부쳐온 시의 각운자를 그대로 써서 짓다(歸山後, 次韻李仲久見寄)〉에 「스스로 부끄럽네, 모산에 숨어 사는 사람 아니어서, 누워서 소나무 소리 은근한 파도 같이 듣는 것이.」(自慙不是茅山隱, 臥聽松聲殷翠濤)라는 구절이 있다.

3 | 백열(栢悅) : 《문선(文選)》 진(晉)나라 육기(陸機)의 〈탄서부(歎逝賦)〉「실로 소나무 우거지니 잣나무 기뻐하고, 아 영지 불타니 혜초가 탄식하네.」(信松茂而栢悅, 嗟芝焚而蕙歎)

歌頌魯邦聞作廟[4]
가 송 노 방 문 작 묘

《시경》의 〈노송〉 노래하니
사당 짓는 소리 들리고,

盤桓陶徑見攜藜[5]
반 환 도 경 견 휴 려

도연명의 오솔길 서성이니
청려장 짚은 모습 보이네.

澗中山上皆天賦
간 중 산 상 개 천 부

시내 가운데나 산 위나
모두 하늘이 내린 것이니,

百尺何妨徑寸齊
백 척 하 방 경 촌 제

백 자 어찌 거리끼리오,
한 치 지름 가지런함을.

一本邦作郊, 廟作瑟, 而聞下闕一字

어떤 판본에는 「나라 방」자가 「성밖 교」자로 되어 있고 「사당 묘」자가 「거문고 슬」자로 되어 있으며, 「들을 문」자 아래에 한 글자가 빠져 있다

4 | 이 구절은 아래의 원주에 의하면 「노나라 교외에서 노래하니 슬 타는 소리 들린다네.」(歌頌魯郊聞作瑟)로 된 판본도 있다.

5 | 반환도경(盤桓陶徑) : 반환은 서성거리며 왔다갔다 하는 모습을 나타내는 의태어. 진나라 도연명의 〈돌아가자꾸나(歸去來辭)〉 「뜰의 세 오솔길에는 풀 우거졌어도, 소나무와 국화는 그대로 있다네. …… 해는 뉘엿뉘엿 지려하는데, 외로운 소나무 어루만지며 서성이네.」(三徑就荒, 松菊猶存……景翳翳其將入, 撫孤松而盤桓)

19~21. 宣醞, 應製[1]

술을 하사받고, 임금님의 명으로 짓다

19

春到離宮日豔陽[2] 춘 도 리 궁 일 염 양	이궁에 봄 오니 해 볕 곱고,
仙桃自發占年芳[3] 선 도 자 발 점 년 방	신선 복숭아 꽃 절로 피어 한 해의 아름다움 독차지하였네.
香飄甲煎圍朱帕[4] 향 표 갑 전 위 주 파	갑전의 향기 나부끼며 붉은 휘장 둘러싸고,

1 | 응제(應製) : 임금님의 명으로 여러 신하들이 짓는 작품. 3수 모두 중국의 궁전 이름을 가지고 지은 것으로 보아 당시 눈앞의 실경을 묘사한 것은 아니고, 임금이 문신들의 글 솜씨를 보기 위하여 부과한 과제에 답안으로 지은 것으로 보인다. 아마 40세 9월 서울에 머물 때 궁중에서 지은 것으로 생각된다.

2 | 이궁(離宮) : 정궁(正宮) 외에 임금이 순수할 때 머무는 궁실.
염양(豔陽) : 고운 햇빛. 봄을 말하며 명군(明君)을 비유하는 말로 쓰인다. 남조 송나라 포조(鮑照)의 <유정(劉楨)의 시체를 흉내내다(學劉公幹體)> 「아름답게 복사꽃 오얏꽃 피는 계절에는, 밝고 깨끗해도 아름다움 될 수 없다네.」(豔陽桃李節, 皎潔不成姸) 당나라 장선(張銑)의 주석. 「염양은 봄이다. 명군을 비유한다.」(豔陽春也. 喻明君也)

3 | 선도~점년방(仙桃~占年芳) : 연방(年芳)은 아름다운 봄빛을 말한다. 당나라 이상은(李商隱)의 <봄을 판가름함(判春)> 「복사꽃 한 송이 또 오얏꽃 한 송이, 우물 곁에서 한 해의 아름다운 철인 봄 독차지하였네.」(一桃復一李, 井上占年芳)

4 | 갑전(甲煎) : 향료의 이름이다. 《고증》 「석숭은 화장실에 갑전향을 두었다.」(石崇厠上置甲煎香) 금곡원이라는 호화로운 별장을 가졌던 진나라의 재상을 지낸 석숭의 일화는 《진나라의 역사(晉書)》 권98 <왕돈(王敦)의 전기>에 보인다.

色奪丹霞暎繡房
색 탈 단 하 영 수 방

붉은 놀 색 빼앗아
수놓은 방에 비치네.

帶笑故能消舊恨
대 소 고 능 소 구 한

웃음 띰은 예로부터
묵은 한 풀 수 있고,

爭嬌還欲鬪新粧
쟁 교 환 욕 투 신 장

아리따움 다툼은 도리어
새 화장으로 겨루려는 듯.

他時□□□□□
타 시 □ □ □ □ □

훗날 □□
□□□하여,

莫遣殘紅結子忙
막 견 잔 홍 결 자 망

남은 붉은 꽃으로 하여금
서두르게 하지 말라.

右上陽紅桃[5]
위는 상양궁의 홍도

20

萬條宮柳御溝邊[6]
만 조 궁 류 어 구 변

만 갈래 궁궐의 버들
궁정의 물가에 있는데,

5 | 상양(上陽) : 《고증》「당나라의 궁전 이름이다. 백거이에게는 〈상양궁의 백발인(上陽白髮人)〉이라는 악부체 시가 있다.」(唐宮名, 白樂天有上陽白髮人歌)

6 | 만조궁류(萬條宮柳) : 당나라 유상(劉商)의 〈버드나무 가지로 객을 전송함을 노래함(柳條歌送客)〉「높은 가지며 낮은 가지에 꾀꼬리 날고, 천 갈래 만 갈래 궁궐 담 덮고 있네.」(高枝低枝飛鸝黃, 千條萬條覆宮墻)
어구변(御溝邊) : 어구는 궁궐의 동산을 경유하여 흐르는 하천이다. 송나라 진기(陳起)의 〈내전(內前)〉 제2수「여정문 열리니 새벽 빛 신선하고, 만 갈래 푸른 버들 궁궐의 냇가에 있다네.」(麗正門開曉色鮮, 萬絲綠柳御溝邊)

濯濯風流儘可憐[7]
탁 탁 풍 류 진 가 련

반짝반짝 그 풍류
정말로 사랑스럽다네.

舞榭腰枝爭嫋娜[8]
무 사 요 지 쟁 요 나

춤추는 정자 위의 허리와 지는
하늘거림을 다투고,

粧臺眉葉競嬋娟[9]
장 대 미 엽 경 선 연

화장대의 눈썹 같은 잎
고움 다툰다네.

7 | 탁탁풍류(濯濯風流) : 탁탁은 물체가 빛을 받아 반짝이는 모양을 나타내는 의태어. 주로 버드나무의 새 잎이 돋아나 빛을 받아 반짝이는 모습을 형용할 때 쓰인다. 《진(晉)나라의 역사·왕공(王恭)의 전기》「왕공은 용모와 태도가 아름다워서 그를 좋아하는 사람들이 많았다. 어떤 이는 그를 지목해서 말하기를 『번쩍번쩍 빛나기가 봄 달의 버들 같다』고 하였다.」(恭美姿儀, 人多愛悅, 或目之云, 濯濯如春月柳) 《내집》 권3 〈도산잡영·절구 스물여섯 수·시내의 버들(陶山雜詠·絶句二十六首·澗柳)〉에 「시냇가의 수양버들, 반짝반짝하는 풍도.」(澗邊垂柳, 濯濯風度)라는 구절이 있다.

8 | 요지(腰枝) : 당나라 백거이의 〈양주각(兩朱閣)〉「치장한 규방 기생의 누대 어찌 그리 고요한가? 버들가지 무희의 허리 같고 못은 거울 같네.」(妝閣伎樓何寂靜, 柳似舞腰池似鏡) 당나라 맹계(孟棨)의 《본사시·사감(本事詩·事感)》「앵도는 번소의 입모양이요, 양류곡은 소만의 허리에서 나부끼네.」(櫻桃樊素口, 楊柳小蠻腰) 번소와 소만은 모두 백거이의 애첩 이름이다.

요나(嫋娜) : 쌍성 연면어로 흔들고 끄는 모습을 나타내는 의태어이다. 당나라 백거이의 〈유지를 내어보내면서(別柳枝)〉「양류의 작은 누각 가운데서, 하늘하늘하면서 취한 늙은이의 반려가 되었구나.」(两枝杨柳小楼中, 嫋娜多年伴醉翁)

9 | 미엽(眉葉) : 당나라 백거이의 〈긴 한탄(長恨歌)〉「연꽃은 (죽은 양귀비의) 얼굴 같고 버들은 (양귀비의) 눈썹 같으니, 이런 것 대하고도 어찌 눈물 흘리지 않으리.」(芙蓉如面柳如眉, 對此如何不淚垂)

低垂輦路搖金線[10] 저 수 련 로 요 금 선	임금님 연 다니는 길에 낮게 드리워 금빛 실 흔들고,
吹送天杯袞雪綿[11] 취 송 천 배 곤 설 면	임금님의 술잔까지 불어 보내네, 눈 같은 솜 날려서.
莫向隋堤問消息[12] 막 향 수 제 문 소 식	수나라의 제방 향하여 소식 묻지 말게나,
千春長帶太平烟 천 춘 장 대 태 평 연	천년토록 오래 태평한 연무 띠고 있을 테니.

右未央垂柳[13]

위는 미앙궁의 수양버들

10 | 연로(輦路) : 임금이 탄 수레가 다니는 길. 왕궁 안에 있는 길을 말한다.
금선(金線) : 버들가지의 모습을 형용한 것이다. 당나라 시견오(施肩吾)의 〈궁궐의 새 버들(禁中新柳)〉「만 가닥 금빛 실 봄 연무 띠었는데, 푸른 실로 깊게 물들임 한푼 돈 들지 않네.」(萬條金線帶春煙, 深染青絲不直錢)

11 | 천배(天杯) : 임금님의 술잔. 당나라 심전기(沈佺期)의 〈3일 이원에서 연회를 모시다(三日梨園侍宴)〉「들꽃 임금님 자리에 나부끼고, 시내의 버들 임금님 술잔에 스치네.」(野花飄御座, 河柳拂天杯)

12 | 수제(隋堤) : 수양제(隋煬帝) 때 통제거(通濟渠)와 한구(邗溝)의 물가를 따라 수축한 어도(御道)에 수양버들을 심었는데 후인들이 이를 수제라 하였다. 당나라 한종(韓琮)의 〈수양버들 가지(楊柳枝)〉「양나라의 정원과 수나라의 제방 공사 같은 큰 공사 이미 헛일이 되었는데도, 만 갈래 가지 아직도 옛날 불었던 동풍에 춤추고 있네.」(梁苑隋堤事已空, 萬條猶舞舊東風)

13 | 미앙(未央) : 한나라 고조 유방 때 지은 궁전 이름.

21

瑤池淸禁裏[14]
요 지 청 금 리

요지 맑은 궁궐 안에 있는데,

滿眼白□看
만 안 백 □ 간

온 눈에 흰 □ 보이네.

翠蓋龍舟拂[15]
취 개 룡 주 불

푸른 덮개 용주가 스치고,

明粧玉鏡團
명 장 옥 경 단

밝은 화장은 옥 거울 둥근 것 같네.

迎風香霧噀[16]
영 풍 향 무 손

바람 맞으니 향기로운 안개 뿜고,

14 | 요지청금리(瑤池淸禁裏) : 요지는 원래 서왕모가 사는 곤륜산에 있다고 하는 전설상의 못인데, 나중에는 주로 궁원의 연못을 가리키는 말로 쓰이게 되었다. 금(禁)은 금중(禁中)으로 궁궐을 말한다. 당나라 이동(李洞)의 〈용지의 봄풀(龍池春草)〉「용지의 맑은 궁궐에, 향기로운 풀 못 따라 봄에 났네.」(龍池淸禁裏, 芳草傍池春)

15 | 취개(翠蓋) : 원래의 뜻은 푸른색 깃털로 장식한 수레 덮개이다. 여기서는 푸른색 수레 덮개 모양을 띤 식물을 가리키며, 곧 연꽃의 줄기와 잎을 말한다. 남조 양나라 원제(梁元帝)의 〈연을 따다(采蓮賦)〉「푸른 꽃방에 비취색 덮개 하고 있으며, 흰 열매는 누런 연밥이라네.」(綠房兮翠蓋, 素實兮黃螺)

16 | 손(噀) : 《고증》「또한 『潠』이라고도 한다. 물을 뿜는다는 뜻이다.」(亦作潠, 噴水也)

帶月水晶寒
대 월 수 정 한

달 띠니 수정 차갑네.

自可宸遊樂
자 가 신 유 락

절로 임금님 노닐며 즐길만하리니,

何須步試潘[17]
하 수 보 시 반

어찌 모름지기 반희에게 걸어보게 하리.

右太液芙蓉[18]
위는 태액지의 부용

17 | 보시반(步試潘) : 《남조의 역사》 권5 〈제본기 하·폐제 동혼후(廢帝東昏侯)〉「금을 파서 연꽃을 만들어 땅에 붙여 놓고 반비에게 그 위를 걷게 하고는 말하였다. 이야말로 걸음걸음마다 연꽃이 피어나는 것이로구나.」(鑿金爲蓮華花以帖地, 令潘妃行其上, 曰, 此步步生蓮華也)

18 | 태액(太液) : 《고증》「한나라의 건장궁에는 태액지가 있다.」(漢建章宮有太液池)

22~23. 奉次[1]

삼가 같은 각운자를 써서 짓다

22

幽居縹緲暎林端[2] 유 거 표 묘 영 림 단	그윽한 거처 가물가물 숲 끝에 비치고,
藥圃分明對釣灘 약 포 분 명 대 조 탄	약초밭은 분명하게 낚시하는 여울 마주한다네.
解紱言歸尋舊約[3] 해 불 언 귀 심 구 약	내 인끈 끌러 돌아가겠단 옛 약속 다지고 보니,
任他人羨畫中看[4] 임 타 인 선 화 중 간	남들 그림 속 들여다 봄 부러워하든 말든.

1 | 봉차(奉次) : 「……가 지은 시를 보고서 그 시에서 쓴 각운자를 그대로 사용하여 삼가」 짓는다는 말인데 「……」에 해당하는 부분이 전하지 않는다. 내용으로 보건대 아마 어떤 사람이 쓴 화제시(畵題詩)에 차운(次韻)한 시 같다. 역시 바로 앞에 나오는 시와 같은 시기에 지은 것으로 보인다.

2 | 표묘(縹緲) : 높고 멀어 아득한 모양을 나타내는 의태어.

3 | 해불(解紱) : 불(紱)은 관인을 넣는 도장집을 관복에 찰 수 있도록 묶는 끈. 인끈을 끄른다는 것은 관직을 그만둔다는 것을 말한다.

심구약(尋舊約) : 심은 여기서 다진다는 뜻으로 쓰였다. 《좌전·은공(隱公) 4년》 「공이 송공과 회맹을 하였는데 숙에서의 맹약을 다지려는 것이었다.」(公與宋公爲會, 將尋宿之盟) 송나라 유극장(劉克莊)의 〈다시 화답하다(再和)〉 제7수 「별안간 말 나란히 하고 물 서쪽 지나던 일 생각하니, 거듭 전날의 약속 다짐 아직 어긋나지 않았다네.」(忽憶聯鞍過水西, 重尋前約未參差)

4 | 임타(任他) : 종타(從他)와 같은 말로, ~하든 말든이란 뜻이다.

23

黃雲日日捲郊端[5] 황 운 일 일 권 교 단	누런 구름 날마다 들 끝에서 걷히고,
霜落寒魚下石灘[6] 상 락 한 어 하 석 탄	서리 내리니 추운 날의 물고기조차 돌 여울로 내려가네.
畫裏不堪鄕思發 화 리 불 감 향 사 발	그림 속에 고향 생각 남 내 견딜 수 없어,
扁舟東去爲重看 편 주 동 거 위 중 간	조각배 동쪽으로 떠나는 풍경 거듭 보게 된다네.

5 | 황운(黃雲) : 가을이 되어 누렇게 익은 벼를 말한다. 《내집》 권3 74번 시의 주 96)을 보라.

6 | 한어(寒魚) : 추운 계절의 물고기.

24. 題蓮花白鷺圖. 尹彦久要予同賦[1]

연꽃과 백로를 그린 그림에 적다. 윤언구가 함께 읊기를 청하였다

菡萏紅交白
함 담 홍 교 백

연꽃 봉우리들 붉은색 흰색 섞여 있는데,

舂鋤立並窺[2]
용 서 립 병 규

해오라기들 서서 함께 엿보네.

馨香眞可挹
형 향 진 가 읍

멀리 퍼지는 향기 실로 끌어들일 만하고,

1 | 윤언구(尹彦久) : 권신 윤춘년(尹春年: 1514~1567)의 자. 중종 때 윤원형의 일파로 재주는 있었으나 평판이 그다지 좋지 않았다. 본관은 파평(坡平)이며, 호는 학음(學音)·창주(滄洲)이다. 중종 29년(1534) 생원, 22년(1543)에 식년문과에 갑과로 급제하였다. 을사사화 때 윤원형(尹元衡)에게 아부하여 이조정랑·장령·교리 등을 거쳐 1553년 대사간에 발탁되었다. 이조판서를 거쳐 예조판서로 있을 때 윤원형의 몰락과 함께 파직당하고 향리에 은거하였다. 이 시에서는 윤춘년의 인품과 시를 칭찬하고 있다. 퇴계 40경의 작품으로 추정된다.

2 | 용서(舂鋤) : 《시경·진풍·완구(陳風·宛丘)》의 주석 「『노』는 용서로 지금의 노자인데, 아름답고 새하얗게 생겼으며, 머리에 긴 털 십여 개가 있다.」(鷺, 舂鉏, 今鷺鷥, 好而潔白, 頭上有長毛十數枚) 송나라 구양수의 〈속마음을 써내다(書懷)〉 「하물며 서쪽 이웃의 몸 숨긴 군자, 도롱이 입고 삿갓 쓰고 해오라기와 짝하니.」(況有西鄰隱君子, 被簑帶笠伴舂鋤) 구양수의 인용 시 구절은 판본에 따라 「幸有西鄰隱君子, 輕簑短笠伴舂鋤」로 된 것도 있다.

脩潔正堪儀[3] 수 결 정 감 의	몸 깨끗이 닦음 정말 의젓하다 할 만하네.
韻妙濂溪說[4] 운 묘 염 계 설	운치는 염계의 〈애련설〉에서 묘하고,
名高魯泮詩 명 고 노 반 시	명성은 〈노송〉의 〈반수〉 시에 높네.
上屛長寓目 상 병 장 우 목	병풍 위에 눈길 오래 머묾,
非爲欠淸池 비 위 흠 청 지	맑은 못 없어서가 아니라네.

3 | 수결정감의(脩潔正堪儀) : 《고증》「《시경·노송·떼지어나는 해오라기(振鷺)》의 주석에 의하면 『노는 흥으로 결백한 선비이다. 그 깨끗이 닦고 위엄이 있음을 취한 것이다.』라 하였다. 다음 구절의 『명성 〈노송〉의 〈반수〉 시에 높네.』는 바로 이것을 말한다.」(案魯頌振鷺疏, 鷺興, 潔白之士也. 取其脩潔有威儀也. 下句名高魯泮詩, 卽此也) 〈진로(振鷺)〉는 실제로는 〈주송·신공지집(臣工之什)〉에 들어 있다.

4 | 염계설(濂溪說) : 송나라의 염계 주돈이(周敦頤)가 지은 〈연꽃을 사랑함에 대하여(愛蓮說)〉를 말하는데, 거기서는 연꽃을 군자에 비유하였다.

25~32. 題畫屛,[1] 八絶

그림 병풍에 적다, 절구 여덟 수

25

渚沙白於雪 저 사 백 어 설	물가의 모래 눈보다 희고,
鳧毛嫩成花[2] 부 모 눈 성 화	오리 깃털 고와 꽃 이루었다네.
汝曹閒似我[3] 여 조 한 사 아	너희들 한가롭기 나와 같으니,
焉用□鷗波[4] 언 용 □ 구 파	□갈매기 물결 어디에 쓰겠는가?

1 | 역시 퇴계 40세 서울에 있을 때 지은 것으로 보인다.

2 | 눈성화(嫩成花) : 송나라 진여의(陳與義)의 〈동쪽 집 벽에 적다(題東家壁)〉「높은 버드나무에 서린 세월 막 버들솜 날림을 끝내려하고, 고운 오리 깃털은 꽃 이루려 하네.」(高柳光陰初罷絮, 嫩鳧毛羽欲成花)

3 | 한사아(閒似我) : 송나라 황정견(黃庭堅)의 〈연아(演雅)〉「강남의 들판에 흐르는 물 하늘보다 파란데, 그 가운데 흰 갈매기 한가롭기 나와 같네.」(江南野水碧于天, 中有白鷗閒似我) 송나라 육유(陸游)의 〈꽃 구경(看花)〉「가마우지 한가하기 나와 같아, 낮부터 저녁까지 맑은 여울에 서 있다네.」(鸕鷀閒似我, 日莫立清灘)

4 | 빠진 글자는 「흰 백」(白)자인 것으로 보인다.

26

雨後山水綠
우 후 산 수 록

비온 후 산과 물 푸르고,

光風吹岸草[5]
광 풍 취 안 초

비갠 후의 바람 물가의 풀에 부네.

小灣集沙禽
소 만 집 사 금

작은 물굽이에 물새 모여 있는데,

和鳴意更好
화 명 의 갱 호

어울려 우는 소리 뜻 더욱 좋다네.

27

野塘春水淺[6]
야 당 춘 수 천

들판의 못에 봄물 얕은데,

窺魚來雪客[7]
규 어 래 설 객

물고기 엿보며 눈 같이 흰 손님 온다네.

5 | 광풍취안초(光風吹岸草) : 광풍은 비가 그친 후 해가 날 때의 부드러운 바람이라는 뜻도 있고 또 달빛이 내려쬐는 아래의 부드러운 바람이라는 뜻도 있는데 여기서는 전자의 뜻으로 쓰였을 것이다. 송나라 서조(徐照)의 〈하경청의 상중각에 적다(題夏景淸湘中閣)〉「남은 바람 물가의 풀에 불고, 빈 사당으로는 강의 구름 드네.」(殘風吹岸草, 空廟入江雲)

6 | 야당춘수천(野塘春水淺) : 송나라 이소기(李昭玘)의 〈봄날 서쪽 연못에서 놀다(春日遊西池)〉「비온 뒤에 바람 날로 따뜻해지고, 들의 연못에는 봄물 가득하네.」(雨餘風日暖, 野塘春水滿)

7 | 설객(雪客) : 해오라기를 말한다. 송나라 곽약허(郭若虛)의 《도화에 관해 보고 들은 기록·다섯 객의 그림(圖畫見聞志·五客圖)》「학은 신선 손님이라고 하고, 공작은 남쪽 손님이라고 하며, 앵무새는 언덕의 손님, 흰 꿩은 한가로운 손님, 해오라기는 눈 손님이라고 한다.」(鶴曰仙客, 孔雀曰南客, 鸚鵡曰隴客, 白鷳曰閒客, 鷺鷥曰雪客)

安得物無求 어찌 사물 구하지 않으리오?
안 득 물 무 구

生生各自適 모든 것들 제각각 자적하다네.
생 생 각 자 적

28

江洲乘鴈下[8] 강가 모래톱에 네 마리 기러기 내려앉는데,
강 주 승 안 하

非有稻粱意[9] 곡식 낟알에 뜻 두어서가 아니라네.
비 유 도 량 의

不逐冥飛羣[10] 높이 나는 무리 좇지 않고,
불 축 명 비 군

□□銜蘆避[11] □□ 갈대 잎 물고 피한다네.
□ □ 함 로 피

8 | 승안(乘鴈) : 승은 쌍(雙)이라는 뜻으로 쓰이며, 또 네 마리를 나타내기도 한다. 새 한 쌍을 승금(乘禽)이라 한다. 여기서는 어떻게 보아도 상관이 없을 것 같으나 후자의 뜻에 가깝게 쓰인 것 같다. 한나라 양웅(揚雄)의 〈남이 조롱하는 말에 해명하다(解嘲)〉「강호의 언덕이나 발해의 섬에 네 마리 갈매기가 모였다 하여 이 때문에 많아지는 것이 아니고 한 쌍의 오리가 날아갔다 하여 이 때문에 적어지는 것도 아닙니다.」(江湖之崖, 渤澥之島, 乘鴈集不為之多, 雙鳧飛不為之少) 당나라 이선(李善)의 주석 「《방언(方言)》에서 말하기를 『나는 새를 쌍이라 하고, 기러기 네 마리를 승이라고 한다.』라 하였다.」(方言曰, 飛鳥曰雙, 四鴈曰乘)

9 | 비유도량의(非有稻粱意) : 당나라 두보의 〈여러 분들과 함께 자은사의 탑에 오르다(同諸公, 登慈恩寺塔)〉「그대들 볕 따르는 기러기들 보게나, 제각기 곡식 낟알 도모함 있다네.」(君看隨陽雁, 各有稻粱謀)

10 | 명비(冥飛) : 높이 나는 것을 말한다.

29

水木樂禽性 수 목 락 금 성	물가의 나무 새의 본성 좋아하고,
天機活無撓 천 기 활 무 요	천기 살아서 흔들림 없다네.
不有意通神 불 유 의 통 신	뜻이 신통한 것이 아닌데도,
毫端能幻巧[12] 호 단 능 환 교	붓 끝 교묘한 환술 능하다네.

30

蒼然老樹枝 창 연 로 수 지	검푸른 늙은 나무 가지에,
高下鵲查查[13] 고 하 작 사 사	높고 낮은 곳에서 까치 깍깍하고 운다네.

11 | 함로(銜蘆): 《회남자·수무훈(脩務訓)》「대체로 기러기는 바람을 타고 날면서 그 기력을 아끼고, 갈대를 입에 물고 날아올라 주살에 대비한다.」(夫鴈順風以愛氣力, 銜蘆而翔, 以備矰弋)

12 | 호단(毫端): 가는 털끝이라는 뜻도 있는데 여기서는 붓끝이라는 뜻으로 쓰였다. 송나라 왕안석(王安石)의 〈이사운에게 드림(贈李士云)〉「붓 끝에서 그윽함 나오는데, 마음의 손 처음에는 드러나지 않는다네.」(毫端出窈窕, 心手初不著)

13 | 사사(查查): 의태어로, 희작(喜鵲: 까치) 등이 우는 소리를 나타낸다. 송나라 유극장(劉克莊)의 〈하신랑·임금의 은혜를 입고 주숭희관을 주관하면서(賀新郎·蒙恩主崇禧)〉「처마 사이에서 깍깍 까치 소리, 새벽되어 전해오네.」(有簷間、查查喜鵲, 曉來傳送)

由來事前定
유 래 사 전 정

예로부터 일 일찍 정하여져 있으니,

報喜向人誇[14]
보 희 향 인 과

기쁨 알린다 사람들에게 자랑한다네.

31

白鷹白雪毛[15]
백 응 백 설 모

흰 매 흰 눈 같은 깃털,

顧視空萬里
고 시 공 만 리

하늘 만 리 뒤돌아보네.

崒立秋峯尖
줄 립 추 봉 첨

험준하게 서 있는 가을 봉우리 뾰족하고,

江風撼石髓
강 풍 감 석 수

강의 바람은 돌 골수 흔들어대네.

14 | 희보(喜報) : 오대 왕인유(王仁裕)의 《개원천보유사(開元天寶遺事)》 권 하 〈영작보희(靈鵲報喜)〉 「당시 사람들의 집에는 까치 소리가 들렸는데 모두들 길조라 생각하여 신령스런 까치가 기쁜 소식을 알렸다 하였다.」(時人之家聞鵲聲, 皆爲喜兆, 故謂靈鵲報喜)

15 | 백설모(白雪毛) : 눈 같이 하얀 털을 말한다. 송나라 구양수(歐陽脩)의 〈흰 토끼를 생각하다. 장단구로 장난삼아 매지(梅摯)의 학을 생각하다라는 시작에 답하다(思白兎. 雜言, 戲答公儀憶鶴之作)〉 「그대 집 흰 학 흰 눈 같은 털 가졌고, 우리 집 흰 토끼는 흰 옥 같은 털 가졌다네.」(君家白鶴白雪毛, 我家白兎白玉毫)

32

黑鷹北極來[16] 흑 응 북 극 래	검은 매 북극에서 오는데,
劒翎馳殺氣[17] 검 령 치 살 기	칼날 같은 깃 살기 치닫네.
何須灑血毛[18] 하 수 쇄 혈 모	어찌 반드시 피 묻은 깃털만 뿌리겠는가?
已覺羣狐畏 이 각 군 호 외	이미 여우떼도 두려움 느낀다네.

16 | 흑응북극래(黑鷹北極來) : 당나라 두보의 〈왕감병마사를 찾았는데 가까운 산에 희고 검은 매 두 마리가 있으며……(見王監兵馬使, 說近山有白黑二鷹……〉 제2수 「검은 매 인간 세상에 있음 살피지 못했는데, 바다 건너 아마도 북극에서 오는 것이리라.」(黑鷹不省人間有, 度海疑從北極來)

17 | 검령(劒翎) : 송나라 장뢰(張耒)의 〈새장 속의 매(籠鷹詞)〉 「칼날 같은 깃털 갈고리 같은 발톱에 눈은 번개 같고, 날카로운 부리는 새로 담금질한 용천검의 칼끝 같네.」(劒翎鉤爪目如電, 利吻新淬龍泉鋒)

18 | 쇄혈모(灑血毛) : 당나라 두보의 〈매를 그리다(畫鷹)〉 「어찌 마땅히 보통 새들 쳐서, 털과 피 평원에 뿌리리.」(何當擊凡鳥, 毛血灑平蕪)

33. 對月[1]

달을 마주하다

萬井烟收露氣凄[2]
만 정 연 수 로 기 처

온 마을에 안개 걷히니
이슬 기운 차운데,

飛空銀闕瑞光迷[3]
비 공 은 궐 서 광 미

하늘 나는 은빛 궁궐
상서로운 빛 흐릿하네.

樓臺幾處催歌管
누 대 기 처 최 가 관

누대 몇 곳에서
노래와 피리 재촉하는가?

戍役□□聽鼓鼙[4]
수 역 □ □ 청 고 비

수자리 서며 □□
큰북과 손북 치는 소리 듣는다네.

1 | 역시 퇴계 40세 9월 서울에 있을 때 지은 것으로 보인다.

2 | 만정(萬井) : 정은 원래 지적 단위로 1평방 리(里)를 말한다. 만정은 1만 평방 리이나 여기서는 천가만호(千家萬戶)의 마을을 나타내는 말로 쓰였다.

3 | 은궐·서광(銀闕·瑞光) : 모두 달을 표현할 때 쓰는 말이다. 송나라 소식의 〈자유의 중추에 달을 보다라는 시에 화답하다(和子由中秋見月)〉「밝은 달 아직 뭇 높은 산 위로 뜨지 않았는데, 상서로운 빛 천 길에 흰 털 생기네. 한 잔 술 아직 다 마시지 못하였는데 달 솟아오르고, 어지러운 구름 무너지는 파도처럼 무너진다네.」(明月未出羣山高, 瑞光千丈生白毫. 一杯未盡銀闕涌, 亂雲脫壞如崩濤)

4 | 청고비(聽鼓鼙) : 적이 쳐들어옴을 알리는 북으로 나중에는 전쟁 또는 군사(軍事)를 가리키는 말로 쓰이게 되었다. 《예기·악기(樂記)》「고비의 소리는 시끄러우므로 사람의 마음을 움직여서 전진을 촉진하는데 좋다. 군자는 고비의 소리를 들으면 군대를 지휘하는 장수를 생각한다.」(鼓鼙之聲讙, 讙以立動, 動以進衆. 君子聽鼓鼙之聲, 則思將帥之臣)

故國音塵愁結夢[5]
고 국 음 진 수 결 몽

고향의 소식
근심되어 꿈에 맺히고,

寒衣消息怨□啼[6]
한 의 소 식 원 □ 제

겨울옷 소식은
한 되어 울며 □하네.

沈吟坐到孤輪側
침 음 좌 도 고 륜 측

낮게 읊조리자니 갑자기
외로운 바퀴 곁에 이르고,

寂歷梧桐小院西
적 력 오 동 소 원 서

적막한 오동나무
작은 뜰 서쪽에 있다네.

5 | 음진(音塵) : 음신(音信), 곧 소식을 말한다. 한나라 채염(蔡琰)의 〈호가 열여덟 박자(胡笳十八拍)〉 제11수 「고향 떨어졌음이여 소식 끊어지니, 울다가 소리 없어짐이여 숨이 막히려 한다네.」(故鄕隔兮音塵絕, 哭無聲兮氣將咽)

6 | 한의(寒衣) 방한복. 고려 정몽주(鄭夢周)의 〈수자리 간 남편을 그리는 아내의 원망(征婦怨)〉 「오늘 아침에야 비로소 방한복을 마련하여 보내드리는데, 떠나실 때 울면서 작별하고 돌아올 때 뱃속에 가졌던 아이편이라오.」(今朝始寄寒衣去, 泣送歸時在腹兒)

34. 陽智縣淸鑑堂, 南景霖韻[1]_辛丑○堂乃故相金慕齋先生所名. 堂後引溪注池, 爲流觴曲水[2]

양지현의 청감당에서 남경림의 운자를 써서_ 신축년(1541) ○ 당은 곧 옛 재상이신 김모재 선생이 명명하였다. 당의 뒤에는 시냇물을 끌어다 못에 물을 대어 유상곡수를 할 수 있도록 만들었다

小水之玄曲
소 수 지 현 곡

작은 물줄기
그윽한 물굽이로 가는데,

方塘玉鑑淸[3]
방 당 옥 감 청

네모반듯한 연못은
옥 거울처럼 맑네.

淨添元自活
정 첨 원 자 활

깨끗함 더하니 원래부터
저절로 싱싱하였고,

虛受本無聲
허 수 본 무 성

비우고 받아들이니
본래 소리 없다네.

1 | 《고증》「양지는 경기좌도에 속하며, 군명으로는 양산과 추계가 있다.」(陽智屬京畿左道, 郡名陽山秋溪)
남경림(南景霖) : 남응룡(南應龍: 1514~1555)의 자. 본관은 의령이며, 호는 요산(樂山), 또는 이요당(二樂堂)이다. 남응룡은《내집》권1의 129번 시에 보인다.

2 | 김모재(金慕齋 : 1478~1543) : 김안국(金安國)의 호이다. 본관은 의성(義城)이고, 자는 국경(國卿), 시호는 문경(文敬)이다.

3 | 방당옥감청(方塘玉鑑淸) : 당의 이름이 청감당이므로 이렇게 읊었다.

明在丈尋定[4]
명 재 장 심 정

분명한 것 길고 짧음
정해져 있음이고,

物來千萬更
물 래 천 만 경

사물 오면
천번 만번 바뀐다네.

名堂知妙意
명 당 지 묘 의

당 이름 지음에
묘한 뜻 담으심 알게되니,

感古益傷情[5]
감 고 익 상 정

옛날 생각에
마음 더욱 슬퍼진다네.

4 | 장심(丈尋) : 장(丈)은 10자[尺]이고, 심(尋)은 8자[尺]이다.

5 | 감고(感古) : 퇴계가 17세 되던 해에 모재가 경상감사로 삼촌인 송재가 부사로 있는 안동에 왔다가 온계까지 찾아와서 온계와 퇴계 형제에게 학자금을 보태어주고 격려한 일이 있었다.

35. 戱答李伯喜[1]

장난삼아 이백희에게 답하다

江亭寥落坐新晴
강 정 요 락 좌 신 청

강가의 정자 쓸쓸한데
갑자기 새롭게 개이더니,

忽見飛書到野扃
홀 견 비 서 도 야 경

별안간 나는 듯한 편지
들집의 빗장에 이르름 보이네.

報罷明朝湖上約[2]
보 파 명 조 호 상 약

내일 아침 호숫가에서의
약속 취소한다니,

白鷗無限笑塵纓[3]
백 구 무 한 소 진 영

흰 갈매기 끝없이
속세에 얽매임 비웃겠네.

1 | 이백희(李伯喜) : 이수경(李首慶: 1516~1562)의 자. 본관은 광주(廣州)이며 호는 지재(止齋)이다. 중종 33년(1538) 별시문과에 급제하여 관로에 올랐으며, 정언과 헌납, 사예 등을 지냈다. 조광조(趙光祖)의 죄를 대변하였다가 윤원형(尹元衡) 일파의 미움을 사 함경도 온성(穩城)으로 유배되었다. 이 시는 선생의 일기(퇴도선생일기)에 의하면, 44세, 7월 24일에 지은 것이다.

2 | 보파(報罷) : 전에 하기로 약속했었던 일을 번복하여 그만두는 것을 말한다.

3 | 진영(塵纓) : 세속의 일을 비유한다. 남조 제나라 공치규(孔稚珪)의 〈북산의 산신령이 (고을원이 되어 간 가짜 도사에게) 띄우는 공문(北山移文)〉「옛날에 상투비녀 내던지고 바닷가에 숨었단 말 들었더니, 지금 (은자가 매는) 난초 띠 풀고서 (벼슬하면서) 세속의 일에 얽매임 본다네.」(昔聞投簪逸海岸, 今見解蘭縛塵纓) 당나라 이주한(李周翰)의 주 「진영은 세속의 일이다.」(塵纓， 世事也)

36. 暮春偶作[1]

늦봄에 우연히 짓다

杏花落已空[2] 행 화 락 이 공	살구꽃 져서 이미 아무것도 없는데,
桃花參差開[3] 도 화 참 차 개	복사꽃은 들쭉날쭉 핀다네.
空庭三日雨 공 정 삼 일 우	빈 뜰에 사흘간 비 내리니,
草積生莓苔[4] 초 적 생 매 태	풀 더미에서 푸른 이끼 난다네.
憑欄眺新霽 빙 란 조 신 제	난간에 기대어 막 갬 바라보자니,
春愁浩難裁 춘 수 호 난 재	봄 시름 넓어 어찌하기 어렵다네.

1 | 이 시 역시 퇴계 41세 3월에 지은 것이다.

2 | 행화락(杏花落) : 송나라 진여의(陳與義)의 〈해당(海棠)〉 「봄비 밤새 소리 내더니, 맞붙은 숲 살구꽃 진다네.」(春雨夜有聲, 連林杏花落)

3 | 참치개(參差開) : 참치(參差)는 길이가 일정하지 않아 들쭉날쭉한 모양을 나타내는 쌍성연면 의태어이다. 당나라 최로(崔魯)의 〈봄날 장안에서 있었던 일을 그대로 읊다(春日長安即事)〉 「한식 또 오려하니, 배꽃 매화꽃 들쭉날쭉 피네.」(一百五日又欲來, 梨花梅花參差開)

4 | 생매태(生莓苔) : 매태는 이끼를 말한다. 당나라 이백(李白)의 〈양양가(襄陽歌)〉 「그대는 보지 못하였는가, 진나라 양공의 한 조각 비석을. 거북과 용 벗어지고 깨져 푸른 이끼 돋아났다네.」(君不見晉朝羊公一片石, 龜龍剝落生莓苔)

狂風動地起[5]
광 풍 동 지 기

미친 듯한 바람은
땅 울리며 일고,

亂眼飛雪催
난 안 비 설 최

눈 어지럽히며
날리는 눈 재촉하네.

飄翻難具知[6]
표 번 난 구 지

날리고 뒤쳐
다 알기 어렵고,

散漫倏往回
산 만 숙 왕 회

온 사방으로 흩어지더니
갑자기 왔다갔다 하네.

我疑滕六逞[7]
아 의 등 륙 령

내 등륙 나타난 것 아닌가
생각하는데,

變幻頃刻來
변 환 경 각 래

변화무쌍하게 어느 순간에
잠깐 만에 내리네.

掀髥吟雪句
흔 염 음 설 구

수염 흔들며
눈 읊은 구절 읊조리고,

煖寒呼酒杯
난 한 호 주 배

추위 데우느라
술잔 부른다네.

5 | 광풍동지기(狂風動地起) : 삼국 위나라 조식(曹植)의 〈잡시(雜詩)〉 「뜬 구름 햇빛 가리더니, 슬픈 바람 땅 흔들며 이네.」(浮雲翳日光, 悲風動地起) 당나라 저광희(儲光羲)의 〈왕씨네 열셋째 유와 함께 우연히 짓다(同王十三維偶然作)〉 제10수 「미친 듯한 회오리바람 땅 흔들며 일더니, 나무 뽑음 한두 그루 아니네.」(狂飆動地起, 拔木乃非一)

6 | 난구지(難具知) : 주자의 〈큰 눈이 내리다. 말 위에서 장식이 지은 시의 각운자를 써서 짓다(大雪, 馬上次韻敬夫韻)〉 「펄펄 내리니 어찌 이렇게 고운지, 침침하여 다 알기 어렵다네.」(繽紛一何麗, 晻靄難具知)

7 | 등륙(滕六) : 눈의 별칭. 《내집》 권1 133번 시의 주 14)에 보인다.

傍人笑我癡[8] 방 인 소 아 치	곁의 사람 나 어리석다 비웃으며,
指我鄰墻隈 지 아 린 장 외	내게 이웃의 담장 모퉁이 가리키네.
兩條梨花樹 량 조 이 화 수	두 줄기 배꽃 나무에서,
擺落吁可哀 파 락 우 가 애	갈라져 떨어지니 아 슬퍼할 만하네.
枝上已無多 지 상 이 무 다	가지에는 벌써 많이 남아 있지 않고,
隨風委塵埃 수 풍 위 진 애	바람 따라 흙먼지에 이지러졌다네.
吹香滿一院 취 향 만 일 원	향기 불어와 온 뜰에 가득하고,
門徑堆皚皚 문 경 퇴 애 애	오솔길 난 쪽의 문에 쌓여 반싹반싹하네.
混眞一餉閒[9] 혼 진 일 향 한	참됨 잠깐 만에 뒤섞인다는 것,
悟處令人欸 오 처 령 인 애	깨닫고 보니 사람 아! 한숨짓게 하네.

8 | **방인소아치(傍人笑我癡)** : 송나라 장뢰(張耒)의 〈밭갈이를 하다(種圃)〉「집 세내고 또한 채마전 일구니, 따르는 사람 나 어리석다고 비웃네.」(僦舍亦爲圃, 從人笑我癡)

9 | **일향간(一餉閒)** : 아주 잠깐 동안. 밥을 한번 먹을 사이라는 뜻이다. 「閒」자는 여기서 간(間)자와 통용한다.

37. 次韻吳敬夫栗亭[1]

오경부의 율정 시의 각운자를 써서 짓다

聞說高亭對碧流
문 설 고 정 대 벽 류

듣자하니 높은 정자
　　짙푸른 시내 마주하고,

風煙臨眺豁襟幽
풍 연 림 조 활 금 유

경치 내려다보면
　　흉금 탁 트인다고 하네.

他時笑我營三徑[2]
타 시 소 아 영 삼 경

전날 내 세 갈래
　　오솔길 경영함 웃더니,

此去知君詫萬休[3]
차 거 지 군 타 만 휴

이제 떠나면 그대 만사
　　그만 둠 자랑할 것 안다네.

1 | 오경부(吳敬夫) : 오겸(吳謙: 1496~1582)의 자. 본관은 나주(羅州)이고, 호는 지족암(知足庵)이다. 1532년 별시문과에 을과로 급제하여 장령(掌令), 집의(執義), 광주목사, 병조참판, 대사헌, 예조판서, 좌찬성 등을 역임하였으며, 시호는 정간(貞簡)이다.
율정(栗亭) : 나주에 있는 오겸의 정자로 생각된다. 이 시 역시 퇴계 41세 때(6월 10일경)에 지은 것으로 본다.

2 | 삼경(三徑) : 세 갈래 오솔길. 서한 말 장후(蔣詡)가 벼슬을 그만 두고 고향으로 돌아가 은거하면서 정원에 소나무를 심은 길[松徑], 국화를 심은 길[菊徑], 대나무를 심은 길[竹徑]을 만들어 놓고 은거하였다. 이로 인해 은자의 거처라는 뜻으로 쓰이게 되었다. 《내집》 권1 87번 시의 주 7)을 보라.

3 | 만휴(萬休) : 《고증》「확실하지 않다. 만사를 그만두고 쉰다는 것과 같은 말이다.」(未詳. 猶言萬事休歟)

竹樹淸陰宜素玩[4]
죽 수 청 음 의 소 완

대나무 맑은 그늘
평소 놀기 알맞고,

田園眞樂果前謀
전 원 진 락 과 전 모

전원의 참된 즐거움
전날의 계책 이루겠네.

□□京洛成何事
□ □ 경 락 성 하 사

□□한 서울에서
무슨 일 이루겠는가?

吟望南雲祇足憂
음 망 남 운 지 족 우

읊조리며 남쪽 구름 바라보면
다만 걱정스러울 뿐이겠지.

4 | 죽수청음(竹樹淸陰) : 주자의 〈여름날(夏日)〉「창가의 바람에 먼 폭풍 이르고, 대나무는 맑은 그늘 짙네.」(窓風遠颸至, 竹樹淸陰繁)

38~45. 肅寧館阻雨, 次書屛八絶韻, 奉呈尹使君鈴齋[1]

숙녕관에서 비에 막혀, 병풍의 여덟 절구의 각운자를 써서 지어 삼가 윤사또님의 동헌에 드리다

38

來從鴨塞愁長路 내 종 압 새 수 장 로	압록강 변경으로부터 와 먼 길 시름하는데,
去指箕城阻漲流[2] 거 지 기 성 조 창 류	기성 가리키며 떠나자니 불어난 물에 막혔다네.
卻喜炎蒸三伏月[3] 각 희 염 증 삼 복 월	도리어 기쁘구나! 찌는 듯한 삼복의 달에,
一軒風雨爽如秋 일 헌 풍 우 상 여 추	온 동헌에 비바람 치니 가을처럼 상쾌하다네.

1 | 숙녕관(肅寧館) : 《고증》「곧 숙천의 객관인 듯하다.」(疑卽肅川客館)
윤사군(尹使君) : 《고증》「확실하지 않다.」(未詳)
이 시는 《연보·신축년(辛丑年)》(41세)에 의하면 「자문점마관으로 의주에 갔다.」(以咨文點馬赴義州)라 하였고, 또 첫째 시의 내용으로 보건대 자문점마관의 임무를 수행하고 돌아오던 중에 지은 것 같다.

2 | 기성(箕城) : 《고증》「평양의 다른 이름이다.」(平壤郡名)

3 | 염증삼복(炎蒸三伏) : 당나라 두보의 〈또 이 시를 지어 위왕님께 올림(又作此奉衛王)〉「땅과 하늘의 맑고 흐림 도리어 올라갔다 내려왔다 하나, 삼복의 찌는 듯한 증기는 있다가 없다가 하네.」(二儀淸濁還高下, 三伏炎蒸定有無) 주자의 〈임택지가 심경이 오석산의 남호를 읊은 시에 창화한 아름다운 구절을 부쳐와 보여주었기에 문득 원래 시의 각운자를 써서 짓는다(擇之寄示深卿唱和烏石南湖佳句, 輒次元韻)〉 제3수 「해 왔다가 해 가니 누구 위해 바쁜가? 삼복의 찌는 듯한 더위 별안간 서늘하게 변했다네.」(年來年去爲誰忙, 三伏炎蒸忽變凉).

39

風驅雷雨勢爭雄
풍 구 뇌 우 세 쟁 웅

바람 뇌우 내모는데
기세 씩씩함 다투고,

壯觀時時忽滿空
장 관 시 시 홀 만 공

장관 때때로
갑자기 하늘에 가득하네.

誰秉機關爲此戲
수 병 기 관 위 차 희

누가 천기의 빗장 잡고서
이 놀이 하나?

瞥然無跡笑談中
별 연 무 적 소 담 중

눈 깜짝할 사이에 자취 없어지니
이야기 하다가 웃는다네.

40

微臣奔命柰洪波
미 신 분 명 내 홍 파

보잘 것 없는 신하 명 받드느라 분주하니
큰 물결 어찌할 것이며,

太守憂民儉歲何[4]
태 수 우 민 검 세 하

태수 백성 걱정함
흉년 어쩌겠는가 하는 것이라네.

一日對罇聊共賀
일 일 대 준 료 공 하

하루 술바리 대하고서
애오라지 함께 경하하노니,

稍聞田野有農歌
초 문 전 야 유 농 가

조금씩 들려오네, 들판의 밭에서
농민들 노래 소리.

4 | 검세(儉歲) : 황년(荒年) : 곧 흉년이라는 뜻이다.

41

大地焦時羣望絶
대 지 초 시 군 망 절

대지 타들어갈 때
뭇 바람 절망이었는데,

故人逢處百憂空
고 인 봉 처 백 우 공

옛 친구 만난 곳에서
갖은 시름 없어졌다네.

淸遊絳雪虛前計[5]
청 유 강 설 허 전 계

강설의 맑은 놀이
전의 도모 부질없이 되었으니,

擧酒傳君笑向東[6]
거 주 전 군 소 향 동

술 들어 그대에게 전하며
동쪽 보고 웃는다네.

42

爲州孰比關西樂
위 주 숙 비 관 서 락

고을 맡음 관서의
즐거움 어디에다 비하리,

俗厚民淳雀鼠空
속 후 민 순 작 서 공

풍속 두텁고 백성들 순하며
참새와 쥐새끼 같은 놈들 없다네.

5 | 강설(絳雪) : 《고증》「홍설과 강설·감설은 모두 선가의 약이름인데, 아마 서울길의 정자에 강설로 명칭을 딴 것이 있을 것이나 선생이 비에 여정이 막혀 가서 구경을 못했기 때문에 이렇게 말하였을 것이다. 혹자는 말하기를 강선루가 성천에 있는데, 관서 지방의 첫째가는 승경으로 어쩌다 그 소리가 서로 근접하기 때문에 바꾸어 부른 것이라고 하였다.」(案, 紅雪絳雪紺雪, 皆仙家藥名, 恐西路亭館有以絳雪爲名者, 先生阻雨未果遊賞, 故云. 或曰, 降仙樓在成川, 爲關西第一勝賞, 或因其聲相近而換稱之)

6 | 소향동(笑向東) : 후한 환담(桓譚)의 《신론·금도(琴道)》「사람들은 장안의 즐거움을 들으면 문을 나서 서쪽을 보고 웃는다.」(人聞長安樂, 則出門西向而笑) 당나라 승려 교연(皎然)의 〈장난삼아 오풍에게 드림(戲贈吳馮)〉「도리어 소경과 같이 장안을 바라보며, 장안은 서쪽에 있는데 동쪽을 보고 웃네.」(還如瞽者望長安, 長安在西向東笑)

撫字不煩謀野獲
무 자 불 번 모 야 획

백성들 보살피느라 들판에서
번거로이 사냥 않고,

淸齋新闢小軒東
청 재 신 벽 소 헌 동

맑은 서재 작은 헌함
동쪽에 새로 열었다네.

43

日暮城頭注眼波[7]
일 모 성 두 주 안 파

해지는 성 어귀에서
물결 같은 눈으로 바깥만 주시하니,

城中齋閣問如何
성 중 재 각 문 여 하

성 안의 동헌
묻노니 어떠한가?

鳴琴箇裏偸閒處
명 금 개 리 투 한 처

그 안에서 금 타서 울리며
한가로움 틈탄 곳에는,

花作佳賓鳥當歌
화 작 가 빈 조 당 가

꽃 아름다운 손님 되고
새는 노래 맡았다네.

44

鬧鬧蛙鳴五夜風
요 료 와 명 오 야 풍

개굴개굴 개구리 울음 소리
오경의 바람 타고 오는데,

愁邊聽雨睡魔窮
수 변 청 우 수 마 궁

근심하던 언저리에 빗소리 들으니
잠에 빠지게 하는 마귀 끝났다네.

7 | 일모성두(日暮城頭): 송나라 왕안석(王安石)의 〈증자고의 편지를 얻었다가 이에 답장을 적어 부치다(得曾子固書因寄)〉「보고 들음 애오라지 절로 방일한데, 해 지는데 성 어귀에 서 있는다네.」(眺聽聊自放, 日暮城頭立)

知余此夕無衣枕
지 여 차 석 무 의 침

내 이날 저녁
옷이며 베개 없음 아니,

已似同君臥閣中[8]
이 사 동 군 와 각 중

이미 그대와 같이
누각에 누워 있는 듯하네.

45

呼燈起坐浮天白[9]
호 등 기 좌 부 천 백

등불 불러 일어나 앉으니
하늘 부옇게 떠 있고,

簷溜泠泠雜曙色[10]
첨 류 령 령 잡 서 색

처마의 물방울 똑똑
새벽빛에 섞인다네.

想得鈴齋報曉雞
상 득 령 재 보 효 계

생각해보니 동헌에서는 새벽 알리는
닭소리 듣고서,

依然念我難行客
의 연 념 아 난 행 객

여전히 나 같이 떠나기 어려운
나그네 염려해주고 계시겠지.

8 | 지여~각중(知余~閣中) : 《고증》 「확실하지 않다.」(未詳)

9 | 부천백(浮天白) : 《고증》 「또한 확실하지 않다.」(亦未詳)

10 | 영령(泠泠) : 소리가 맑고 멀리까지 퍼지는 것을 말한다. 진(晉)나라 육기(陸機)의 〈운사를 부름(招隱詩)〉 제2수 「산의 물줄기 소리 얼마나 맑게 퍼지는지, 샘은 나는 듯 튀어 올라 옥이 부딪치는 듯한 소리 낸다네.」(山溜何泠泠, 飛泉漱鳴玉)

46. 讀書堂內賜仙桃銀杯, 與林士遂·鄭吉元·金應霖, 泛舟東湖, 以侈寵錫, 士遂有詩, 次韻示諸公[1]

독서당에 선도와 은 술잔을 내려주셨다. 임사수·정길원·김응림과 함께 동호에 배를 띄워 즐겁게 놂으로써 분에 넘치는 은혜를 받은 것을 자랑하였다. 사수가 시를 지었기에 내가 같은 각운자를 써서 지어 여러 분들에게 보인다

湖船靑眼□□橫[2] 호 선 청 안 □ □ 횡	동호의 배에 반가운 이들 □□ 가로지르고,
錫寶新看下紫淸[3] 석 보 신 간 하 자 청	하사해주신 보물 새롭게 보이는데 임금님이 내리신 것이라네.

1 | 사수(士遂) : 금호(錦湖) 임형수(林亨秀: 1504~1547)의 자. 임형수에 대해서는 《내집》 권1 47번 시의 주 1)을 보라.
길원(吉元) : 임당(林塘) 정유길(鄭惟吉: 1515~1588)의 자. 정유길에 대해서는 《내집》 권1 66번 시의 주 1)을 보라.
응림(應霖) : 우암(寓菴) 김주(金澍: 1512~1563)의 자. 김주에 대해서는 《내집》 권1 26번 시의 주 1)을 보라.
《내집》 권1 66~69번 시는 이때의 놀이를 회상하면서 지은 것으로, 이 시의 제목에 보이는 이름이 모두 보인다.
임형수의 《금호유고(錦湖遺稿)》에는 이 시의 각운자를 써서 지은 시가 보이지 않는다.
이 시는 42세 때에 지은 것이다.

2 | 호선청안(湖船靑眼) : 호선은 독서당이 있는 동호에 띄운 배를 말한다. 청안은 반색하며 맞을 수 있는 친구를 말한다. 백안(白眼)의 반대말이다. 《진나라의 역사·완적의 전기(晉書·阮籍傳)》「완적은 또한 검은 눈동자와 흰자위로 사람을 대할 수도 있었는데, 예속에 얽매인 인사를 만나면 백안으로 대하였다」(籍又能爲靑白眼, 見禮俗之士, 以白眼對之) 함께 노닌 임형수, 정유길, 김주 등을 말한다.

冶就朱提天與巧[4]
야 취 수 시 천 여 교

수시의 은 불려 만드니
하늘이 정교한 재주 부여하셨고,

桃成玄圃世稀榮[5]
도 성 현 포 세 희 영

복숭아는 현포에서 익은 것이니
세상에 영광 드물다네.

斟霞玉手娟娟淨[6]
짐 하 옥 수 연 연 정

구하주 따르는 옥 같은 손
나긋나긋 깨끗하고,

3 | 자청(紫清) : 한림원(翰林院)을 가리킨다. 한림이 청귀(清貴)한 직책이므로 이렇게 말한다. 조선에서는 홍문관을 가리키는 말로 쓰인다. 송나라 소식의 〈선도관에 지어 남김(留題仙都觀)〉「용이 끌고 호랑이가 모는 것 같은 임금님 행차 이르러 내려가 맞이하였는데, 돌아가실 때에는 마치 회오리바람이 하늘을 때리듯 하였네.」(龍車虎駕來下迎, 去如旋風搏紫清)

4 | 수시(朱提: shūshí) : 산 이름인데 지금의 운남성(雲南省) 소통현(昭通縣) 경계에 있다. 품질이 좋은 백은(白銀)의 산지이므로 은을 대신 일컫는 말로도 쓰인다. 여기서는 임금이 하사한 은 술잔을 가리킨다. 당나라 한유의 〈최씨네 스물여섯째 입지에게 부침(寄崔二十六立之)〉「내게 술잔 한 쌍 있는데, 그 은은 수시에서 얻은 것이라네.」(我有雙飲醆, 其銀得朱提)

5 | 현포(玄圃) : 곤륜산에 있다고 하는 신선의 거처. 여기서는 궁궐에 바치는 복숭아를 재배하는 과수원을 비유하였다.

6 | 짐하(斟霞) : 하(霞)는 곧 신선이 마신다는 구하주(九霞酒)를 말한다. 여기서는 임금이 하사한 술을 가리킨다. 당나라 허작(許碏)의 〈취하여 읊조리다(醉吟)〉「신선이 거처하는 낭원의 꽃밭 앞은 취중의 별천지인데, 잘못하여 그만 서왕모의 구하술잔을 엎질러 버렸네.」(閬苑花前是醉鄉, 誤踏王母九霞觴)

挹露金莖的的明[7]
읍 로 금 경 적 적 명

이슬 뜨는 구리 기둥
반짝반짝 빛난다네.

共荷殊恩來作會
공 하 수 은 래 작 회

함께 남다른 성은 입어
와서 모임 가지니,

滿簪黃菊醉華纓[8]
만 잠 황 국 취 화 영

온데 누런 국화 꽂고
채색 갓끈에 취한다네.

7 | 읍로금경(挹露金莖) : 승로반(承露盤)을 말한다.

8 | 만잠황국(滿簪黃菊) : 잠(簪)은 여기서 동사로 꽂는다는 뜻으로 쓰였다. 당나라 두목(杜牧)의 〈9일날 제안에서 높이 오르다(九日齊安登高)〉「속세에서는 입 벌리고 웃을 날 만나기 어려우니, 국화 모름지기 머리 가득 꽂고 돌아가리라.」(塵世難逢開口笑, 菊花須揷滿頭歸)

47. 秋夜, 疾風驟雨有感[1]

가을밤에 질풍과 소나기가 몰아쳐 느낌이 있다

山館夜如何[2] 산 관 야 여 하	산의 객관 밤 어떠한가?
隔窓風雨聲[3] 격 창 풍 우 성	창 너머 비바람 치는 소리 들린다네.
洶洶如波濤[4] 흉 흉 여 파 도	쏴쏴 몰아치는 소리 파도와 같고,
怵惕魂夢驚 출 척 혼 몽 경	두려워 벌벌 떠느라 혼 꿈속에 놀라네.

1 | 역시 41세 때에 지은 것이다.

2 | 야여하(夜如何) : 주자의 〈수구를 배로 지나가다(水口行舟)〉 「지난밤 조각배에 비 내려 도롱이 걸쳤더니, 온 강 뒤덮은 풍랑 밤사이 어떠했는가?」(昨夜扁舟雨一蓑, 滿江風浪夜如何)

3 | 격창풍우성(隔窓風雨聲) : 당나라 맹호연(孟浩然)의 〈봄날 새벽(春曉)〉 「밤 사이에 비바람 치는 소리 들리더니, 꽃 얼마나 졌을까?」(夜來風雨聲, 花落知多少) 송나라 왕우칭(王禹偁)의 〈사인원의 대나무(舍人院竹)〉 「서원에서 잠 못 잠 도리어 한을 견딜 만하니, 밤 창문에 비바람 치는 (대나무) 소리에 저버릴까보아.」(西垣不宿還堪恨, 辜負夜窓風雨聲)

4 | 흉흉(洶洶) : 물이 들끓는 모양이라는 뜻도 있지만 여기서는 아주 시끄러운 소리를 형용하는 의성어로 쓰였다. 《초사·구장·회오리바람을 슬퍼함(楚辭·九章·悲回風)》 「샘솟는 여울물 부딪는 꺼려짐이여, 물결 소리 높이 울림 듣는다네.」(憚涌湍之磕磕兮, 聽波聲之洶洶)

萬竅號未已[5] 만 규 호 미 이	만 개의 구멍 부르짖음 그치지 않았는데,
巖泉助悲鳴 암 천 조 비 명	바위틈 샘 소리 구슬픈 울음 보태네.
飄蕭雜澎湃 표 소 잡 팽 배	휑휑 섞이어 팽배되고,
淅瀝還訇轟[6] 석 력 환 굉 굉	쏴쏴 잦아드는가 싶더니 다시 큰 소리 내네.
攪我傷秋懷 교 아 상 추 회	나 어지럽혀 가을 회포 상하게 하고,
起坐感歎生 기 좌 감 탄 생	일어나 앉으니 감탄 나오네.
上天嚴號令 상 천 엄 호 령	하늘이 엄하게 호령하니,

5 | 만규호(萬竅號) : 바람이 소리를 내는 것을 말한다. 《장자·제물론(齊物論)》「대저 천지가 숨 쉬는 것을 바람이라고 한다. 이게 일지 않으면 그뿐이지만 일단 일었다 하면 온갖 구멍이 다 성난 듯 부르짖는다. 그대는 어찌하여 저 윙윙거리는 소리를 듣지 못했는가?」(夫大塊噫氣, 其名爲風. 是唯無作, 作則萬竅怒呺. 而獨不聞之翏翏乎? 송나라 소식의 〈손님과 도장하산에서 놀다가 운자로 새 조자를 얻어서 짓다(與客遊道場何山得鳥字)〉「갑자기 온갖 구멍 울부짖음에 놀라는데, 검은 안개는 쑥과 여뀌 말아올리네.」(俄驚萬竅號, 黑霧捲蓬蓼)

6 | 굉굉(訇轟) : 소리의 기세가 큰 것을 나타내는 의성어인데 주로 우레 소리를 가리키는 말로 쓰인다.

一氣有生成 일 기 유 생 성	한 기운 생성된다네.
摧殘歛華實 최 잔 감 화 실	꺾고 상하게 하여 꽃과 열매 거두니,
擺落歸根莖 파 락 귀 근 경	떨어져 뿌리와 줄기로 돌아간다네.
庭中有衆樹 정 중 유 중 수	뜰 가운데 뭇 나무들,
一一訴不平 일 일 소 불 평	일일이 불평 하소연하네.
此理物我同 차 리 물 아 동	이 이치 사물이나 나 마찬가지이니,
誰能獨無情 수 능 독 무 정	누가 다만 무정할 수 있겠는가?
可愛松與竹 가 애 송 여 죽	솔과 대 사랑스러우니,
倔强猶力爭 굴 강 유 력 쟁	고집스레 오히려 힘껏 다투네.
抵死香不滅 저 사 향 불 멸	죽도록 향기 사라지지 않을 것으로,
亦有黃金英[7] 역 유 황 금 영	또한 황금 꽃 있다네.

7 | **황금영(黃金英)** : 황금 같이 노란 꽃을 피우는 국화를 말한다. 당나라 백거이의 〈가을날 장빈객 서저작과 함께 용문에서 놀다가 취중에 미친 듯이 노래하여 모두 238자를 얻었다(秋日, 與張賓客舒著作同遊龍門, 醉中狂歌凡二百三十八字)〉「집에서 빚은 술 한 항아리 흰 옥 물 같고, 들꽃 여러 번 황금 꽃잎 잡았다네.」(家醞一壺白玉液, 野花數把黃金英)

48. 遠山[1]

먼 산

日暮長江外[2] 일 모 장 강 외	긴 강 바깥으로 해 저물고,
秋陰曠野頭 추 음 광 야 두	넓은 들판 어귀로 가을 그림자 드리우네.
庚横非有意[3] 경 횡 비 유 의	굳세게 가로지름 뜻 있는 것 아니고,
□立政無求 □ 립 정 무 구	□ 서 있음 딱히 구하는 것 아니라네.

1 | 역시 41세 때에 지은 것이다.

2 | 일모장강외(日暮長江外) : 당나라 저광희(儲光羲)의 〈강남곡(江南曲)〉 제3수 「해는 장강 안으로 지고, 서로 불러 나루 어귀로 돌아간다네.」(日暮長江裏, 相邀歸渡頭)

3 | 경횡(庚横) : 굳세게 가로지르는 모양. 《별집》 261번 시의 주 16)을 보라.

候鴈回高陣[4] 후 안 회 고 진	때 기다리는 기러기 높은 대열로 돌아가고,
歸雲駐倦遊 귀 운 주 권 유	돌아가는 구름 놀다 지쳐 머문다네.
重遮望鄕眼 중 차 망 향 안	고향 바라보는 눈 겹겹이 가리니,
添得子山愁[5] 첨 득 자 산 수	자산의 시름 더하네.

4 | 후안(候鴈) : 기러기를 말한다. 진(晉)나라 좌사(左思)의 〈촉나라의 서울(蜀都賦)〉「새벽 물오리는 아침에 날아오고, 철새인 기러기는 갈대를 물었다네.」(晨鳧旦至, 候鴈銜蘆) 당나라 유량(劉良)의 주석「기러기는 때를 기다렸다가 남으로 갔다가 북으로 갔다가 하기 때문에 기다린다고 하였다.」(鴈候時南北, 故日候)

5 | 중차~자산수(重遮~子山愁) : 《고증》「자산은 (北周의 시인인) 유신의 자이다. 〈애강남부〉와 〈수부〉를 지었는데, 모두 고향을 그리워하며 지었다.」(子山, 庾信字. 有哀江南賦及愁賦, 皆思鄕關而作)

49. 東湖梨花亭上, 對雨[1]

동호의 이화정에서 비를 마주하다

黯黯長江細雨昏[2] 암 암 장 강 세 우 혼	긴 강 어둑어둑하더니 가는 비 저물녘에 내리고,
微微平野樹林渾 미 미 평 야 수 림 혼	평야에 부슬부슬 내리니 나무숲 흐릿하다네.
秋聲入處碎虛閣 추 성 입 처 쇄 허 각	가을 소리 드는 곳 빈 누각에서 부서지고,
晩水來時翻厚坤 만 수 래 시 번 후 곤	저녁에 물 몰려올 때 두터운 땅 뒤집는다네.
遠勢欲無孤去艇 원 세 욕 무 고 거 정	멀리 떨어진 자태 없어지려하네 외로이 떠나는 배,
幽懷頗愜久荒園 유 회 파 협 구 황 원	그윽한 정회 자못 상쾌하네 오래 거칠어신 동산에.
如何咫尺紅塵外 여 하 지 척 홍 진 외	어찌하여 지척간에 있는 붉은 먼지 바깥에는,
千頃都無一點痕 천 경 도 무 일 점 흔	천 이랑에 도무지 한 점 흉흔도 없어지는가?

1 | 이화정(梨花亭) : 《고증》「상세하지 않다.」(未詳) 역시 41세 때에 지은 것이다.

2 | 장강세우(長江細雨) : 당나라 두보의 〈장마비(梅雨)〉「깊숙이 장강 흘러가고, 어둑어둑 가랑비 내리네.」(湛湛長江去, 冥冥細雨來)

50. 侍講院壁上, □青山白雲圖, 趙季任, 有五言絶句, 次韻[1]

세자시강원 벽에 〈청산백운도〉가 □한데 조사수가 오언절구를 지었으므로 그 각운자를 써서 짓다

中歲晦蹤跡 중 세 회 종 적	중세에 종적 어두워졌는데,
山林深復深 산 림 심 부 심	산림 깊고 또 깊네.
雲烟忽依舊 운 연 홀 의 구	구름과 안개 갑자기 옛날과 같아지니,
便欲恣幽尋 변 욕 자 유 심	곧 마음껏 깊이 찾고 싶어지네.

1 | 계임(季任) : 송강(松岡) 조사수(趙士秀: 1502~1558)의 자이다. 조사수에 대해서는 《내집》 권2 41번 시의 주 1)을 보라. 역시 41세 때에 지은 것이다.

51. 偶吟

우연히 읊다[1]

舊業鳩巢拙[2]
구 업 구 소 졸

옛 학업 뻐꾸기 둥지 틀듯 서툴고,

京師但賃居
경 사 단 임 거

서울에선 다만 집 세 얻어 있다네.

避喧猶喜客
피 훤 유 희 객

시끄러운 곳 피하나 오히려 손님 기쁘고,

移病亦看書[3]
이 병 역 간 서

병으로 사직서 내고도 또한 책 본다네.

1 | 우음(偶吟) : 역시 41세, 여름에 지은 것이다.

2 | 구소졸(鳩巢拙) : 구(鳩)는 졸구(拙鳩)라고도 하며 뻐꾸기를 달리 부르는 말이다. 《시경·소남의 민요·까치 둥지(召南·鵲巢)》「까치가 둥지를 지으니 뻐꾸기가 거기에 사네.」(維鵲有巢, 維鳩居之) 주자의 주석 「까치는 둥지를 잘 만들어 그 둥지가 완전하고 견고한데, 뻐꾸기는 성질이 졸박하여 둥지를 잘 만들지 못하고 간혹 까치가 지은 둥지에 살 때가 있다.」(鵲善爲巢, 其巢最爲完固, 鳩性拙, 不能爲巢, 或有居鵲之所成者)

3 | 이병(移病) : 관청에 공문을 보내어 병을 이야기한다. 《한서·공손홍전(公孫弘傳)》「공손홍이 이에 공문을 보내어 병을 이야기하고서 면직하고 돌아갔다.」(弘乃移病免歸)

小砌兒澆竹[4] 소 체 아 요 죽	작은 섬돌에는 아이 대나무에 물주고,
閒園婢摘蔬 한 원 비 적 소	한가한 정원에서는 종 채소 딴다네.
鳳池稱吏隱[5] 봉 지 칭 리 은	봉지 관리들 숨는 곳이라 일컬으니,
何似返耕鋤 하 사 반 경 서	돌아가 밭 갈고 김매는 것과 얼마나 비슷한가?

4 | 아요죽(兒澆竹) : 당나라 마대(馬戴)의 〈봄날 산천의 왕처사를 찾다(春日尋滻川王處士)〉 「돌아와 쉬는 새는 꽃 밀치며 움직이고, 나뭇꾼 아이는 대나무에 물주고 돌아온다네.」(宿鳥排花動, 樵童澆竹廻)

5 | 봉지(鳳池) : 봉황지를 말하며 원래는 궁궐의 동산에 있는 연못을 이르는 말이었는데, 위진남북조 때 이곳에다 중서성을 설치하여 이후로는 중서성을 가리키는 말이 되었다. 우리나라에서는 승정원이나 의정부를 이르는 말로 쓰였다. 상세한 것은 《내집》권2 66번 시의 주3)을 보라.

이은(吏隱) : 이록에 마음에 얽매이지 않아 관직에 있지만 은자와 같은 것을 말한다.

52~54. 吳仁遠, 和余去年朔寧等處, 九日途中作三首見寄, 復次韻呈似[1]

오인원이 내가 지난해에 삭녕 등처에서 9월 9일 중양절 도중에 지은 시 세 수에 화답하여 부쳐왔기에 다시 같은 각운자를 써서 드린다

52

閒眠閒起任朝昇
한 면 한 기 임 조 승

한가로이 자고 한가로이 일어나 아침 해
떠오르거나말거나 상관하지 않으니,

不似名途日畏兢
불 사 명 도 일 외 긍

명리의 길 날로
두려워하고 삼감 같지 않네.

短屋深依青澗曲
단 옥 심 의 청 간 곡

나지막한 집은 푸른 시내 구비에
깊이 기대어 있고,

1 | 오인원(吳仁遠) : 오언의(吳彦毅: 1494~1566)의 자이며 호는 죽오(竹塢)이다. 앞 1번 시의 주 1)을 보라.
삭녕은 경기도에 속한 군 이름이다. 퇴계가 41세 되던 신축년에 전국적으로 흉년이 들었으며, 경기도 영평현(永平縣)의 수해가 특히 심하여 이 해 9월에 경기도 재상어사로 차출되어 영평(永平)·삭녕(朔寧) 등 경기도 동북부지방을 돌아보고 왔다.
관련 시는《별집》(44번 시)에 보이니 참고 바란다.
정사(呈似) : 여기서 「似」는 「보낸다」는 뜻으로 쓰였다. 당나라 가도(賈島)의 〈검객(劍客)〉 「(10년 동안이나 잘 간 칼 한 자루를) 오늘 가져다 그대에게 드리노니, 누구에게 불평스러운 일이 있는가?」(今日把似君, 誰爲不平事)
이 시는 42세 3월 10일(한식)에 지은 것이다.

小池新鑿碧雲層[2]
소 지 신 착 벽 운 층

작은 못 푸른 구름
겹겹이 이는 곳에 새로 팠다네.

攜壺偶逐尋山客
휴 호 우 축 심 산 객

술병 들고 어쩌다
산 찾는 나그네 좇고,

對局時□乞米僧
대 국 시 □ 걸 미 승

바둑 두다가 이따금
쌀 비는 중 □하네.

老我風塵空遠想
노 아 풍 진 공 원 상

늙은 나 먼지바람 속에서
공연히 멀리 생각하니,

村家樂事趁春興[3]
촌 가 락 사 진 춘 흥

시골 집 즐거운 일
봄 흥을 틈탔다네.

2 | 소지신착(小池新鑿) : 송나라 소식의 〈못 가(池上)〉「작은 못 새로 팠는데 마침 하늘에서 비 내리니, 한 곡조 고취곡(개구리 우는 소리를 말함) 어디서 오는가?」(小池新鑿會天雨, 一部鼓吹從何來)

3 | 춘흥(春興) : 온계 형님이 공무 출장 중에 이날 고향에 가서 성묘한 일을 말한다.(정석태《연표1》, 253쪽 참조)

53

每憶春風花亂發[4]
매억춘풍화란발

매번 봄바람에 꽃 어지러이
필 때 생각해보니,

閒關百鳥山爭碧[5]
한관백조산쟁벽

온갖 새들 재잘거리고
산은 짙푸름 다투었다네.

穿林陟巘忘東西
천림척헌망동서

숲 뚫고 봉우리 오르니
동서의 방향 잊겠고,

醉倒罇前花露滴[6]
취도준전화로적

취하여 술동이 앞에 쓰러지니
꽃에 맺힌 이슬 들었다네.

4 | 화란발(花亂發): 송나라 구양수의 〈병중에 대신 써서 삼가 성유 25형에게 부침(病中代書奉寄聖俞二十五兄)〉「지난날 낙양에서 소년이었을 때, 봄 생각 매번 꽃 흐드러지게 필 때보다 앞섰었다네.」(昔在洛陽年少時, 春思每先花亂發)

5 | 간관백조(閒關百鳥): 간관(閒關)은 새 울음소리가 완전(宛轉)한 것을 형용하는 말이다. 여기서는 그냥 새 울음소리를 나타내는 의성어로 쓰인 것 같다. 당나라 백거이의 〈비파인(琵琶引)〉「꾀꼴꾀꼴 꾀꼬리 우는 소리 꽃 아래서 매끄럽고, 졸졸 샘물은 여울로 흘러내려가네.」(間關鶯語花底滑, 幽咽泉流水下灘)

6 | 화로적(花露滴): 당나라 원진(元稹)의 〈일찍 돌아오다(早歸)〉「말 물 먹이니 물고기 물에서 놀라고, 꽃 뚫고 지나가니 이슬 옷에 듣는다네.」(飮馬魚驚水, 穿花露滴衣)

54

去歲吟秋景 거 세 음 추 경	지난해에 가을 풍경 읊었더니,
來詩說舊山 내 시 설 구 산	부쳐온 시에서 옛 산 말하네.
乾坤繫匏外[7] 건 곤 계 포 외	내 천지는 달아놓은 박과 같이 버려져 있고,
日月轉頭閒[8] 일 월 전 두 한	내 시간은 고개 돌리는 사이에 지나갔다네.
忽忽愁中過[9] 홀 홀 수 중 과	훌쩍훌쩍 가운데 근심 중에 지나고,
頻頻夢裏還 빈 빈 몽 리 환	자주자주 꿈속에서 돌아온다네.
淸池好相待 청 지 호 상 대	맑은 못 마주 대하기 좋은데,
容我鑑塵顔 용 아 감 진 안	내 세속의 얼굴 비춤 용납하네.

7 | 계포(繫匏) : 맛이 떫어 그대로 줄기에 매달려 있는 박처럼 은거하여 출사하지 않거나 한가로이 세월을 보냄을 이르는 말이다. 《논어·양화(陽貨)》 「내 어찌 박과 같겠는가? 어찌 매달려만 있고 따먹히지 않겠는가?」(吾豈匏瓜也哉? 焉能繫而不食?)

8 | 전두(轉頭) : 고개를 돌리는 사이라는 뜻으로, 시간이 매우 짧음을 비유한다. 송나라 매요신(梅堯臣)의 〈같은 운부의 글자를 써서 황개부에게 70운으로 답하다(依韻答黃介夫七十韻)〉 「인생 고개 돌리는 사이에 있으니, 하나의 명정 면하지 못하네.」(人生轉頭間, 未免一銘旌)

9 | 홀홀수중과(忽忽愁中過) : 송나라 장뢰(張耒)의 〈산 아래(山下)〉 「흐르는 세월 훌쩍훌쩍 가운데 근심 속에 지나가고, 세상 일 분분하게 빈곳에서 오네.」(流年忽忽愁中過, 世事紛紛空裏來)

55~56. 聞慶慶雲樓西閣, 對山臨池極淸絶. 金貳相國卿·李貳相復古皆題詠. 主人趙良弼, 導余以登眺, 二首[1]

문경 경운루 서각은 산을 마주하고 못을 굽어보아 매우 맑고 빼어나다. 김 찬성(贊成) 국경과 이 찬성 복고도 모두 제목삼아 읊었다. 주인 조양필이 나를 이끌고 올라가 조망하였다. 두 수

55

小作看山閣 소 작 간 산 각	잠깐 산의 누각 보았더니,
仍開竹下池[2] 잉 개 죽 하 지	역시 대나무 아래 못 열렸다네.

1 | 경운루(慶雲樓) : 《고증》 「경운루는 문경현 객관 동남쪽에 있다.」(慶雲樓, 在客館東南) 김안국의 《모재집(慕齋集)》에는 임청당(臨淸堂)으로 되어 있다. 아래의 참고 시를 보라.

국경(國卿) : 《고증》 「모재 김안국(金安國: 1478~1543)의 자이다.」(慕齋)

이이상복고(李貳相復古) : 복고는 회재 이언적의 자이다.

조양필(趙良弼) : 《고증》 「들어보지 못했다.」(未聞)

이상(貳相) : 두 번째 재상이라는 뜻인데, 상정승 다음의 좌찬성과 우찬성을 말한다.

이 시는 68세 7월에 서울로 올라가는 길에 이 정자에 들렀다는 사실을 확인할 수 있으나(정석태 《연표 4》 247쪽), 이 시가 꼭 그때 지은 것인지는 확인되지 않는다고 하였다.

2 | 죽하지(竹下池) : 당나라 가도(賈島)의 〈시골집의 정자에 묵다(宿村家亭子)〉 「침대 맡의 베개는 냇물의 돌이고, 우물 아래 샘은 대나무 아래의 못과 통한다네.」(牀頭枕是溪中石, 井底泉通竹下池)

不因賢宰語 불 인 현 재 어	어진 원님 말 따르지 않았더라면,
孤負兩公詩[3] 고 부 량 공 시	두 분의 시 등져버렸겠지.

56

春深花暎竹[4] 춘 심 화 영 죽	봄 깊어지니 꽃 대나무에 비치고,
風細雨斜池[5] 풍 세 우 사 지	바람 약하니 비 못에 비껴내리네.
靜裏泉聲咽[6] 정 리 천 성 열	조용한 가운데 샘 소리 울리니,
渾疑說我詩 혼 의 설 아 시	온통 내게 시 말해주는 듯하네.

3 | 고부(孤負) : 「辜負」라고도 하며, 고(孤)자와 부(負)자는 모두 죄짓다, 등지다 등의 뜻이 있다. 한나라 이릉(李陵)이 지었다고 하는 〈소무에게 답한 편지(答蘇武書)〉「저 이릉도 비록 나라의 은혜를 저버렸다 하겠지만 한나라 조정 역시 덕에 어긋나는 일을 하였습니다.」(陵雖孤恩, 漢亦負德)

양공시(兩公詩) : 모재와 회재 두 사람의 시를 말한다.

4 | 화영죽(花映竹) : 송나라 양만리(楊萬里)의 〈남재 앞의 매화(南齋前梅花)〉「대나무는 매화에 비치고 매화는 대나무에 비치는데, 푸른 깃털 가리개에는 양귀비 그림 그려져 있다네.」(竹映梅花花映竹, 翠毛障子玉妃圖)

5 | 풍세우사지(風細雨斜池) : 당나라 이빈(李頻)의 〈봄날 남쪽에서 놀면서 절동의 허씨 과거 동기에게 부치다(春日南遊, 寄浙東許同年)〉「남쪽 고을 평원 멀기만 한데, 봄바람에 가는 비 비끼겠지.」(南國平蕪遠, 東風細雨斜)

6 | 천성열(泉聲咽) : 당나라 왕유(王維)의 〈향적사에 들려서(過香積寺)〉「천성은 높고 험한 바위에 부닥쳐 흐느끼고, 일색은 청송을 비춰서 차갑구나.」(泉聲咽危石, 日色冷青松)

【원운시】

題聞慶臨淸堂

문경의 임청당에 적다

김안국

雲生陳子嶂	구름은 진씨의 산에서 생겨나고,
草滿謝公池	풀은 사씨의 못에 가득하다네.
倦客憑闌久	지친 나그네 난간에 한참 기대어 있자니,
蕭然欲賦詩	산뜻해져 시 짓고 싶어지네.

次聞慶小軒國卿韻

문경의 소헌에 있는 국경이 지은 시의 각운자를 써서 짓다

이언적

碧雲低入檻	푸르스럼한 구름 나지막하게 헌함에 들어오고,
幽澗細通池	그윽한 골짜기는 가늘게 못으로 통하네.
靜會忘言趣	이 분위기 조용히 터득하고 보면 운치 말함도 잊어버리는 법,
沈吟不在詩	음미함에 푹 빠졌으니 시에 다 담을 수조차 없었네.

57~60. 又和擬古[1]

또 옛 시체를 본뜬 시에 화답하다

57

我思在何許[2]
아 사 재 하 허
내 생각 어디쯤 있는가?

巖花開處開
암 화 개 처 개
바위틈 꽃 피는 곳에서 피었구나.

故園非不好
고 원 비 불 호
고향 동산 좋아하지 않음 없으니,

春色摠心灰
춘 색 총 심 회
봄 풍경에 마음 사뭇 타고 있다네.

58

我思在何許
아 사 재 하 허
내 생각 어디쯤 있는가?

巖泉鳴處鳴
암 천 명 처 명
바위틈 샘 우는 곳에서 운다네.

故林非不好
고 림 비 불 호
고향 숲 좋아하지 않음 없으니,

1 | 이 시의 원운시는 지금 확인할 길이 없고, 저작 연대는 대개 42세 봄쯤으로 추정하고 있다.

2 | 아사재하허(我思在何許) : 송나라 장식(張栻)의 〈원회와 택지가 눈 속에서 마음을 보인 시의 각운자를 써서 짓다(次韻元晦擇之雪中見懷)〉「내 생각 어디 있는가? 그윽한 세 갈래 길로 걸음 옮긴다네.」(我思在何許, 起步三徑幽)

寒瀨自愁聲
한 뢰 자 수 성

찬 여울 절로 슬픈 소리 내겠지.

59

我思在何許
아 사 재 하 허

내 생각 어디쯤 있는가?

松岡秋月圓
송 강 추 월 원

소나무 언덕에 가을 달 둥글구나.

故溪淸夜景
고 계 청 야 경

고향 시내 밤 풍경 맑으리니,

怊悵露華鮮
초 창 로 화 선

이슬에 꽃 신선하리니 슬퍼하는구나.

60

我思在何許
아 사 재 하 허

내 생각 어디쯤 있는가?

終南春色靑[3]
종 남 춘 색 청

종남산의 봄빛 푸르구나.

故山虛翠積
고 산 허 취 적

고향 산천 공허하게 푸름만 쌓일 것이니,

倚杖望竛竮
의 장 망 령 병

지팡이에 기대어
쓸쓸하게 멀리 바라만보고 있다네.

3 | 종남(終南) : 원 뜻은 당나라의 서울인 서안(西安)을 말하나, 여기서는 서울의 남산을 가리킨다.

61. 雨夜[1]

비오는 밤

春晩東湖病客心 춘 만 동 호 병 객 심	봄 저물어가는 동호에 나그네 마음 병들어가는데,
一庭風雨夜愔愔 일 정 풍 우 야 음 음	온 뜰에 비바람 치더니 밤 되어 편안해지네.
明朝莫上高樓望[2] 명 조 막 상 고 루 망	내일 아침에 높은 누대 올라 바라보지 말라,
紅紫吹殘綠暗林 홍 자 취 잔 록 암 림	붉은 꽃 자색 꽃 바람에 지고 남아 녹음 숲에 짙어지겠지.

1 | 이 시 역시 42세 때 지은 것으로 추정하고 있다.

2 | 명조~고루망(明朝~高樓望) : 송나라 장식(張栻)의 〈비가 내림을 기뻐하며 안국에게 드리다(喜雨呈安國)〉「새벽에 높은 누대에 올라 구름 바라보니, 숨어 있던 용 천 길이나 서산으로 올랐다네.」(曉上高樓望雲氣, 蟄龍千丈起西山)

62. 陪權三宰仲虛相公, 與林士遂·洪和仲舟泛東湖, 暮還書堂, 憑欄獨吟[1]

권 참찬 중허 상공을 모시고 임사수 홍화중과 함께 동호에 배를 띄웠는데 저녁에 서당으로 돌아와 난간에 기대어 홀로 읊다

一水廻舟滿路香[2]
일 수 회 주 만 로 향

한 줄기 물결 배 감아도니
길은 향기로 가득하였고,

斜陽歸客馬蹄忙[3]
사 양 귀 객 마 제 망

비낀 해에 돌아오는 나그네
말굽 바삐 움직였다.

1 | 권삼재(權三宰) : 삼재는 우참찬의 별칭이다. 권벌(權橃: 1478~1548)을 가리킨다.
홍화중(洪和仲) : 홍춘년(洪春年)의 자. 홍춘년은 《별집》 51번 시에 보인다.
임사수(林士遂) : 위 46번 시의 주 1)을 보라.
정석태는 43~44세 경에 지은 것으로 보았다.(《연표 1》, 204쪽)

2 | 일수회주(一水廻舟) : 당나라 두보의 〈수차례 장 재주자사님을 모시고 강에다 배를 띄웠는데 어떤 여악공이 여러 배에서 장난삼아 고운 곡조를 연주하다(數陪章梓州泛江, 有女樂在諸舫戲爲艶曲)〉 제2수 「말 세우니 뭇 산들 저물고, 배 돌아가는 한 줄기 물 향기롭네.」(立馬千山暮, 廻舟一水香)

3 | 귀객마제(歸客馬蹄) : 당나라 유장경(劉長卿)의 〈이판관이 윤주의 행영으로 감에 송별하다(送李判官之潤州行營)〉 「강에 봄 와 돌아가는 나그네 잡아두지 않으려 하여, 풀빛 푸릇푸릇 말발굽 전송하네.」(江春不肯留歸客, 草色青青送馬蹄)

無人畫我憑高閣
무 인 화 아 빙 고 각

아무도 나 높은 누각에
기대어 있음 그리지 않아,

浩唱江南送鴈行[4]
호 창 강 남 송 안 행

〈망강남〉 호탕하게 부르며
떠나는 기러기 보낸다네.

4 | 빙고각~강남(憑高閣~江南) : 《고중》 「[송나라 때 절강성 복주(福州)의] 인왕사의 스님이 〈망강남〉을 즐겨 불렀는데, 나중에 산에서 나와 어느 한 절의 주지가 되었다가 얼마 되지 않아서 [강남땅으로] 돌아가고 싶어 했다. 시에 『어떻게 인왕사처럼 높은 누각에 올라가, 난간에 기대어 한가로이 망강남을 부르는 것과 비교하랴.』라고 하였다. 또 [내한(內翰)] 이원선(李元善)도 벼슬생활이 싫증날 때마다 『나는 망강남을 부르고 싶다.』고 하였다.」(仁王寺僧喜唱望江南, 後出山, 主一刹, 未幾欲歸, 詩曰, 何似仁王高閣上, 倚蘭閒唱望江南. 又李元善每倦遊日, 吾欲唱望江南矣)
망강남(望江南) : 원래는 노래 가락의 이름[詞牌]인데, 당나라 백거이의 시 구절에서 유래하였다. 「강남호(江南好)」, 또는 「억강남(億江南)」이라고도 부른다.

63. 病中, 贈別洪同知太虛, 謝恩赴京[1]

병중에 동지중추부사 홍태허가 사은사로 북경에 감에 시를 지어주어 이별하다

東海病人須藥物[2]
동 해 병 인 수 약 물

동쪽 바다의 병든 사람
약물 필요하여,

玉皇聘使達詩書
옥 황 빙 사 달 시 서

천자님께 가는 사신께
시와 글만 전달하네.

1 | 홍동지태허(洪同知太虛) : 홍담(洪曇: 1509~1576)의 자. 본관은 남양(南陽)이다. 중종 26년(1531) 사마시에 합격하고, 1539년 별시문과에 병과로 급제하였다. 정자(正字)·저작(著作)·설서(說書)·정언을 거쳐, 1553년 동지중추부사가 되었으며, 1555년 한성부좌윤으로서 사은사(謝恩使)가 되어 명나라에 다녀왔다. 1576년 예조판서가 되었으나 병으로 사직한 뒤 지중추부사·우참찬에 이르렀다. 청백리에 녹선(錄選)되었으며, 시호는 정효(貞孝)이다.
사은(謝恩) : 곧 사은사(謝恩使)를 말한다. 조선시대에 명나라와 청나라가 조선에 은혜를 베풀었을 때 이를 보답하기 위해 보내던 사절 또는 그 사신을 말한다.
이 시는 55세 2월 12일에 지었다.

2 | 수약물(須藥物) : 송나라 육유(陸游)의 〈구주로 가는 도중에 짓다(衢州道中作)〉「병들어 때때로 약물 필요하고, 늘그막에 쇠약해지니 가는 곳마다 벗 사귐 적다네.」(疾病時時須藥物, 衰遲處處少交朋) 이때 퇴계선생은 첨지중추부사 직을 사임하고 고향으로 돌아가려고 서울을 떠나 동호(東湖)에 나가서 배편을 기다리고 있었다. 여기서「동해」라는 말은 서울의 동남쪽에 있는 영남지역을 가리킬 수도 있고, 또 지금 머물고 있는 동호를 가리킬 수도 있다.

春風不及都門別[3]
춘 풍 불 급 도 문 별

봄바람 이르지 못하였을 때
　　도성 문에서 헤어졌더니,

悵望星槎指紫虛[4]
창 망 성 사 지 자 허

슬피 바라보네, 별 뗏목
　　자금성을 향하여 감을.

3 | 도문별(都門別) : 당나라 한유의 〈육창이 강남으로 돌아감에 전송하다(送陸暢歸江南)〉 「도성 문에서의 이별 감회 느껴지는데, 사나이 술 바야흐로 취하였다네.」(感慨都門別, 丈夫酒方醺)

4 | 성사(星槎) : 괘성사(掛星槎: 별을 달고 다니는 뗏목)라고도 하며, 흔히 외국에 나가는 외교사절을 이렇게 표현한다. 자세한 것은 《퇴계시풀이》 권1 28번 시의 주 2)를 보라.
자허(紫虛) : 원래는 하늘을 말한다. 여기서는 중국의 천자가 있는 곳, 곧 홍담이 사신으로 가는 북경을 가리키는 말로 쓰였다.

64. 季夏, 林士遂見訪[1]

늦여름에 임사수가 찾아오다

疎懶病相因 소 라 병 상 인	성격 산만하고 게을러 병 잇따르고,
空庭碧草新 공 정 벽 초 신	빈 뜰에는 짙푸른 풀 새로 났네.
敲門驚睡鶴 고 문 경 수 학	문 두드리니 조는 학 놀라고,
延榻喜詞人[2] 연 탑 희 사 인	걸상 끌어내리며 시인 옴 기뻐하네.

1 | 임사수(林士遂) : 금호자(錦湖子) 임형수(林亨秀: 1504~1547)의 자. 임형수에 대해서는 《퇴계시풀이》 권1 47번 시의 주 1)을 보라.

2 | 연탑(延榻) : 한나라 때 진번과 서치의 고사를 썼다. 《자치통감》 권54 〈한기·환제(漢紀·桓帝)〉 연희(延熹) 2년 「진번이 예장태수가 되자 예의를 갖추어 (서치를) 태수부의 인사국장으로 초청하였는데, 서치(徐穉)는 취임도 하지 않았는데 면직되자 찾아와서 인사만 하고서 물러났다. 진번은 성격이 바르고 엄격해서 빈객들을 접하는 일이 없었는데, 서치가 올 때만은 특별히 걸상 하나를 설치해 놓았다가 그가 가면 달아두었다.」(陳蕃爲豫章太守, 以禮請署功曹, 穉不之免, 旣謁而退. 蕃性方峻, 不接賓客, 唯穉來特設一榻, 去則縣之) 귀한 손님을 환대하는 것을 말한다.

自覺吟搖膝
자 각 음 요 슬

스스로 무릎 떨며 읊음 느끼는데,

難成醉墮巾[3]
난 성 취 타 건

취하여 두건 떨어뜨림 이루기 어렵네.

東湖近秋約
동 호 근 추 약

동호에서 가을 약속 가까우니,

燈火佇深親[4]
등 화 저 심 친

등불 더욱 가까이함 몹시 기다린다네.

3 | 취타건(醉墮巾) : 낙모(落帽)를 말하는 것 같다. 진(晉)나라 맹가(孟嘉)와 환온(桓溫)의 중양절 고사이다. 낙모는 중양절에 높은 곳에 올라간다는 것을 말한다. 상세한 것은 《퇴계시풀이》 권1 53번 시의 주 7)을 보라. 송나라 소식의 〈남계에 회경정이 있는데 뭇 정자의 사이에 있어 보이지가 않아 그 이름에 전혀 어울리지 않는다……(南溪有會景亭, 處衆亭之間, 無所見, 甚不稱其名……)〉「산이 아름다워 돌아가는 걸음 늦추고, 바람이 불어와 취한 이의 두건을 떨어뜨리네.」(山好留歸屐, 風回落醉巾)

4 | 등화저심친(燈火佇深親) : 당나라 한유(韓愈)의 〈아들 부가 장안성 남쪽에서 독서하다(符讀書城南)〉「등불을 점점 더 가까이 하여, 책을 펴서 느긋하게 읽을 만하네.」(燈火稍可親, 簡編可卷舒)

65. 初秋有感[1]

초가을에 느낌이 있어

日暮蟬聲忽罷休
일 모 선 성 홀 파 휴

해 저무니 매미 소리
불현 듯 그쳤는데,

誰家寒杵擣新秋[2]
수 가 한 저 도 신 추

누구네 집에서 차가운 방망이
새 가을을 다듬이질 하네.

小軒獨坐看新月[3]
소 헌 독 좌 간 신 월

작은 헌함에 홀로 앉아
새 달 살펴보니,

不照塵編照客愁
부 조 진 편 조 객 수

먼지 낀 책 비추지 않고
나그네 시름만 비추네.

1 | 정석태는 이 시를 42세에 지은 것으로 편년하였다.(《연표1》 204쪽)

2 | 한저도신추(寒杵擣新秋) : 당나라 잠삼(岑參)의 〈관서의 객사에 묵으면서 동산의 엄·허 두 산사람에게 부치다……(宿關西客舍寄東山嚴許二山人……)〉「외로운 등불 나그네 꿈 태우고, 차가운 방망이 고향 생각을 다듬이질 하네.」(孤燈然客夢, 寒杵搗鄉愁)

3 | 간신월(看新月) : 여기서는 간(看)자가 평성이 되어야 그 다음에 오는 신(新)자가 고평(孤平)을 면할 수 있다. 이 자의 본뜻은 「손으로 눈의 햇볕을 가리고 바라본다」는 뜻인데, 원래는 거성이지만 평성으로 읽으면 「지켜보다」, 「살펴보다」의 뜻이 있다.

66~67. 漾碧亭次趙季任韻[1]

양벽정에서 조계임이 지은 시의 각운자를 써서 짓다

66

高作亭闌小作塘[2]
고 작 정 란 소 작 당

높이 정자 지어놓고
작은 못 팠는데,

座中猶可數魚行
좌 중 유 가 수 어 행

자리에서 오히려
물고기 다님도 셀 수 있다네.

藕根不被年災盡[3]
우 근 불 피 연 재 진

연뿌리 시절 흉년들어도
다 없어지지 않고,

稀葉田田尙帶香[4]
희 엽 전 전 상 대 향

드문 잎 빽빽하게
아직도 향기 띠고 있다네.

1 | 양벽정(漾碧亭) : 같은 이름의 정자가 평양에도 있고, 용인 등지에도 있는데, 《고증》에서는 「어디에 있는지 모르겠다」(不知何處)라고 하였다.
계임(季任) : 송강(松岡) 조사수(趙士秀: 1502~1558)의 자이다. 조사수에 대해서는 《퇴계시풀이》 권2 41번 시의 주 1)을 보라. 조사수의 원운시는 지금 확인할 수 없고, 하서(河西) 김인후(金麟厚) 같은 사람들이 이 시에 차운한 것이 1수만 있는 것으로 보아 그도 1수만 지었던 것 같다.
이 시는 42세 7월에 지었다.

2 | 정란(亭闌) : 정자의 난간이라는 말이지만 여기서는 그냥 정자라는 뜻으로 쓰였다.

3 | 우근~재진(藕根~災盡) : 《위서(魏書)》 권88 〈양리·양돈(良吏·羊敦)〉 「양돈은 자가 원례이며 태산 거평 사람이다. …… 광평 태수로 승진하였는데 …… 성품이 고아하고 청렴 검소하여 해가 기근이 들어 집에서 식량을 보내주지 않자 사람들에게 밖에서 못을 찾게 하여 연뿌리를 캐서 먹었다.」(羊敦, 字元禮, 太山鉅平人……遷……廣平太守……雅性淸儉, 屬歲饑饉, 家餽未至, 使人外尋陂澤, 採藕根而食之)

4 | 희엽전전(稀葉田田) : 전전은 연잎이 많고 빽빽한 모양. 남조 제(齊)나라 사조(謝朓)의 〈강가(江上曲)〉 「연잎 아직도 빽빽하여, 기수 건널 수 없다네.」(蓮葉尙田田, 淇水不可渡)

67

細泉飛雪灑橫塘
세 천 비 설 쇄 횡 당

가는 샘물 눈처럼 날리어
가로놓인 못에 뿌리고,

苦竹依林未著行
고 죽 의 림 미 저 행

참죽은 숲에 의지하여
모습 아직 드러내지 않았다네.

水鳥不知官事在
수 조 부 지 관 사 재

물새는 관가의 일
있는 줄도 모르고

往來長占白蘋香
왕 래 장 점 백 빈 향

왔다갔다 하며 오래도록
흰 마름 향 차지하고 있다네.

68. 又亭韻[1]

또 정자의 운으로

暮禽栖樹定[2]
모 금 서 수 정

저녁 새 나무에 깃들어 자리 정하고,

秋月動烟淸
추 월 동 연 청

가을 달은 연무 사이로 맑게 움직이네.

秖可留心賞
지 가 류 심 상

다만 마음속 감상 남길 수만 있다면,

何須寄姓名
하 수 기 성 명

어찌 반드시 성명 부쳐야 할까?

1 | 정운(亭韻) : 정자의 현판에 적힌 시의 각운자에 차운하여 지은 시라는 뜻인데, 그 원운시는 지금 알 수가 없다. 위의 2수의 각운자와 다른 것으로 보아 아마 퇴계선생이 직접 그 시를 보고 난 뒤 썼을 가능성이 있는데 그렇게 본다면 아마 용인에 있는 양벽정으로 볼 수도 있을 것 같다.

2 | 서수정(栖樹定) : 당나라 유부(喩鳧)의 〈절에 머물면서 가을날 비를 대하자니 느낌이 있어(寺居秋日對雨有懷)〉「비둘기 날씨 차니 나무에 깃들어 자리 정하고, 반딧불이는 몸 젖어 창문에 조그마하네.」(鴿寒棲樹定, 螢濕在窗微)

69. 水口門外松下, 與李公幹, 餞別金承旨子裕令公, 歸覲禮安[1]

수구문 바깥 소나무 아래서 이공간과 함께 승지인 김자유 영공이 예안으로 근친하러 돌아감에 전별하다

節近中秋日
절 근 중 추 일

절기 중추절에
가까운 날이요,

天高候鴈時[2]
천 고 후 안 시

하늘 높아
기러기 날아오는 때라네.

龍墀承雨露[3]
용 지 승 우 로

궁궐의 붉은 댓돌에서는
비와 이슬 받드시더니,

1 | 수구문(水口門) : 조선시대 동대문과 남대문 사이의 광희동에 있던 성문으로 시구문(屍口門)이라고도 하였다. 태조 5년(1396) 도성을 쌓을 때 창건되었으며, 숙종 37년(1711)에 고쳐 쌓았고, 1719년에 석축 위에 문루를 짓고 광희문(光熙門)이라 하였다.
공간(公幹) : 하연(賀淵) 이중량(李仲樑: 1504~1582)의 자로 농암의 넷째 아들이다. 이중량에 대하여서는 《퇴계시풀이》 권1 36번 시의 주 1)을 보라.
김자유(金子裕) : 운암(雲巖) 김연(金緣: 1487~1544)의 자. 후조당(後凋堂) 김부필(金富弼)의 아버지이다. 역시 자세한 것은 《퇴계시풀이》 권1 36번 시의 주 1)을 보라.
이 시는 42세 때 8월 초에 지었다.

2 | 후안(候鴈) : 기러기를 말한다. 안(鴈)은 안(雁)과 같다. 기러기는 후조(候鳥), 곧 철새로 매년 춘분이 지나면 북쪽으로 날아갔다가 추분이 지나면 남쪽으로 날아오기 때문에 이렇게 부른다. 《여씨춘추·중추기(呂氏春秋·仲秋紀)》 「서늘한 바람이 생겨나며 기러기가 날아오고 제비가 돌아간다.」(涼風生, 候鴈來, 玄鳥歸)

3 | 용지(龍墀) : 단지(丹墀)와 같다. 임금이 있는 궁궐의 계단 위의 공간이다.
우로(雨露) : 비와 이슬처럼 고루 내리는 임금의 은택을 말한다.

鶴髮奉恩私[4]
학 발 봉 은 사

학처럼 흰 머리에
은총 받드셨다네.

驛路楓迎錦
역 로 풍 영 금

역로에서는
단풍 금의환향하는 분 맞이할 것이고,

家山菊溢巵
가 산 국 일 치

고향에서는
국화 잔에 넘치리.

獨留今日意[5]
독 류 금 일 의

홀로 남은 오늘의 나의 처지
헤아려 보고서,

矯首悵臨歧
교 수 창 림 기

고개 쳐들고
슬피 갈림길 굽어본다네.

4 | 은사(恩私) : 은혜(恩惠), 은총(恩寵)과 같다. 당나라 두보의 〈북으로 가다(北征)〉「돌아보니 은택 입음 부끄럽고, 어명으로 쑥대집으로 돌아감 허락하셨네.」(顧慚恩私被, 詔許歸蓬蓽)

5 | 금일의(今日意) : 여기서 「의」자는 동사로 사용되어 「헤아려보다」(料想), 「짚어보다」(猜測)의 뜻이다. 《사기·항우 본기(項羽本紀)》「그렇지만 능히 먼저 함곡관으로 들어가서 진나라를 깨뜨릴 수 있다는 것을 스스로 생각할 수 없었다.」(然不自意能先入關破秦)

70~71. 次明農堂韻[1]

명농당의 각운자를 써서 짓다

70

投冠歸醉故山壺[2]
투 관 귀 취 고 산 호

갓 벗어던지고 돌아가
고향의 술에 취하실 것이니,

彭澤千年此路蕪[3]
팽 택 천 년 차 로 무

팽택 떠난 일 천년이나 지나서
이러한 노선 황폐해졌다네.

1 | 명농당(明農堂) : 《고증》 「농암 이현보의 당호이다.」(聾巖堂號) 《퇴계집》 권48 〈숭정대부 행 지중추부사 농암 이선생의 행장(崇政大夫行知中樞府事聾巖李先生行狀)〉 「일찍이 집 곁에 명농당을 짓고 벽에 도연명(陶淵明)의 〈귀거래도〉를 그려 놓았으니, 사람들이 실로 공의 뜻이 어디에 있는지를 알았다.」(曾於宅邊, 構明農堂, 壁畫淵明歸去來圖, 人固知公志之有在) 상세한 것은 [원운시]를 보기 바란다. 이때 같은 운자를 써서 시를 지어 준 사람과 시가 《농암집》 권5(附錄2)에 보이는데 퇴계의 형인 온계(溫溪) 이해(李瀣)와 김연(金緣), 주세붕(周世鵬) 등이 있다.
이 시는 농암이 퇴직하고 분천으로 돌아갈 때 전별을 하면서 지은 시인데 이때 따로 지은 지은 시가 《내집》권1(36번 시)에 보인다. 제목은 〈우리 고을 이참판 선생님께옵서 휴가를 마치고 돌아오셔서, 장차 이를 계기로 하여 퇴직하여 한가롭게 지내실 것을 나라에 청하셨다. 우리 고을 사람들로서 지금 조정에서 벼슬하는 사람들이 모두 선생의 둘째 아드님 댁에 모여 함께 전별하였다. 이에 근체시 한 수를 지어 올린다(吾鄕李參判先生假歸, 將因以乞身. 鄕人在朝者會餞於先生仲子寓舍. 奉呈近體一首)〉이다.
이 시는 42세 때 7월 16일에 지었다.

2 | 투관(投冠) : 기관(棄官), 즉 관직이나 벼슬 따위를 버리고 떠나가는 것을 말한다. 《내집》 권1 157번 시의 주 5)를 보라.

想得幽居增絶勝
상 득 유 거 증 절 승

그윽한 거처 생각해 보니
빼어난 경치 더해질 것이고,

風流應入御前圖
풍 류 응 입 어 전 도

풍류는 마땅히
어전의 그림에 들 것이네.

71

流俗滔滔士鮮奇[4]
유 속 도 도 사 선 기

풍속 도도히 흘러
선비 기이함 드문데,

中鉤魚困不能離
중 구 어 곤 불 능 리

낚시에 낚인 물고기 곤경에 처해
떠날 수 없다네.

聾巖晩節休官去
농 암 만 절 휴 관 거

농암선생 만년에
벼슬 그만두고 떠나시니,

自有淸風擧世知
자 유 청 풍 거 세 지

절로 맑은 풍도 있음
온 세상에서 다 안다네.

3 | 팽택~차로무(彭澤~此路蕪) : 팽택은 진(晉)나라 도연명이 벼슬하던 곳을 말한다. 《남사·도잠전(陶潛傳)》「절친한 친구에게 말하기를 『애오라지 현령이 되어 반은 돈으로 은퇴 후의 생계보조비로 삼고자 하는데 될 법한가?』라 하였다. …… 군에서 감찰관을 현에 파견하자 현리들은 의관을 정제하고 뵈어야 한다고 아뢰었다. 도잠이 탄식하여 말하기를 『나는 쌀 다섯 말에 향리의 소인배에게 허리를 구부릴 수 없다.』 하고는 그날로 관인주머니를 끌러놓고는 관직을 떠났는데 〈돌아가리라〉는 사를 지어 그 뜻을 이루어 말했다. 『돌아가자꾸나! 들과 동산이 황폐해지려는데 어찌 돌아가지 않으리?』」(謂親朋日, 聊欲絃歌, 以爲三徑之資, 可乎? 執事者聞之, 以爲彭澤令…… 郡遣督郵至縣, 吏日應束帶見之, 潛歎日, 我不能爲五斗米折腰向鄕里小人. 卽日解印綬去職, 賦歸去來以逢其志, 日, 歸去來兮, 田園將蕪胡不歸?)

4 | 유속(流俗) : 사회에서 유행하는 풍속 습관을 말하는데, 주로 폄하하는 뜻을 내포하고 있다. 《예기·사의(射義)》「유년과 장년의 나이로 효도하고 우애가 있으며, 노령의 나이로 예를 좋아하며 유속을 따르지 않고 몸을 닦아 죽음을 기다리는 자는 이 자리에 있지 않습니까?」(幼壯孝弟, 耆耋好禮, 不從流俗, 脩身以俟死者, 不在此位也)

【원운시】

明農堂
명농당

李賢輔

吾先, 起於永陽鄕裔, 世居東都. 高祖諱軒, 仕宦于京, 以軍器少尹告老, 始改卜于茲. 自後堂構累代, 宦成終老皆於此. 其山水之奇, 林園之勝, 天作備盡, 不假增飾, 第無亭榭池臺. 戊辰秋, 余以秋部郎官, 悶親年老, 乞補永陽, 公私有事, 往來無虛月. 遂得隙地, 鑿池而作堂其上. 堂成, 畫以淵明歸去來圖, 意有在焉. 秩滿還京. 甲戌冬, 更以密城宰來觀之, 壁間圖畫無恙, 而五斗之折吾腰猶古, 能無羞愧乎! 時則爺孃在堂, 勢不得任便, 姑吟絶句, 留諸壁上, 欲驗他日成就其志與否云

우리 선조들은 영천의 향리(鄕吏)의 후예에서 일어나 대대로 경주에서 살았다. 고조의 휘는 헌인데 서울에서 벼슬을 하여 군기소윤으로 퇴직하여 비로소 이곳[부내: 汾川]에 새로 집을 지었다. 이후로 여러 대에 걸쳐 집을 짓고 벼슬을 하고 늙음이 모두 이곳에서 이루어졌다. 그 산수의 기이함과 임원의 빼어 남은 하늘이 다 갖추어 놓아 더 꾸미지 않아도 되었으나 다만 집에는 정자와 못 누대가 없었다. 무진년 가을에 내가 형부의 낭관으로 양친이 연로함을 걱정하여 영천 고을 수령에 보해줄 것을 청하였는데 공적인 일과 사적인 일을 두루 하고자 하니 왕래하는데 쉬는 달이 없었다. 마침내 자투리 땅을 얻어 못을 파고 그 위에 집을 지었다. 집이 완성되자 도연명의 〈귀거래도〉를 그려놓았는데 뜻이 거기에 있었다. 임기가 만료되어 서울로 돌아갔다. 갑술년 겨울에 다시 밀성부사로 와서 살펴보았더니 벽 사이의 그림은 아무 탈이 없었지만 쌀 다섯 말 때문에 내 허리를 굽힘은 예와 같았으니 부끄럽지 않을 수 있겠는가? 이때는 노부모님이 당에 계셔서 내 형편대로 할 수가 없었다. 잠시 절구를 읊어 벽 위에 남겨두고 훗날 그 뜻을 이루었는지 그렇지 않았는지를 시험해보고자 한다

龍壽山前汾水隅　용수산 앞
분수의 모퉁이에,

菟裘新築計非無　은퇴하여 살 곳 새로 지음
계책 없지 않았다네.

東華十載霜侵鬢　서울에서 10년 벼슬살이 하면서
서릿발 귀밑머리에 들었는데,

滿壁虛成歸去圖　온 벽의 〈귀거래도〉
헛되이 되고 말았다네.

72~73. 再次呈舟中[1]

다시 같은 각운자를 지어 뱃속에서 드림

72

方丈何如食斷壺[2]
방 장 하 여 식 단 호

사방 한 길 진수성찬 어떠한가?
박 타서 먹음과.

甑塵淸節似萊蕪[3]
증 진 청 절 사 래 무

시루에 먼지 앉은 맑은 절개
범래무와 비슷하다네.

1 | 주중(舟中) : 42세 7월 17일 한강의 제천정(齊川亭: 지금의 한남동 일대에 있었음)에서 농암선생을 전별하는 연회가 열리자 참석하여 전별시를 지어드리고, 두모포(豆毛浦)까지 따라 나가서 작별하면서 다시 제천정에서 지었던 자기의 시와 딴 사람이 지은 시의 각운자를 써서 시를 지어 올린 것이다.(정석태 《연표·1》 285쪽)

2 | 방장(方丈) : 식전방장(食前方丈)과 같은 말. 사방 한 길 되는 상에 차려놓은 진수성찬을 말한다. 《맹자·마음을 다함(盡心) 하》「비록 밥상이 사방 한 길이나 차려져 있고 모시는 첩이 수백 명이나 되는 일이 나에게 닥쳐온다고 하여도 나는 그렇게 하지 않을 것이다.」(食前方丈, 侍妾數百人, 我得志, 弗為也)

단호(斷壺) : 먹기 위해서 박을 타는 것을 말한다. 소박한 음식을 가리킨다. 《시경·빈나라의 민요·7월(豳風·七月)》「7월에는 오이를 먹고, 8월에는 박을 타네.」(七月食瓜, 八月斷壺)

3 | 증진~사래무(甑塵~似萊蕪) : 증진(甑塵)은 집안이 가난하여 시루에 먼지가 쌓이고 가마솥에서는 고기가 생길 정도로 땔감과 먹을 것이 오래 전에 떨어졌음을 비유하는 말이다. 내무(萊蕪)는 후한의 범염(范冉)을 말하는데 자가 사운(史雲)이며, 환제(桓帝) 때 내무현령을 지냈기 때문에 범래무라고도 부른다. 상세한 것은 《내집》 권2 52번 시 의주 7)을 보라.

自緣知足能無累[4]
자 연 지 족 능 무 루

스스로 만족함 아셨으니
걸림 없이할 수 있어,

不必因看范蠡圖[5]
불 필 인 간 범 려 도

〈범려도〉 구태여
볼 필요도 없다네.

4 | 지족(知足) : 《노자(老子)》「만족함을 아는 사람은 욕을 당하지 않게 되고, 멈춰야 할 곳을 아는 사람은 위태로워지지 않아 오래도록 길이 보존할 수 있다.」(知足不辱, 知止不殆, 可以長久) 《한나라의 역사·소광의 전기(疏廣傳)》「소광이 태부로 옮기고, 소광의 형의 아들인 소수는 …… 소부에 배수되었다. …… 소광이 소수에게 일러 말했다. 『내가 듣기에 「스스로 만족할 줄을 알면 욕되지 않으며, 또한 그칠 줄을 알면 위태롭지가 않다」고 했고, 또한 「공이 이루어지면 물러나는 것이 하늘의 도이다」라고 했다.』 …… 소광은 마침내 (소수와 함께) 병이 위독함을 아뢰고 소장을 올려 벼슬에서 물러날 것을 청하였다.」(廣徙爲太傅, 廣兄子受……拜受爲少傅……廣謂受曰. 吾聞, 知足不辱, 知止不殆. 功遂身退, 天之道也.……廣遂稱篤, 上疏乞骸骨)

5 | 범려도(范蠡圖) : 송나라 고사손(高似孫)의 《위략(緯略)》 권10 「진공공이 박주 판관으로 있을 때 생일을 맞았다. 친족들은 거의 〈노인성도〉를 바쳤는데 조카인 진세수만은 〈범려유오호도〉를 바치고 또한 찬을 지어 말하였다. 『어질도다! 도주공이여, 월나라 제패하고 초나라 평정하였다네. 명예 이루고 몸 물러나, 오호에 조각배 띄웠다네.』 공은 그날로 인장을 바치고, 이튿날 벼슬을 그만두었다.」(陳恭公判亳州, 遇生日. 親族多獻老人星圖, 姪世修獨獻范蠡遊五湖圖, 且贊曰, 賢哉陶朱, 霸越平吳. 名遂身退, 扁舟五湖. 公即日納印, 明日致仕) 이 글은 위태(魏泰)가 지은 〈권유록(倦遊錄)〉이라고 하며 각종 유서(類書)에 수록되어 전하고 있는데, 내용이 조금씩 다르다.

73

汾川一曲最淸奇[6]
분 천 일 곡 최 청 기

부내 한 구비
가장 맑고 기이하여,

赤葉黃花暎陸離[7]
적 엽 황 화 영 륙 리

붉은 잎 누런 꽃
찬란하게 비치네.

歸去莫嫌無二仲[8]
귀 거 막 혐 무 이 중

돌아가시더라도 꺼리지 마소서
이중 없노라고,

淸歡魚鳥作深知
청 환 어 조 작 심 지

맑은 기쁨 물고기와 새들도
깊이 알아줄 것이니.

6 | 분천(汾川) : 농암 선생이 살던 예안현의 분천(汾川)을 말하며, 우리말로는 부내라고 하고 지금의 도산면 분천리이다.

7 | 적엽황화(赤葉黃花) : 당나라 이단(李端)의 〈복양 녹사가 충주에 부임함에 전송하다(送濮陽録事赴忠州)〉「붉은 잎 노란 꽃 들의 물가 따라 흩어져 있고, 푸른 산 맑은 물은 강가의 단풍나무에 비치네.」(赤葉黃花隨野岸, 靑山白水映江楓)

육리(陸離) : 들쭉날쭉하여 가지런하지 않은 모양, 부산, 흩어지는 모양 등 여러 가지 뜻이 있으나 여기서는 광채가 현란하고 아름다운 모양을 나타내는 쌍성연면 의태어로 쓰였다. 《초사·혼을 부름(招魂)》「머리카락 길고 살쩍 늘어져, 곱고도 아름답다네」(長髮曼鬋, 豔陸離些)

8 | 이중(二仲) : 남조 진(晉)나라 조기(趙岐)의 《삼보결록(三輔決錄)》「장후는 자가 원경인데 연주자사로 나갔다가 고향인 두릉으로 돌아와 문은 가시덤불로 막고 집안에 세 갈래 오솔길을 만들어 놓고 출입을 하지 않았는데, 오직 구중과 양중이라는 친구하고만 좇아 노닐었다. 두 중씨는 모두 청렴으로 천거 받았으나 이름을 숨긴 선비이다. 두 사람은 어디 사람인지 모르는데 모두 수레를 수리하는 것을 업으로 삼았으며 당시 사람들이 이중이라고 불렀다.」(蔣詡字元卿, 去兗州刺史還鄕里杜陵, 荊棘塞門, 舍中有三徑不出, 惟裘仲羊仲從之游. 二仲皆推廉逃名之士. 二人不知何許人, 皆治車爲業, 時人謂之二仲) 진나라 도연명의 〈아들 엄 등에게 주는 글(與子儼等疏)〉「다만 이웃에 구중(裘仲)과 양중(羊仲) 같은 이가 없고, 집에 노래자의 처 같은 사람이 없는 것이 한스러울 따름이다.」(但恨隣靡二仲, 室無萊婦)

74~75. 奉餞李先生. 是夜獨宿書堂, 曉起風雨凄然, 有感而作示竹窓[1]

삼가 이선생님을 전별하다. 이날 밤 홀로 독서당에서 숙직을 서는데 새벽에 비바람이 처연히 이는지라 느낌이 있어 짓고 죽창에게 보이다.

74

昨日江東送季鷹[2]
작 일 강 동 송 계 응

어제 강동으로
　계응 보내드렸는데,

扁舟何處伴漁燈[3]
편 주 하 처 반 어 등

조각배 어느 곳에서
　고기잡이 등불 함께 할까?

1 | 죽창(竹窓) : 《고증》「안정(1494~1570)의 호이다. 자는 정연이다. 현량과에 급제하여, 군수를 지냈다.」(安挺號. 字挺然, 登薦科, 官郡守) 본관은 순흥(順興)이며 달리 호를 식창(拭瘡)이라고도 하였다. 기묘사화(己卯士禍)와 신사무옥(辛巳誣獄) 등으로 거듭 투옥되고 유배되었다가 양성 현감으로 물러나 귀향하였다. 글씨를 잘 썼고 매죽(梅竹)을 잘 그렸다.
이 시는 42세, 7월 17일 밤에 지었다.

2 | 계응(季鷹) : 《고증》「장한의 자이다.」(張翰字) 장한은 진(晉)나라 오군(吳郡) 출신이다. 가을바람이 일자 고향인 오중의 고미나물 반찬과 순나물 국, 농어 회 생각이 나서 벼슬을 그만 두고 고향으로 돌아왔다. 《진서(晉書)》에 보인다. 《내집》 권3 〈강동으로 배를 돌리다(江東歸帆)〉의 주석을 참조하라. 여기서는 벼슬을 그만 두고 동쪽인 안동으로 돌아가는 농암을 가리켜서 한 말이다.

我來獨宿蓬山館[4]
아 래 독 숙 봉 산 관

내 홀로 봉래산의
집으로 와서 숙직하자니,

風雨蕭蕭撼曉興[5]
풍 우 소 소 감 효 흥

비바람 쏴쏴
새벽 흔들어대며 이네.

75

秋風猶作絆韝鷹[6]
추 풍 유 작 반 구 응

가을바람 부는데도 여전히
팔 깍지에 얽매인 매 되어,

心事湖堂夜雨燈
심 사 호 당 야 우 등

동호 독서당에서 생각에 잠겨
밤비에 등불 켜놓고 있네.

3 | 편주하처(扁舟何處) : 주자의 〈강월도(江月圖)〉「조각배 어느 곳으로 돌아가는가? 읊조리며 휘파람 부니 아름다운 저녁 영원하다네.」(扁舟何處歸, 吟嘯永佳夕)
반어등(伴漁燈) : 송나라 육유(陸游)의 〈노우에게 드림(贈道友)〉 제4수 「묻노니 이 생애 어디쯤 있는가? 외로운 배 비바람 속에 어부의 등불 함께 하고 있다네.」(借問生涯在何許, 孤舟風雨伴漁燈)

4 | 봉산관(蓬山館) : 곧 봉관(蓬館)을 말한다. 동호독서당을 도가봉래산(道家蓬萊山)이라고 불렀으며, 줄여서 봉관이라고 하였고, 또는 동관(東觀)이라고도 불렀다. 상세한 것은《내집》권1 55번 시의 주 12)를 보라.

5 | 풍우소소(風雨蕭蕭) : 주자의 〈산중에 있는 친구를 꿈꾸다(夢山中故人)〉「비바람 쏴쏴 이미 시름 보내었으나, 회포 견디지 못하고 이별의 슬픔 더해가네.」(風雨蕭蕭已送愁, 不堪懷抱更離憂)

6 | 반구응(絆韝鷹) : 당나라 한유(韓愈)의 〈후참모가 하중의 막료로 부임함에 보내드리다(送侯參謀赴河中幕)〉「지금 그대가 의지할 곳을 얻으니, 형편이 마치 갇힌 새가 벗어남과 같네.」(今君得所附, 勢如脫韝鷹) 주자의 주석 「구(韝)는 깍지이다. 가죽으로 만들며 매를 묶는 것이다.」(韝, 臂捍. 以皮為之, 所以臂鷹)

昨日冥鴻和淚送[7]
작 일 명 홍 화 루 송

어제 높이 나는 기러기
눈물로 보내드렸는데,

爲牽歸思向吳興[8]
위 견 귀 사 향 오 흥

돌아가려는 생각에 끌리어
내 마음 오흥으로 향한다네.

7 | 명홍(冥鴻) : 높이 나는 기러기. 명(冥)은 하늘이라는 뜻으로 쓰였다. 한나라 양웅(揚雄)의 《법언·문명(法言·問明)》의 「큰기러기 하늘 높이 까마득히 날아가면 주살을 쏘는 사람의 끈이 어떻게 미치겠는가?」(鴻飛冥冥, 弋人何篡焉) 뜻이 높은 재사(才士)나 원대한 이상을 가진 사람을 비유한다. 당나라 이하(李賀)의 〈훌륭하신 분이 들르시다(高軒過)〉「내 지금 날개 늘어뜨리고 하늘 높이 나는 큰기러기 부러워하지만, 훗날 뱀이 용이 되었을 때도 부끄럽게 여기지 않으리라.」(我今垂翅附冥鴻, 他日不羞蛇作龍)

8 | 오흥(吳興) : 《고증》「강동이다.」(江東)

76~79. 寄題四樂亭[1]_幷序

사락정에 지어부치다_서문을 아우름

安陰縣有村曰迎送, 山水淸麗, 土地沃饒, 有全氏世居之舊. 構亭溪上, 頗幽絶. 外舅權公自謫所歸, 攜家南往, 寓居是村, 得是亭而說之. 晨往而夕忘歸, 以書抵京, 求亭名與詩. 余飽聞勝槩, 欲一往而不得者, 今十年矣. 顧以村居之中, 可樂者, 非一. 求其可與衆樂者, 又可以獨樂者, 惟農桑漁樵, 四者爲然, 故名亭曰四樂, 而係以詩

안음현에 영송이라는 마을이 있는데 산수가 맑고 아름다우며 토지가 기름지고, 전씨들이 대대로 살아오던 터가 있다. 시냇가에 정자를 지었는데 자못 그윽하고 빼어났다. 장인이신 권공께서 유배지에서 돌아와 집안을 이끌고 남쪽으로 가서 이 마을에 우거하면서 이 정자를 얻어 기뻐하셨다. 새벽에 가면 저녁에 돌아올 것을 잊었으며, 편지를 서울로 보내와 정자의 이름과 시를 청하였다. 내 승경을 실컷 듣고 한번 가보고 싶었지만 못한 지가 지금 10년이 되었다. 둘러보면 시골에서 살면서 즐길 만한 것이 한 가지가 아니다. 그 가운데 여러 사람과 더불어 즐길만하면서 또한 홀로 즐길만한 것을 찾아보니 오직 농사와 누에치기, 고기잡이, 나무하기 네 가지만이 그러하여 정자의 이름을 사락이라 하고 시로 잇는다

1 | 사락정은 지금의 경상남도 거창군 마리면 영승리에 있다. 지금 현재 있는 정자는 1998년에 중수한 것이다. 〈별집〉에도 사락정에 지어 부친 시(72번)가 있다. 40세 때의 작품.

76

我識田家樂[2]
아 식 전 가 락

내 농가의 즐거움 아니,

春耕破土烟[3]
춘 경 파 토 연

봄에 밭 갈면 흙먼지 인다네.

苗生時雨後
묘 생 시 우 후

새싹 비온 뒤에 나고,

禾熟晩霜前[4]
화 숙 만 상 전

벼는 늦서리 내리기 전에 익는다네.

玉粒充官稅[5]
옥 립 충 관 세

옥 같은 쌀 관가의 세금으로 충분하고,

陶盆會俗筵[6]
도 분 회 속 연

질그릇 동이 속세의 잔치에 모였다네.

2 | 전가락(田家樂) : 송나라 매요신(梅堯臣)의 〈농가의 말(田家語)〉「누가 말하는가? 농가의 즐거움, 봄가을로 세금 내기에도 충분치 못하다네.」(誰道田家樂, 春秋稅未足)

3 | 파토연(破土烟) : 《고증》「《대동운부운옥》『땅을 갈아엎으니, 밭 두덩에 흙먼지가 이네.』」(韻玉. 耕破隴頭烟).

4 | 화숙만상전(禾熟晩霜前) : 송나라 왕십붕(王十朋)의 〈악저에서 기부로 오던 도중에 본 것을 110운으로 기록하다(自鄂渚至夔府途中記所見一百十韻)〉「비 내린 뒤 벼 늦게 거두고, 서리 내리기 전에 보리에 메밀 보인다네.」(雨後禾收晩, 霜前麥見蕎)

5 | 옥립(玉粒) : 쌀을 말한다. 당나라 두보(杜甫)의 〈행관 장망이 도규수를 돕고 돌아감에(行官張望補稻畦水歸〉「옥 같은 흰쌀로 아침밥을 짓고, 이내 같은 홍도(紅稻)를 떠나는 이에게 나누어주네.」(玉粒足晨炊, 紅鮮任霞散)

6 | 도분(陶盆) : 곧 와분(瓦盆)과 같으며, 질그릇 동이라는 뜻이다. 당나라 두보의 〈소년행(少年行)〉「농가의 묵은 질그릇 동이 비웃지 마오, 여기에 술을 담아 마시고도 아이들을 키웠다오.」(莫笑田家老瓦盆, 自從盛酒長兒孫)

何如金印客[7]
하 여 금 인 객

금인 찬 객 어떠한가?

憂患送流年
우 환 송 류 년

우환 속에 흐르는 세월 보낸다네.

右農

위는 농사

77

我識蠶家樂
아 식 잠 가 락

내 농잠하는 집의 즐거움 아니,

年前曲簿修[8]
연 전 곡 부 수

해 들기 전에 누에 채반 손질하였다네.

光陰催種浴[9]
광 음 최 종 욕

세월 알 씻음 재촉하니.

7 | 금인(金印) : 《한관의(漢官儀)》「제후 왕은 금인(金印)을 사용한다.」(諸侯王金印)

8 | 곡부(曲簿) : 누에 채반. 《시경·빈나라의 민요·7월(豳風·七月)》「7월에 대화 심성(大火心星)이 서쪽으로 내려가거든, 8월에 갈대를 베느니라.」(七月流火, 八月萑葦) 주석 「갈대가 이미 자랐을 때, 그것을 거두어 들여 누에채반[잠박]을 만든다.」(萑葦既成之際, 而收畜之, 將以爲曲簿) 《예기·월령(月令)》에 「곡지와 거광을 갖춘다」(具曲植籧筐)는 말이 있는데, 한나라 정현은 「곡은 [잠]박이며 지는 잠박을 걸어놓은 기둥인데, 모두 양잠할 때 쓰는 기물이다.」(曲簿也, 植槌也, 皆養蠶器也)라 하였다. 곡(曲)과 박(簿); 지(植, 持로도 한다), 추(槌)는 모두 똑같은 것이나 지방에 따라서 다르게 불렀다는 설도 있다.

9 | 종욕(種浴) : 누에알을 물에 씻는 것을 말한다. 《주례·하관·마질(周禮·夏官·馬質)》「두 번 양잠하는 것을 금한다」(禁原蠶者)라 한 말에 대한 한나라 정현의 주석[注] 「누에는 신성한 물건으로 7월이 되면 그 알을 씻는다.」(蠶爲龍種, 月直大火, 則浴其種)

眠起趁桑柔[10]
면 기 진 상 유

잠에서 깨면 부드러운 뽕잎 찾는다네.

已喜全家煖
이 희 전 가 난

이미 온 집 따뜻함 기뻐하고,

無憂欠債酬
무 우 흠 채 수

갚아야 할 빚 없으니 근심 없다네.

何如紈綺子
하 여 환 기 자

저 비단옷 입은 사람들은 어떠한가?

嬌豔妒閒愁
교 염 투 한 수

아름답고 곱게 차려 입고
할 일이 서로 시샘한다네.

右桑
위는 누에치기

78

我識漁家樂
아 식 어 가 락

내 고기잡이의 즐거움 아니,

柴門住岸傍
시 문 주 안 방

물가의 사립문 안에 산다네.

禽魚慣情性
금 어 관 정 성

새와 물고기 타고난 본성에 익숙하고,

10 | 상유(桑柔) : 부드러운 뽕잎. 《시경·대아·상유(喪柔)》「무성한 저 부드러운 뽕잎, 그 아래 고루 그늘 졌다네.」(菀彼桑柔, 其下侯旬)

雲月老滄浪
운 월 로 창 랑

구름과 달 속에서 푸른 물결에 늙어가네.

喚酒村酤美
환 주 촌 고 미

술 부르니 시골의 술 맛있고,

烹鮮瀾芼香
팽 선 란 모 향

생선 삶자니 물굽이의 수초 향기롭네.

何如萬錢客[11]
하 여 만 전 객

만금 가진 사람 어떠한가?

覆餗禍難量[12]
복 속 화 난 량

솥안의 음식 엎지르면
화 헤아리기 어렵다네.

右漁
위는 고기잡이

11 | 만전객(萬錢客) : 당나라 두보의 〈술 취한 여덟 신선(飮中八仙歌)〉「좌상(李適之)은 날마다 주흥(酒興)에 만 전씩을 쓰는데, 마치 큰 고래 모든 강물 들이키듯 술 마신다네.」(左相日興費萬錢, 飮如長鯨吸百川)

12 | 복속(覆餗) : 속(餗)은 솥 안에 든 음식물이다. 《주역·정괘(鼎卦)》「솥의 다리가 부러지면, 임금의 진수성찬이 엎질러진다.」(鼎折足, 覆公餗) 당나라 공영달(孔穎達)의 《정의(正義)》「속은 쌀죽이다. 여덟 가지 진미의 음식이며 솥 안에 든 것이다.」(餗, 糝也. 八珍之膳, 鼎之實也) 힘으로 감당하지 못하여 일을 그르침을 비유한다. 당나라 위응물(韋應物)의 〈보안의 강스님이 쌀을 보내줌에 답하다(答保安江師送米)〉「비록 솥 안의 음식 엎지를 화 없지만, 그래도 음식 구하여 달아남 있다네.」(雖無覆餗禍, 尙有乞食逋)

79

我識樵人樂 아 식 초 인 락	내 나무하기의 즐거움 아니,
生居洞裏村 생 거 동 리 촌	깊숙한 마을에서 나서 산다네.
相呼入雲遠 상 호 입 운 원	서로 부르며 구름 낀 산까지 멀리 들어갔다가,
高擔出山昏 고 담 출 산 혼	높은 짐 지고 저녁에 산에서 나온다네.
愛伴心同鹿 애 반 심 동 록	짝 사랑하는 마음 사슴과 같고,
忘形貌似猿 망 형 모 사 원	형체 잊음 모습 원숭이와 같네.
何如名利子 하 여 명 리 자	명리 쫓는 사람 어떠한가?
平池見波翻 평 지 견 파 번	평평한 못에 물결 뒤척임 보인다네.

右樵

위는 나무하기

80~81. 次韻[1]

갇은 각운자를 써서 짓다

80

古柏知誰植 오래 된 측백나무
고 백 지 수 식 누가 심었는지 알겠는가?

官居翠影中 관가가 비취빛 그림자 안에 있다네.
관 거 취 영 중

微微穿竹日 대나무 숲 뚫는 해 희미하고,
미 미 천 죽 일

摵摵落梧風 우수수 오동나무 잎 떨어뜨리는 소리 나네.
색 색 락 오 풍

浪作苦吟客 부질없이 괴로이 읊조리는 나그네 되니,
낭 작 고 음 객

多慚同學翁[2] 같이 글 배우는 늙은이에 많이 부끄럽네.
다 참 동 학 옹

1 | 이 시에 대하여 권오봉 교수는 《퇴계가연표》(103쪽)에서 42세 겨울 연말에 안음(安陰)에 있는 장인의 회갑연에 참석하기 위하여 서울에서 내려가는 도중에 (경기도 양지의) 동헌(東軒)에서 지은 것으로 보고 있다.

2 | 동학옹(同學翁) : 《고증》「위에 나오는 〈양지청감당운(陽智淸鑑堂韻)〉을 살펴보면, 아마도 이요당(二樂堂) 남응룡(南應龍: 1514~1555, 경림은 그의 자)을 가리키는 것 같다.」(據上陽智淸鑑堂韻, 此疑指南景霖) 남응룡에 대해서는 《내집》 권1 129번 시의 주 1)을 보라.

泉聲長在耳[3]
천 성 장 재 이

샘 소리 오래도록 귓전 맴도는데,

佳興屬軒東
가 흥 속 헌 동

아름다운 흥 집 동쪽에 붙이고 있다네.

81

丹楓間翠柏
단 풍 한 취 백

단풍 사이에 있는 비취빛 측백나무,

相暎一池中
상 영 일 지 중

한 못에 함께 비치네.

瀉落雲門水
사 락 운 문 수

운문의 물 쏟아놓았고,

洄淪竹院風
회 륜 죽 원 풍

죽원의 바람 빙 돌아 잠기네.

霜寒聚魚隊
상 한 취 어 대

서리 차가우니 물고기 떼 모여들고,

3 | 천성장재이(泉聲長在耳) : 당나라 전기(錢起)의 〈꿈에서 서산의 준상인을 찾다(夢尋西山準上人)〉 「헤어지던 곳의 가을 샘물 소리, 지금껏 귓전에 맴도네.」(別處秋泉聲, 至今猶在耳)

人靜戲鳧翁[4]
인 정 희 부 옹

사람 조용하니 오리 장난친다네.

昨夜秋溪月
작 야 추 계 월

어젯밤 추계에 뜬 달,

相期又到東
상 기 우 도 동

또한 동쪽에서도 만나기를
서로 기약하였다네.

秋溪, 陽智也

추계는 양지이다

4 | 부옹(鳧翁) : 《한나라의 역사·예악에 관한 기록(禮樂志)》「목에는 특이한 빛깔 섞여 있는데 다섯 가지 빛깔의 무늬이다.」(殊翁雜五采文) 당나라 안사고(顔師古)는 맹강(孟康)의 말을 인용하여 「옹은 기러기의 목이다.」(翁, 鴈頸也)라 하였다. 한나라 허신의 《설문해자(說文解字)》「옹은 목의 털이다.」(翁, 頸毛也) 송나라 황정견(黃庭堅)의 〈다시 면중에게 답하다(再答冕仲)〉「작은 도화원 입구에 꽃잎 비처럼 붉게 내리고, 봄 시내의 부들로 오리들 숨네.」(小桃源口雨繁紅, 春溪蒲稗沒鳧翁)

82~83. 次韻謝南景霖送竹栽二本_癸卯

같은 각운자를 써서 지어 남경림이 대나무 분재 두 그루를 보내줌에 감사하다_ 계묘년(1543)

82

滿城桃李爭春後[1] 만 성 도 리 쟁 춘 후	온 성에서 복사꽃과 오얏꽃 봄 다툰 뒤에,
多病衰翁閉戶時 다 병 쇠 옹 폐 호 시	병 많은 쇠약한 늙은이 문 닫고 있다네.
宿契二君來作慰[2] 숙 계 이 군 래 작 위	오랜 약속 지켜 두 군자 보내와 위로하니,
小軒風雨索題辭 소 헌 풍 우 색 제 사	작은 헌함 비바람 속에서 시제 찾는다네.

1 | 만성~쟁춘후(滿城~爭春後): 송나라 육유(陸游)의 〈경자년 정월 18일에 매화를 보내주다(庚子正月十八日送梅)〉「온 성의 복사꽃이며 오얏꽃 봄빛 다투어, 매화 눈 이루지 못함 허락하지 않네.」(滿城桃李爭春色, 不許梅花不成雪) 역시 송나라 증기(曾幾)의 〈눈 온 후 매화가 잔뜩 피어 꺾어 등불 아래에 두다(雪後梅花盛開折置燈下)〉「온 성의 복사꽃이며 오얏꽃 봄 귀신 바라는데, 섣달의 강매 봉우리 터뜨려도 아직 봄 되지 않았다네.」(滿城桃李望東君, 破臘江梅未上春)

2 | 이군(二君): 《고증》「대나무 두 그루이다.」(竹二本) 군(君)은 곧 차군(此君)으로 대나무의 별칭이다. 진(晉)나라의 왕휘지(王徽之)에게서 비롯되었으며, 상세한 것은 《내집》 권1 165번 시의 주 4)를 보라.

83

傳神託友非無意[3]
전신탁우비무의

정신 전함 벗에게 부탁함
뜻 없음 아니지만,

何似承君本面時[4]
하사승군본면시

무엇이 그대의 본래의
모습 이음과 비슷하겠는가?

說與樂山齋裏客
설여락산재리객

요산재 안의
나그네에게 말하자니,

風流來往豈容辭
풍류래왕기용사

풍류 왔다 갔다 함
어찌 말 용납하는가?

余近從柳叔春申元亮求墨竹

나는 근래에 유숙춘과 신원량에게 묵죽을 청하였다

3 | 전신(傳神) : 생동감 있게 대상의 정신을 표현해내는 것. 주로 그림 같은 것을 형용할 때 쓰인다. 남조 송(宋)나라 유의경(劉義慶)의 《세설신어·교예(世說新語·巧藝)》「고장강은 사람을 그리면 어떨 때는 수년간이나 눈동자를 찍지 않기도 하였다. 사람들이 그 까닭을 묻자 고장강이 말하였다. 『사체의 곱고 추함은 본래 오묘한 곳과는 무관하니 정신을 전하여 묘사해냄은 바로 이 안에 있습니다.』」(顧長康畫人, 或數年不點目精. 人問其故, 顧曰, 四體妍蚩, 本無關於妙處, 傳神寫照, 正在阿堵中)

4 | 본면(本面) : 본래면목(本來面目)의 준말. 사람이 본래부터 가지고 있는 심성, 또는 원래의 모습을 가리킨다.

84. 三月病中言志[1]_晦菴詩韻

3월에 병중에 뜻을 말하다_주자가 지은 시의 운으로

晴鳩喚屋角[2]
청 구 환 옥 각

날 개니 비둘기 집 모서리서 부르며,

勸我開新扉
권 아 개 신 비

나더러 새 사립문 열라 권한다네.

策杖步西園[3]
책 장 보 서 원

지팡이 짚고 서쪽 동산 거닐자니,

花木爭芬菲[4]
화 목 쟁 분 비

꽃과 나무는 향기 다툰다네.

城中春霧籠
성 중 춘 무 롱

성안에는 봄 안개 덮여 있고,

1 | 삼월(三月) : 퇴계가 43세 되던 해인 계묘년(1543) 3월을 말한다.

2 | 청구(晴鳩) : 비가 갠 곳의 비둘기. 송나라 황정견(黃庭堅)의 〈파릉에서 평강을 거쳐 상강을 굽어보며 통성으로 들어가는데 비가 오지 않은 날이 없었다(自巴陵略平江臨湘入通城, 無日不雨……)〉「들판의 물 절로 불어나 논물 가득하고, 맑은 곳의 비둘기는 도리어 비 부르는 비둘기 돌아오라 부르네.」(野水自添田水滿, 晴鳩却喚雨鳩歸)

3 | 보서원(步西園) : 위(魏)나라 문제(文帝) 조비(曹丕)의 〈부용지에서 짓다(芙蓉池作)〉「연 타고 밤에 나가 놀면서, 자유로이 서쪽 동산 거닌다네.」(乘輦夜行遊, 逍遙步西園)

4 | 분비(芬菲) : 향기와 같은 말. 송나라 소식(蘇軾)의 〈단둔전의 형림관이란 시에 화답하다(和段屯田荊林館)〉「맑은 시로 제목삼아 품평 하니, 풀과 나무는 더하게 되었다네.」(清詩為題品, 草木變芬菲)

樓閣映丹暉 누각에는 붉은 빛 비치네.
누 각 영 단 휘

覽物撫幽懷[5] 사물 둘러보며 깊은 정회 어루만지니,
남 물 무 유 회

所慕豈輕肥[6] 흠모하는 것 어찌 가벼운 갖옷과 살진 말이겠는가?
소 모 기 경 비

田園春事作 들판과 동산에서 봄 일 시작하니,
전 원 춘 사 작

野興濃於茲 들의 흥취 이보다 짙네.
야 흥 농 어 자

向來樗散質[7] 줄곧 가죽나무 같은 쓸모없는 바탕으로,
향 래 저 산 질

5 | 남물무유회(覽物撫幽懷) : 주자의 〈벗을 그리워하다(懷友)〉「사물 둘러보니 그리움에 울적하여, 술잔 마주하니 다만 유유하기만 하네.」(覽物懷悄悄, 臨觴但悠悠)

6 | 경비(輕肥) : 경구비마(輕裘肥馬), 곧 가벼운 갖옷과 살진 말이라는 뜻. 부귀하고 호화로운 생활을 형용한다. 《논어·옹야(雍也)》「공서적(公西赤)이 제나라에 갈 때 살진 말을 타고 가벼운 갖옷을 입었다.」(赤之適齊也, 乘肥馬, 衣輕裘) 당나라 권덕여(權德輿)의 〈종유한 후호의 연회에서 모시고 종유하다(侍從游後湖宴坐)〉「가벼운 갖옷이며 살진 말 무엇 하자는 것인가? 물과 콩잎으로도 실로 넉넉하다네.」(輕肥何為者, 漿藿自有餘)

7 | 저산질(樗散質) : 가죽나무 같은 쓸모없는 바탕. 가죽나무는 재목으로 사용하기에 부적합하기 때문에, 재능이 보잘 것 없다는 뜻의 비유로 쓰인다. 《장자·자유롭게 노님(逍遙遊)》「큰 나무가 있는데 사람들은 가죽나무라고 이른다. 그 바탕은 울퉁불퉁하여 목수의 먹줄조차 갖다 댈 수가 없다. 그 잔가지는 꼬불꼬불하여 자를 갖다 댈 수가 없다. 길가에 서 있으나 목수가 둘러보지도 않는다.」(有大樹, 人爲之樗. 其木擁腫而不中繩墨, 其小枝卷曲而不中規矩. 立之塗, 匠者不顧)

平生丘壑期[8] 평소에 언덕과 골짜기 기약하였다네.
평 생 구 학 기

悵望青山郭[9] 슬피 푸른 산 둘레 바라보면서,
창 망 청 산 곽

目送□雲歸[10] 눈으로 □구름 돌아감 보내네.
목 송 □ 운 귀

【원운시】

春日言懷[11]

봄날 마음 속을 말하다

春至草木變 봄 이르니 풀과 나무 변하였는데,

8 | 구학(丘壑) : 은퇴하여 재야에 파묻혀 지내면서 자연을 즐기는 것을 말한다. 남조 송나라 유의경(劉義慶)의 《세설신어·인물들을 품평함(品藻)》「명제가 사곤에게 물었다. 『그대 스스로 말한다면 유량과는 어떻다고 보는가?』 답하여 말했다.『종묘에서 예복을 단정히 입고 백관을 법도에 맞게 부리는 것은 신이 유량보다 못하나 언덕이나 골짜기에서 마음 먹은 대로하는 것은 제 스스로 낫다고 생각합니다.』」(明帝問謝鯤, 君自謂何如庾良? 答曰, 端委廟堂, 使百僚準則, 臣不如良, 一丘一壑, 自謂過之)

9 | 창망청산곽(悵望青山郭) : 남조 송나라 사조(謝朓)의 〈동쪽 전원에서 놀다(遊東田)〉「향기로운 봄 술 마주하지 않는다면, 다시 푸른 산 둘레 바라본다네.」(不對芳春酒, 還望青山郭)

10 | 목송□운귀(目送□雲歸) : 송나라 장뢰(張耒)의 〈상의(商倚)〉「마음은 누런 구름 조용한 곳에 놀고, 눈은 흰 구름 돌아감 보낸다네.」(心遊黃卷静, 目送白雲歸)

11 | 「言」은 「書」로 된 판본도 있다. 번역은 장세후 옮김, 《주희 시 역주》(1권, 영대출판부, 2017), 133쪽에서 인용.

郊園猶掩扉	교외의 동산 아직도 사립문 닫혀 있네.
玆晨與心會	오늘 새벽 마음 더불어 만나,
覽物徧芳菲	사물 둘러보니 두루 향기롭네.
桃萼破淺紅	복숭아 꽃받침은 옅은 붉은 빛 찢어지고,
時禽悅朝暉	제철의 새는 아침 햇살 기뻐하네.
泉谷暖方融	샘 골짝 따뜻하니 비로소 화락하고,
原田水初肥	들판의 밭 물 막 불었네.
東作興庶甿	봄 농사 시작되니 농부들 많고,
歲功始在玆	한 해의 일 비로소 여기에 있네.
端居適自慰	한가로이 지내며 마침 스스로 위로하는데,
世事復有期	세속의 일 다시 기다림 있다네.
終然心所尙	끝내 마음이 숭상하는 곳은,
農畝當還歸	고향 들판이니 당연히 돌아가리라.

85. 燈花[1]

등화

焚膏繼頹晷[2] 분 고 계 퇴 귀	기름 태워 기운 낮 잇는데,
破暗謝籠紗[3] 파 암 사 롱 사	어둠 밝힘에 깁 등롱 마다하네.
爽透移牀近[4] 상 투 이 상 근	서늘함 스미니 침상 가까이 옮겨,
更深伴影斜[5] 경 심 반 영 사	밤 깊어지니 짝한 그림자 비끼네.
始看生絢暈 시 간 생 현 훈	처음에는 현란한 빛 무리 생기는가 싶더니,

1 | 등불 복판에 깜부기가 남아 맺히어 이루어진 꽃 모양의 심지. 세상에서는 이 등화를 길조라고 여긴다.
이 시는 43세에 지었다.

2 | 분고계퇴귀(焚膏繼頹晷) : 당(唐)나라 한유의 〈학문에만 매진하는 태도를 비방하는 것을 해명함(進學解)〉「기름을 태워 낮을 잇고 항상 부지런히 해를 마치셨습니다.」(焚膏油以繼晷, 恒兀兀以窮年)

3 | 파음(破暗) : 《고증》「(당나라) 나은의 시에 『어둠 밝혀 영원히 밝히니 백대에 깊네.』라는 구절이 있다.」(羅隱, 暗破長明百代深) 나은의 시는 출처가 미상이다.
농사(籠紗) : 곧 사롱(紗籠)을 말한다. 견사(絹紗)로 겉을 씌운 등롱을 말한다.

4 | 이상근(移牀近) : 침상을 가까이로 옮김. 당나라 한유(韓愈)의 〈짧은 등잔걸이(短檠歌)〉「옷 지어 먼 데 부치니 흐르는 눈물에 눈앞이 어둡고, 머리 긁적이며 자주 심지 돋우어 침상 가까이 옮기네.」(裁衣寄遠淚眼暗, 搔頭頻挑移近牀)

漸覺吐靈華[6] 점 각 토 령 화	점차 신령한 빛 토해냄 깨닫겠네.
縹緲從何有 표 묘 종 하 유	바람 따라 나부끼니 어디서 있어왔는가?
輕明忽已加 경 명 홀 이 가	가벼운 밝음 어느덧 이미 더하였네.
排金工綴蘂 배 금 공 철 예	금 두드리니 솜씨 좋게 이은 꽃술이고,
刻玉巧粧葩 각 옥 교 장 파	옥 깎으니 정교하게 단장한 꽃잎이라네.

5 | 경심반영사(更深伴影斜) : 당나라 사언(謝偃)의 〈답가사(踏歌詞)〉「밤 오래니 별 가라앉고, 밤 깊어지니 달 그림자 비끼네.」(夜久星沈沒, 更深月影斜)

6 | 영화(靈華) : 광휘(光輝)와 같다. 《운급칠첨(雲笈七籤)》 권80 「해와 달 별의 세 빛이 광휘 쏟아내니 환하게 여덟 문이 열린다.」(三景吐靈華, 晃朗八門開)

色未施研粉 색 미 시 연 분	색은 곱게 간 가루 아니고,
香非借甲螺[7] 향 비 차 갑 라	향기 향라 껍질 빌린 것 아니라네.
鉤春眞有地[8] 구 춘 진 유 지	진유의 땅에서 봄 찾아,
引蝶見來蛾[9] 인 접 견 래 아	나비 끌어들이니 나방이 찾아오네.
爲感吹嘘力 위 감 취 허 력	부는 힘 느껴지니,

7 | 향비차갑라(香非借甲螺) : 송나라 소식(蘇軾)의 〈아우인 자유의 생일에 단향목으로 만든 관음상과 새로 만든 인향 및 은으로 전각한 소반을 선물하여 장수를 빎(子由生日, 以檀香觀音像, 及新合印香銀篆盤, 爲壽)〉「향라가 껍질을 벗어 나와 서로 엉키니, 아득히 바람 가운데 구름 같이 맺네.」(香螺脫黶來相群, 能結縹緲風中雲) 송원(宋援)의 주석 「향라탈염은 갑향인데 여러 향기를 모을 수 있다.」(援香螺脫黶, 甲香也, 能聚衆香)

8 | 구춘진유지(鉤春眞有地) : 《고증》「확실치 않다.」(未詳)

9 | 인접견래아(引蝶見來蛾) : 송나라 축목(祝穆)의 《고금사문유취(古今事文類聚)》 속집 권18「(한나라) 무제가 이미 미신을 즐기어 단표의 골수와 백룡의 기름을 얻어서 푸른 주석을 갈아 가루를 만들어 순소유를 섞어 신단에 비추어보니 밤에 폭우가 내리는데도 불빛이 꺼지지 않았으며 한 쌍의 나비가 있는데 벌이 오는 것 같았다.」(武帝既耽於靈恠, 嘗得丹豹之髓白鳳之膏, 磨青錫爲屑以純蘇油和之, 照於神壇, 夜暴雨火光不滅, 有雙蛾如蜂赴) 송나라 황정견(黃庭堅)의 〈시냇가에서 읊다(溪上吟)〉「세상에서는 명절 높이는데, 빠르기가 마치 촛불을 찾아드는 나방 같네.」(在世崇名節, 飄如赴燭蛾)

眞成頃刻花[10]
진 성 경 각 화

실로 순식간에 피는 꽃 되었다네.

盡心將喜兆
진 심 장 희 조

심지 다 태워 생긴 기쁜 조짐 가지고,

代臆報公家[11]
대 억 보 공 가

마음 대신하여 공의 집에 알리네.

耿耿非無意[12]
경 경 비 무 의

환하게 빛남 뜻 없는 것 아니나,

茫茫獨自嗟
망 망 독 자 차

아득하여 홀로 절로 탄식한다네.

10 | 경각화(頃刻花): 홀연히 피는 신기한 꽃을 말한다. 당나라 한상(韓湘: 韓愈의 종손자)의 〈뜻을 말하다(言志)〉「한순간 술을 만들 줄 알았고, 경각에 꽃을 피울 수 있네.」(解造逡巡酒, 能開頃刻花) 보통 눈꽃이나 불꽃 같은 것을 말한다.

11 | 진심~공가(盡心~公家): 남당(南唐)의 선주(先主) 이승(李昪)의 〈등불을 읊음(詠燈)〉「주인 또한 부지런히 심지 돋우면서 오래 놀자고 하는 듯하니, 감히 술잔 앞에서 마음을 다하지 않으랴.」(主人若也勤挑撥, 敢向尊前不盡心) 당나라 한유(韓愈)의 〈등화를 읊음. 후씨네 열한 번째와 함께(詠燈花. 同侯十一)〉「새삼 번거롭게 기쁜 일을 가지고, 와서 주인장에게 알리네.」(更煩將喜事, 來報主人公) 《서경잡기(西京雜記)》 권3「눈꺼풀이 떨리면 술과 음식(먹을 것)이 생기고, 등잔불똥이 튀면 재물이 생긴다.」(目瞤得酒食, 燈花得錢財)

12 | 경경(耿耿): 여러 가지 뜻이 있는데 여기서는 밝게 빛나는 모양이라는 뜻으로 쓰였다. 송나라 소식(蘇軾)의 〈꿈에 사람과 신선의 도술을 논하다(夢與人論神仙道術)〉「밤 비추는 등불 오래도록 환히 빛나고, 문 닫고 한꺼번에 천 번 숨 쉬니 절로 아득해지네.」(照夜一燈長耿耿, 閉門千息自濛濛)

淸班曾玷極[br]청 반 증 점 극	좋은 벼슬아치들 일찍이 끝 이지러졌으니,
吉卜更要何[13][br]길 복 경 요 하	길조라고 한들 더욱이 무엇을 구할 것인가?
玉府房櫳靜[br]옥 부 방 롱 정	옥부의 방 창살 조용하고,
琅函竹帛多[br]낭 함 죽 백 다	옥 상자에는 책 많다네.
得官那比此[br]득 관 나 비 차	관직 얻음 이에 비해 어떠한가?
佳處氣凌霞[14][br]가 처 기 릉 하	아름다운 곳 기운 놀 능가하네.

13 | 길복(吉卜) : 《고증》「중국 전국시대 귀곡자는 밤에 고요하면 부엌을 청소하고 향등을 놓아두고 축원을 하여 한해의 길흉을 점쳤다고 한다.」(案, 鬼谷子夜靜, 灑掃爨室, 置香燈祝之, 占一歲休咎云云) 원나라 도종의(陶宗儀)의 《설부(說郛)》 권77 하(下) 〈유화복(油花卜)〉「지양 지방에서는 상사일에 부인들이 납가세 꽃에 기름을 적시어 축원하면서 물에 뿌렸는데, 용이나 봉, 꽃 모양의 모습이 되면 (그 해는) 길하다고 여겼으며, 이를 일러 유화복이라고 한다.」(池陽上巳日, 婦女以薺花點油, 祝而洒之水中, 若成龍鳳花卉之狀則吉, 謂之油花卜)

14 | 남조 송나라 유의경(劉義慶)의 《세설신어·문학(世說新語··文學)》「일찍이 손흥공(孫綽)이 천태산을 노래하는 부를 지었는데, 막 다 지어서 범영기에게 보이고는 말하기를 『그대 시험 삼아 땅에 던져보라. 당연히 쇠를 던지는 듯한 소리가 날 것이다.』라고 하였다. …… 빼어난 구절에 이르면 그때마다 이르기를 『틀림없이 우리 무리의 말이다.』라 하였다.」(孫興公作天台賦, 成以示范榮期, 云卿試擲地, 要作金石聲……每至佳句, 輒云應是我輩語) 유효표(劉孝標)의 주석 「『적성에 놀이 일어나 표지를 세우고, 폭포는 나는 듯 흘러 길을 경계 지운다.』 이 곳이 〈천태산부〉의 아름다운 곳이다.」(赤城霞起而建標, 瀑布飛流而界道. 此賦之佳處)

86~87. 次大樹韻[1]_時大樹奉命宣慰日本國使臣. 中途聞使臣未至, 往遊伽倻, 旣而以事罷歸. 僕昨往訪其家, 得見遊山諸詩, 旣歸追次呈上[2]

대수가 지은 시의 각운자를 써서 짓다_ 당시 대수는 왕명을 받들어 일본국 사신의 선위사가 되었다. 중도에 사신이 아직 이르지 않았다는 말을 듣고 가야산으로 놀러 갔는데 얼마 후에 이 일 때문에 파직되어 돌아왔다. 내가 어제 그의 집을 가서 찾아보고 산에서 놀면서 지은 시 여러 수를 보게 되어 돌아와 그 각운자를 뒤늦게 써서 지어 바친다

86

□□簇簇幾烟巒 □ □ 족 족 기 연 만	□□ 빽빽하니 안개 낀 봉우리 몇이런가?
長記南行一望閒 장 기 남 행 일 망 한	오랜 남쪽 여행 기록 한번 바라보는 사이에 있다네.
昨日喜看眞面目[3] 작 일 희 간 진 면 목	어제 기쁘게 참 모습 보았으니,

1 | **대수(大樹)** : 석천(石川) 임억령(林億齡: 1496~1568)의 자. 임억령에 대해서는 《내집》 권2 68번 시의 주 1)을 보라. 그가 일본의 선위사로 임명된 것은 중종 37년(1542)이므로 이 시는 퇴계 42세(윤5월)에 지은 것으로 보인다.(정석태 《연표·1》 279쪽)

2 | **선위(宣慰)** : 곧 선위사(宣慰使)를 말한다. 영위사(迎慰使)라고도 하며, 조선시대 여러 나라의 사신(使臣)이 입국하였을 때 그 노고를 위문하기 위하여 파견한 임시직 관리. 중국 사신에 대해서는 2품 이상의 조관(朝官)을, 일본의 사신에 대해서는 정3품 이상의 조관을 임명하였다. 임억령이 선위사에 임명된 것은 중종 37년(1542)년의 일이다.

3 | **진면목(真面目)** : 송나라 소식의 〈서림사의 벽에 적다(題西林壁)〉 「여산의 참모습을 알지 못함은, 다만 몸 이 산 속에 있기 때문이라네.」(不識廬山真面目, 只緣身在此山中)

緣君詩裏畫仙山[4]
연 군 시 리 화 선 산

그대 때문에 시 속에서
신선 산 그려본다네.

87

星軺餘事訪雲巒[5]
성 초 여 사 방 운 만

사행의 일 수행하고 남는 시간에
구름 낀 봉우리 찾으니,

碧嶂丹崖在袖間[6]
벽 장 단 애 재 수 한

푸른 봉우리며 붉은 벼랑
소매 사이에 있다네.

讀罷令人倍惆悵
독 파 령 인 배 추 창

읽기 끝마치니 사람으로 하여금
슬픔 배가시킨다네.

夜來歸夢繞千山[7]
야 래 귀 몽 요 천 산

밤 되니 돌아가는 꿈
모든 산 감돈다네.

4 | 시리화선산(詩裏畫仙山) : 송나라 호자(胡仔)의 《초계어은총화(苕溪漁隱叢話)》 전집 권15 「동파가 말하기를 『왕유의 시를 음미하면 시 속에 그림이 있고, 왕유의 그림을 보면 그림 속에 시가 있다』라 하였다.」(東坡云, 味摩詰之詩, 詩中有畫, 觀摩詰之畫, 畫中有詩)

5 | 성초(星軺) : 사자가 타는 수레. 또한 사자를 가리키는 말로도 쓰인다. 임억령이 선위사에 임명되었기 때문에 이렇게 말한다.

6 | 벽장단애(丹崖碧嶂) : 송나라 왕안석(王安石)의 〈갈온이 무산은 높고라는 시를 지었는데 그 표일함을 사랑하여 이에 또한 두 편을 짓는다(葛蘊作巫山高, 愛其飄逸, 因亦作兩篇)〉 제1수 「붉은 벼랑 푸른 봉우리 깊고 겹겹이 쳐져 있는데, 흰달은 해와 같이 방의 우리에서 빛나네.」(丹崖碧嶂深重重, 白月如日明房櫳)

7 | 귀몽요천산(歸夢繞千山) : 송나라 소식의 〈경산으로부터 돌아와서(自徑山回)〉 「마음은 일엽편주 따라 떠나고, 꿈은 모든 푸른 산 감도네.」(心隨葉舟去, 夢遶千山碧)

【원운시】

伽倻山. 次孤雲書巖小絶韻

가야산에서. 최고운의 바위에 적은 작은 절구의 운자를 써서 짓다

四月山風吹翠巒	4월의 산 바람 푸른 산언덕으로 불어오고,
落花隨水到人間	떨어지는 꽃 물 따라 인간 세상에 이른다네.
深知不及陶元亮	깊이 앎 도연명에 미치지 못하니,
一宿山中便出山	한번 산에 묵었다가 곧 산 나선다네.
聞道孤雲棲碧巒	듣건대 최고운 푸른 산언덕에 깃들었다는데,
淸涼寺下屋三間	청량사 아래 집 세 칸이라네.
飄然十島無尋處	표연히 십주(什洲) 찾을 곳 없어,
愁倚寒松雨滿山	근심스레 겨울 소나무에 기대니 온 산에 비 내린다네.

88. 林大樹讀徐花潭遺藁見寄, 次韻[1]

임대수가 《서화담유고》를 읽고 부쳐온 시의 각운자를 써서 짓다

隱士眞功業 은 사 진 공 업	은사 공업 닦음 참되니,
遺言似豢甘[2] 유 언 사 환 감	보내준 말 고기처럼 달다네.
閒窩慕康樂[3] 한 와 모 강 락	한가로운 움집에서 강절의 안락함 사모하고,
捷徑笑終南[4] 첩 경 소 종 남	지름길이라 하여 종남산 비웃는다네.

1 | 권오봉 교수는 역시 42세 때 지은 것으로 보았다.(《대전》 261쪽)

2 | 환감(豢甘) : 추환(芻豢)의 뜻을 쓴 것 같다. 《맹자·고자(告子) 상》「이치와 옳은 뜻이 내 마음을 기쁘게 함은 가축의 고기가 내 입을 즐겁게 해 줌과 같다.」(理義之悅我心, 猶芻豢之悅我口)

3 | 한와모강락(閒窩慕康樂) : 《고증》「아마도 북송(北宋) 때의 강절공(康節公) 소옹(邵雍)의 안락와(安樂窩)를 가리키는 것 같다.」(疑指康節安樂窩)

4 | 첩경소종남(捷徑笑終南) : 《새로 쓴 당나라의 역사·노장용(盧藏用)의 전기》「사마승정이 일찍이 대궐로 불리어 왔다가 산으로 돌아가려 하자 노장용이 종남산을 가리키며 말하였다. 『이 가운데 아름다운 곳이 많이 있지요.』 사마승정이 천천히 말하기를 『제가 보건대 벼슬하는 지름길일 따름이라오.』라 하니 노장용이 부끄러워하였다.」(司馬承禎嘗召至闕下, 將還山. 藏用指終南曰, 此中大有嘉處. 承禎徐曰, 以僕視之, 仕宦之捷徑耳. 藏用慚)

理數非無議
이 수 비 무 의

도리 의논 없음 아니나,

幽貞信不慚[5]
유 정 신 불 참

그윽하고 곧다 함 실로 부끄럽지 않다네.

君能知此意
군 능 지 차 의

그대는 이 뜻 알 수 있을 것이나,

恨未對牀談[6]
한 미 대 상 담

침상 마주하고
얘기 나누지 못함 한스럽다네.

5 | 유정(幽貞) : 《주역·하늘과 못이 이(天澤履)》「밟고 가는 길이 평탄하니, 그윽이 숨어사는 군자가 (마음을) 곧고 바르게 가지면 좋은 일이 있다.」(履道坦坦, 幽人貞吉)

6 | 한미대상담(恨未對牀談) : 당나라 위응물(韋應物)의 〈전진과 원상 두 생질에게 보임(示全眞元常)〉「어찌 알았으리오 눈보라 치는 밤에, 다시 여기서 침상 마주하고 자게 될 줄을.」(寧知風雪夜, 復此對牀眠) 송나라 소식의 〈초가을에 아우인 소철(蘇轍)에게 부치다(初秋寄子由)〉「설당에서의 비바람 치던 밤, 이미 침대 마주하고 이야기 나누었네.」(雪堂風雨夜, 已作對牀聲)

【원운시】

讀花潭詩文, 贈淸涼山人 退溪[7]

서화담의 시문을 읽고 청상산인에게 드림 퇴계

今代功名醉	지금 세대 공명심에 취하였는데,
斯人寂寞甘	이 사람만 쓸쓸함 달게 여겼네.
生涯同谷口	생애는 곡구의 정자진과 같고,
儒術慕河南	유학은 하남의 정자님 형제를 흠모하였다네.
遺語山人拾	그분들이 남긴 말 이 산 사람이 주워 모으니,
高懷海客慙	그 높은 회포 나 같은 바다의 나그네를 부끄럽게 하였다네.
茅齋松雪好	띠집의 소나무에 눈 내린 모습 좋은데,
思與一尊談	술 한 바리 함께하며 이야기나 나누었으면.

7 | 이 시는 《석천시집(石川詩集)》 권3에 수록되어 있으며 〈다시 앞 시의 각운자를 써서 마음을 펴서 산인에게 드리다(復用前韻, 敍懷呈山人)〉라는 시가 한 수 더 수록되어 있는 것으로 보아 임억령이 퇴계가 차운하여 보낸 시에 다시 차운을 하여 지어보낸 것 같다.

89. 奉酬靈芝精舍詩[1]

삼가 영지정사 시에 답하다

雲間精舍聞新構
운 한 정 사 문 신 구

구름 사이로 정사
새로 지으신다 들으니,

物外禪房憶舊遊[2]
물 외 선 방 억 구 유

속세 바깥의 선방
옛 놀던 생각나네.

去國何妨緣老退
거 국 하 방 연 로 퇴

도성 떠나심에 무엇 거리끼리오?
몸 늙어 물러나실 뿐이고,

買山聊作爲閒謀[3]
매 산 료 작 위 한 모

매산에서 애오라지
한가한 계책 이루시네.

1 | 《풀이》 권1 45~46번 시 〈삼가 농암 이선생의 「영지정사시」에 화답하여(奉酬聾巖李先生靈芝精舍詩)〉를 참조하여 보기 바란다. 43세 작.

2 | 물외(物外) : 세외(世外)와 같은 뜻. 속세를 벗어난 곳을 가리킨다.

3 | 매산(買山) : 《고증》「우적(于頔)이 대부(戴符)에게 산을 살 돈 백만 전을 주었다.」(于頔與戴符買山錢百萬) 송나라 축목(祝穆)의 《고금사문유취(古今事文類聚)》 권14 「대부산인이 양양절도사 우적에게 산을 살 돈을 구할 것을 묻자 우적이 백만 전을 주었다.」(戴符山人問襄陽節度于頔求買山錢, 頔與百萬)

攜鑱斸藥芝田杳[4] 휴 참 촉 약 지 전 묘	삽 들고 약초 캐니 영지 밭 아득하고,
拾桂烹茶竹院幽 습 계 팽 차 죽 원 유	계수나무 주워 차 끓이니 대나무 속의 집 그윽하다네.
幾日牀前拜鳩杖[5] 기 일 상 전 배 구 장	어느 날에나 침상 앞으로 가서 은퇴하신 분 찾아뵈리?
玲瓏窓戶看銀鉤[6] 영 롱 창 호 간 은 구	영롱한 창문으로 은 갈고리 구경하시리.

4 | 휴참촉약(攜鑱斸藥) : 참(鑱)은 보통 장참(長鑱)이라고 하는데, 자루가 달린 땅을 파는 도구이다. 곧 삽을 말한다. 송나라 육우(陸游)의 〈추운 밤에 병으로 관직을 물러나기를 청하다(寒夜移疾)〉「약 캐느라 이따금 짧은 삽 지니고 지나지만, 상주문 올려 갓끈 긴 벼슬자리 청할 길은 없다네.」(斸藥有時攜短鑱, 奏書無路請長纓)

5 | 상전배구장(牀前拜鳩杖) : 구장(鳩杖)은 끄트머리 손잡이 부분을 비둘기 모양으로 새긴 지팡이를 말한다. 《태평어람(太平御覽)》 권921에서 인용한 한나라 응소(應劭)의 《풍속통(風俗通)》「속설에 의하면 고조는 항우가 싸우다 경색에서 패하여 잡풀 무덤 속에 숨었고 항우가 좇아와 찾았는데 이때 비둘기가 때마침 그 위에서 울어 좇던 사람이 새가 있으니 사람이 없을 것이라고 생각하여 마침내 벗어날 수 있었다고 한다. 나중에 (고조는) 즉위하자 이 새를 기이하게 여겨 비둘기를 새긴 지팡이를 만들어서 늙은이들에게 내렸다.」(俗說高祖與項羽戰, 敗于京索, 遁藂薄中, 羽追求之, 時鳩正鳴其上, 追者以鳥在, 無人, 遂得脫. 後及即位, 異此鳥, 故作鳩杖以賜老者) 당나라 왕유(王維)의 〈봄날 절에서 본 일을 적다(春日上方即事)〉「비둘기 모양으로 지팡이 조각하려 하고, 거북껍질 다리삼아 침상 만드네.」(鳩形將刻杖, 龜殼用支牀)

6 | 영롱창호(玲瓏窓户) : 당나라 진우(陳羽)의 〈귀공자를 노래함(公子行)〉「누대 위에 사람 보이는 듯한데, 영롱한 창문 열어놓고 있다네.」(似見樓上人, 玲瓏窓户開)
은구(銀鉤) : 갈고리 모양의 초승달을 말한다. 당나라 이백(李白)의 〈금성 산화루에 오름(登錦城散花樓)〉「금빛 창문은 아름다운 지게문을 끼고 있고, 구슬 발에는 은 갈고리가 달려 있네.」(金窗夾繡戶, 珠箔懸銀鉤)

90. 夜起[1]

밤에 일어나다

窓雨打蕭蕭[2] 창 우 타 소 소	창에는 비 쏴쏴 때리고,
砌蛩鳴切切[3] 체 공 명 절 절	섬돌에선 귀뚜라미 귀뚤귀뚤 운다네.
悠悠夜館寂 유 유 야 관 적	한밤의 객관 쓸쓸하여 한적하고,
悄悄秋氣徹 초 초 추 기 철	가을 기운 스미어듦 근심한다네.
黃卷在牀頭[4] 황 권 재 상 두	누런 책은 침상 머리에 있는데,
孤燈照明滅[5] 고 등 조 명 멸	외로운 등불은 깜빡깜빡 비추네.
夢回枕不安 몽 회 침 불 안	꿈에서 돌아오니 잠자리 편안치 못하여,

1 | 권오봉 교수는 42세에 지은 것으로 보았다.(《대전》 262쪽)

2 | 소소(蕭蕭) : 말이 우는 소리, 비바람 소리, 나무가 바람에 움직이는 모습 등과 같은 뜻이 있는데, 여기서는 두 번째 뜻으로 쓰였다. 당나라 이상은(李商隱)의 〈내일(明日)〉 「난간에 기대어 내일은 어떨지 생각해보니, 못은 넓은데 비 쏴쏴 내리겠지.」(憑欄明日意, 地闊雨蕭蕭)

3 | 체공명절절(砌蛩鳴切切) : 송나라 석 문향(釋文珦)의 〈천축에서 한밤중에(天竺中夜)〉 「백로라 기후 변하고, 귀뚜라미 섬돌 아래서 우네. 귀뚤귀뚤 울음 그치지 않으니, 지친 나그네 마음 절로 놀란다네.」(白露變氣候, 促織階下鳴. 切切鳴不已, 倦客心自驚)

4 | 책, 서적을 말한다. 옛날에는 황벽나무로 종이를 누렇게 물들여 좀이 스는 것을 막았으므로 이렇게 부르게 되었다.

起坐伴影孑 기 좌 반 영 혈	일어나 앉아 외로운 그림자 함께 한다네.
中歲負初心 중 세 부 초 심	중년에는 초심 저버렸지만,
當年慕前轍 당 년 모 전 철	그해에는 전철을 그리워하였다네.
榮途眞竊吹[6] 영 도 진 절 취	현귀한 길 실로 몰래 피리 부는 것이고,
世故動遭掣[7] 세 고 동 조 체	세상의 사정 걸핏하면 견제 당한다네.

5 | 고등조명멸(孤燈照明滅) : 고등(孤燈)은 약한 등불을 말한다. 명멸은 불이 꺼질 듯 말 듯 깜빡이는 것을 말한다. 송나라 소식의 〈취성당의 눈(聚星堂雪)〉「여인의 푸른 옷소매 없음 한스러운데 점점이 가로 비끼고, 다만 약한 등불 깜빡이며 비춘다네.」(恨無翠袖點橫斜, 祇有微燈照明滅) 미등(微燈)은 고등(孤燈)으로 된 판본도 있다.

6 | 절취(竊吹) : 재능이 없으면서 어떤 일에 끼는 것을 말한다. 《한비자·내저설(內儲說) 상》「제나라 선왕은 사람을 시켜 피리를 불게 하면 반드시 삼백 명이 함께 불어야만 했다. (피리를 잘 불지 못하는) 남곽처사는 왕에게 피리를 불어 주기를 청하여 (삼백 명 안에 들어) 제선왕이 기뻐해서 (피리 부른 것으로) 창고의 곡식을 수백 사람이 얻는 정도로 대우해 주었다. 후에 제선왕이 죽자 혼왕(즉 襄王)이 즉위해서 한 사람 한 사람씩 들려주는 것을 좋아 하자, 남곽처사는 도망가버렸다」(齊宣王使人吹竽, 必三百人. 南郭處士請為王吹竽, 宣王說之, 廩食以數百人. 宣王死, 湣王立, 好一一聽之, 處士逃) 남조 제나라 공치규(孔稚珪)의 〈북산의 산신령이 해염 고을 원에게 띄우는 편지(北山移文)〉「초당에서 몰래 피리 부는 흉내만 내고 북산에서 멋대로 (은자의) 두건을 쓰고 다녔다.」(竊吹草堂, 濫巾北岳)

7 | 동조철(動遭掣) : 툭하면 견제를 당하다. 동(動)자는 부사로 「툭하면」, 「걸핏하면」이라는 뜻이며, 「掣」자는 「제」라는 음과 「철」이라는 음이 있지만, 여기서는 압운자로 쓰여서 「철」이라고 읽어야 한다. 《명신주의(明臣奏議)》(권32)에 수록되어 있는 명나라 양동명(楊東明)의 〈황제께서 조회에 나오실 것을 청하는 상소문(請視朝疏)〉「변새 지방은 툭하면 견제를 당하나 의론은 많지만 성공을 거둔 일은 적습니다.」(邊塞動遭掣肘, 議論多而成功少)

時光不我延[8]
시 광 불 아 연

세월은 나를 위해 늘어나지 않는데,

得失空屢閱
득 실 공 루 열

얻고 잃음 공연히 자주 살핀다네.

自嗜□糟粕
자 기 □ 조 박

스스로 □ 찌꺼기 좋아하니,

眞源非口舌
진 원 비 구 설

참된 근원은 구설이 아니라네.

塵編苦乞靈
진 편 고 걸 령

묵은 책에서 실로 영험함 바라니,

果能補所缺
과 능 보 소 결

과연 빠뜨린 것 보충할 수 있다네.

我誠愧古人
아 성 괴 고 인

내 실로 옛 사람에게 부끄러우니,

蓬廬意未輟[9]
봉 려 의 미 철

쑥대 오두막 지을 뜻
아직 그치지 않았다네.

8 | 시광불아연(時光不我延) : 《논어·양화(陽貨)》「시간은 흘러가게 마련이니 세월은 나에게 (더) 주지 않습니다.」(日月逝矣, 歲不我與) 주자의 〈학문을 권하는 글(勸學文)〉「시간은 흘러가게 마련으로 나를 위해 더 늘어나주지 않으니, 아아! 늙었구나 하며 한탄함이 누구의 허물인가?」(日月逝矣, 歲不我延, 嗚呼老矣, 是誰之愆)

9 | 봉려(蓬廬) : 쑥대 따위로 지붕을 엮은 간단하고 누추한 집. 주로 겸사하는 말로 쓰인다. 진나라 도연명의 〈방참군에게 답함(答龐參軍)〉「어찌 달리 좋아함 없겠는가? 그윽이 거처함 즐긴다네. 아침에는 밭에 물주고, 저녁에는 쑥 오두막에 누워 있다네.」(豈無他好, 樂是幽居. 朝為灌園, 夕偃蓬廬)

91~96. 絶句[1]

절구

91

冰紈一道湛秋江
빙 환 일 도 담 추 강

차가운 흰 깁 같은 한 갈래 길
가을 강은 맑은데,

江上樓臺碧玉窓
강 상 루 대 벽 옥 창

강가의 누대
창문 벽옥 같네.

何處孤帆飛遠影
하 처 고 범 비 원 영

어느 곳의 외로운 돛
멀리 그림자 날리고,

無心鷗鳥自雙雙
무 심 구 조 자 쌍 쌍

무심한 갈매기는
절로 쌍쌍이 나네.

92

庭草荒涼梧葉衰[2]
정 초 황 량 오 엽 쇠

뜰의 풀 황량해지고
오동나무 잎 시들었는데,

種花今日幾人移
종 화 금 일 기 인 이

꽃 심는 오늘
몇 사람이나 그 자리 옮겼는가?

1 | 절구(絶句) : 권오봉 교수는 43년에 지은 것으로 편년(編年)하였다.(《대전》 262쪽) 시의 내용으로 보건대 가을에 동호독서당에서 지은 것으로 보인다.

2 | 정초황량(庭草荒涼) : 당나라 백거이의 〈사마청에서 홀로 숙직하다(司馬廳獨宿)〉「황량함 뜰의 풀에 가득하고, 축축 늘어져 처마의 대나무에 들었네.」(荒涼滿庭草, 偃亞侵簷竹)

偶呼一枕支頭臥[3]
우 호 일 침 지 두 와

어쩌다 베게 하나 가져오게 하여
머리 베고 누웠더니,

身世渾忘蝶夢時[4]
신 세 혼 망 접 몽 시

이 몸과 세상 깡그리
나비 꿈처럼 잊었다네.

93

墟烟淡淡日暉暉[5]
허 연 담 담 일 휘 휘

마을의 연기 담담한데
해는 쨍쨍 빛나고,

庭院無人雀自飛[6]
정 원 무 인 작 자 비

정원에는 사람 없으니
참새만 자유로이 나네.

3 | 일침지두와(一枕支頭臥) : 당나라 한유의 〈수선사의 방에 적다(題秀禪師房)〉「잠시 손 주먹 쥐고 머리 베고 누웠다가, 다시 낚싯대 잡고 모래톱에 낚시 드리우네.」(暫拳一手支頭卧, 還把漁竿下釣沙)

4 | 접몽(蝶夢) : 곧 호접몽(胡蝶夢)을 말한다. 《내집》 권2 4번 시의 주 5) 몽화(夢化)를 참고하라.

5 | 허연(墟烟) : 허(墟)는 여기서 마을[里]이라는 뜻으로 쓰였다. 진나라 도연명의 〈전원으로 돌아와 살다(歸園田居)〉 제2수 「가물가물 사람 사는 마을 멀고, 모락모락 마을에 연기 피어오르네.」(曖曖遠人村, 依依墟里烟) 송나라 육유(陸游)의 〈안시협구에서 작은 술판을 벌이다(雁翅夾口小酌)〉「마을의 연기 옅어져 흩어지려 하고, 강의 비는 가늘어져 그치려 하네.」(墟煙淡將散, 江雨細欲無)

휘휘(暉暉) : 휘휘(輝輝)라고도 하며, 햇빛이 작열하는 모양.

6 | 작자비(雀自飛) : 한나라 적공(翟公)의 고사를 쓴 것 같다. 찾아오는 사람이 없어 참새만 문 앞에 가득하다는 말이다. 《내집》 권2 68번 시의 주 2)를 참고하라. 여기서는 남을 무고하는 간신을 상징하는 것으로 추측되며, 뒷 구절은 압구정을 지은 한명회를 비유하는 것 같다.

畢竟何曾堪一笑[7]
필 경 하 증 감 일 소

결국 무엇 때문에
한번 비웃음 감당할 수가 있겠는가?

悠悠千古摠成非
유 유 천 고 총 성 비

아득한 세월을 두고
사뭇 비난을 받게 된다네.

94

汀洲姸日晩烟孤
정 주 연 일 만 연 고

물가의 고운 해
저녁 안개 속에 외롭고,

雪色蘆花亂遠鳧[8]
설 색 로 화 란 원 부

눈 같은 색의 갈대꽃
멀리 나는 오리 때문에 흔들리네.

7 | 하증(何曾) : 《한한대사전》(단국대출판부)을 보면 ① 무엇 때문에, 어찌 그럴 수가 있느냐? ② 언제 ……한 적이 있었느냐?라는 뜻이 있는데 여기서는 ①의 뜻을 취하여 해석하였다. 《맹자·공손추(公孫丑)》「너는 무엇 때문에 나를 관중과 비교하는가?」(爾何曾比予於管仲)

감일소(堪一笑) : 당나라 두보의 〈세 운자로 시 세 편을 짓다(三韻三篇)〉 제3수 「어찌하면 마땅히 관청 깨끗하게 할까? 너희들 비웃음 한번 받을만하다네.」(何當官曹清, 爾輩堪一笑)

8 | 만연고~설색로화(晩烟孤~雪色蘆花) : 송나라 소식의 〈콩죽(豆粥)〉 「어찌 강가의 천 이랑 눈빛 같은 갈대에다, 띠로 이은 처마에서 새벽 외로운 연기 출몰함과 같으리?」(豈如江頭千頃雪色蘆, 茆簷出沒晨煙孤)

自是江村多樂事[9]
자 시 강 촌 다 락 사

원래 강마을에는
즐거운 일 많으니,

販鮮回處酒能沽
판 선 회 처 주 능 고

물고기 장사들 돌아오는 곳에서는
술 살 수 있으리.

95

風窓無紙恸淒淒[10]
풍 창 무 지 겁 처 처

바람 부는 창엔 문종이 없어
싸늘한 추위 겁나고,

蛛網空梁舊燕泥[11]
주 망 공 량 구 연 니

빈 들보엔 거미줄에
제비집의 진흙 오래되었네.

徑棘時時山鼠竄
경 극 시 시 산 서 찬

오솔길의 가시나무엔 때때로
산의 쥐 숨고,

庭松夜夜野烏栖
정 송 야 야 야 오 서

뜰의 소나무엔 밤마다
들의 까마귀 깃든다네.

9 | 자시(自是) : 《한한대사전》(단국대출판부)을 보면 ① 스스로 옳다고 여김, ② 자연히, 당연히, ③ 이제부터, 지금부터, ④ 오직, 다만 같은 뜻이 있는데 여기서는 두 번째 뜻을 취하여 해석하였다. 당나라 두보의 〈[제갈공명의 사당에 있는] 늙은 측백나무(古柏行)〉「이 나무를 지키고 있는 것은 원래 천지신명의 힘이요, 바르고 곧은 것은 실로 조화옹의 공로라네.」(扶持自是神明力, 正直元因造化功)

10 | 처처(淒淒) : 차가운 모양. 《시경·정(鄭)나라의 민요·비바람(風雨)》「비바람 차갑기만 한데, 닭 울음 꼬끼오 들린다네.」(風雨淒淒, 雞鳴喈喈)

11 | 공양구연니(空梁舊燕泥) : 수(隋)나라 설도형(薛道衡)이 지은 악부곡사(樂府曲辭) 〈석석염(昔昔鹽)〉「어두운 창에는 거미줄이 쳐 있고, 빈 대들보엔 진흙부스러기가 떨어지네.」(暗牖懸蛛網, 空梁落燕泥)

96

舟泊當年憶計偕 주 박 당 년 억 계 해	배 머물던 그 해 과거시험 치던 일 생각해보니,
一身從此落天街 일 신 종 차 락 천 가	이 한 몸 이로부터 서울의 길로 떨어졌다네.
只今空羨南飛鴈 지 금 공 선 남 비 안	지금 헛되이 남으로 나는 기러기 부러워하니,
秋滿江鄕有所懷 추 만 강 향 유 소 회	가을 강 낀 고을에 가득하니 느끼는 바 있다네.

97~98. 九日, 同林大樹·朴和叔·曹雲伯登蕩春臺, 二首[1]

9월 9일 중양절에 임대수·박화숙·조운백과 함께 탕춘대에 오르다

97

絶壑三秋末 절 학 삼 추 말	빼어난 골짜기에 가을 석 달의 마지막 달 되니,
高臺一氣傍 고 대 일 기 방	높은 돈대 찬 기운 곁에 서 있네.
共君來占勝 공 군 래 점 승	그대들과 함께 와서 빼어난 경치 차지하니,
落日進風涼[2] 낙 일 진 풍 량	석양에 해 시원한 바람 든다네.

1 | 박화숙(朴和叔) : 사임(思菴) 박순(朴淳: 1523~1589)의 자. 박순에 대해서는 《내집》 권2 228번 시의 주 1)을 보라.
조운백(趙雲伯) : 조준룡(趙駿龍)의 자이며, 《내집》 권2 82번 시의 주 1)에 보인다. 박순과 친분이 있었던 것으로 보이며, 박순이 지어준 〈방조운백(訪曹雲伯)〉 등 시 몇 수가 《사암집(思菴集)》 권2에 보인다.
탕춘대(蕩春臺) : 《고증》 「창의문 밖에 있는데, 연산군 때 세운 것이다.」(在彰義門外, 燕山時築) 연산군이 1505년 지금의 종로구 신영동에 새운 돈대로, 미희들과 놀았으므로 이렇게 불렀다. 영조 30년(1754)에 연융대(鍊戎臺)로 이름을 바꾸었으나 지금도 여전히 탕춘대라고 부르고 있다.
정석태는 이 시를 퇴계 54세 9월에 지은 것으로 추정하였다.(《연표·2》 259쪽) 원래는 3수였으나 1수는 지금 전하여지지 않는다.

2 | 진풍량(進風涼) : 당나라 두보의 〈대 위에서(臺上)〉 「높은 하늘에는 습한 더위 남아 있는데, 산골짜기로는 서늘한 바람 든다네.」(雲霄遺暑濕, 山谷進風涼)

98

削玉千層巘 　옥을 깎은 듯한 천 겹 봉우리요,
삭 옥 천 층 헌

鎔銀幾曲灘[3] 　은 녹인 듯한 굽이진 여울 몇이런가?
용 은 기 곡 탄

西風任吹帽[4] 　가을바람에 날리는 모자 맡기니,
서 풍 임 취 모

叵耐白頭寒[5] 　흰머리 차가워짐 어쩔 수 없네.
파 내 백 두 한

3 | 용은(鎔銀) : 강물이나 호수가 빛을 반사하는 것을 형용하는 말이다. 송나라 소식의 〈중추월(中秋月)〉「은 백 이랑 녹아 있는 듯한 호수, 거울 천심(8천 자)이나 멀리 걸려 있는 듯.」(鎔銀百頃湖, 挂鏡千尋闊)

4 | 서풍(西風) : 가을바람. 가을은 오행에 의하면 금(金)에 해당하고 금의 방위는 서쪽이기 때문에 이렇게 말한다.

취모(吹帽) : 진(晉)나라 맹가(孟嘉)의 고사를 썼다. 중양절에 높은 곳에 올라 고상한 모임을 갖는다는 뜻의 전고(典故)로 쓰인다. 《내집》 권1 53번 시의 주 7)을 참고하여 보라.

당나라 한유(韓愈)의 〈선비를 추천함(薦士)〉「서릿바람 아름다운 국화 꽃 봉오리 터뜨리고, 아름다운 절기 모자 떨어뜨림 닥치네.」(霜風破佳菊, 嘉節迫吹帽) 송나라 소식의 〈돈기 손면과 함께 배를 띄우고 시 지을 운자를 찾다가 미자를 얻다(與頓起孫勉泛舟探韻得未字)〉「가을바람은 모자 떨어뜨리려 하고, 금빛 국화는 끓는 듯 어지럽네.」(西風迫吹帽, 金菊亂如沸)

5 | 파내(叵耐) : 파내(叵奈)라고도 하며 곧 무내(無奈)와 같은 뜻이다.

99~100. 次韻答林士遂·金應霖[1]_甲辰

같은 운자를 써서 지어 임사수와 김응림에게 답하다_ 갑진년 (1544)

99

故人書信逐春溫 고 인 서 신 축 춘 온	친구들의 서신 봄 따뜻함 좇아와서,
喚我窮村梅柳魂 환 아 궁 촌 매 유 혼	내게 멀리 떨어진 마을의 매화와 버드나무 혼 불러주었다네.
愈病已同因檄手[2] 유 병 이 동 인 격 수	병 나은 것과 이미 같음은 빼어난 글 솜씨 때문인데,

1 | 김응림(金應霖) : 우암(寓菴) 김주(金澍: 1512~1563)의 자. 김주에 대해서는 《내집》 권1 26번 시의 주 1)을 참고하여 보라.
이 시는 2월 17일에 지었다.(정석태의 《연표·1》 369쪽)

2 | 유병~격수(愈病~檄手) : 격수(檄手)는 원래 격문을 짓는 솜씨라는 뜻인데, 문장의 고수를 가리키는 말로 쓰인다. 송나라 축목(祝穆)이 《고금사문유취·별집(古今事文類聚·別集)》 권7에서 인용한 《전략(典畧)》「진림이 여러 가지 글 및 격문의 초안을 짓는데 이미 완성시켜 태조에게 바쳤다. 태조는 전에부터 두통으로 고생을 하여왔고 이날 병이 발작하였는데 누워서 지은 글을 보다가 가뿐히 일어나서 말하기를 『이 글이 내 병을 낫게 하였다.』라 하고는 여러 번이나 후한 상을 내렸다.」(陳琳作諸書及檄草, 已成呈太祖. 太祖先苦頭風, 是日疾發, 卧讀所製, 翕然而起曰, 此愈我病. 數加厚賜)

披肝何用更牋閽[3]
피 간 하 용 갱 전 혼

내 속마음 드러내 보임에 무슨 소용 있으리?
다시 그대들 문지기에게 편지 전함이.

湖州日暖迷烟景[4]
호 주 일 난 미 연 경

호숫가 마을 날로 따뜻해져
안개 낀 경치 아른거릴 텐데,

仙館花明絶世煩
선 관 화 명 절 세 번

독서당의 꽃 밝아
세상의 번다함과 단절되었겠네.

爲感二君多古義
위 감 이 군 다 고 의

두 사람 옛 사람의
도리 많음에 감사하노니,

相思千里要同論[5]
상 사 천 리 요 동 론

천리 밖에서라도 서로 생각난다면
어떻게 할지 함께 논의해야 하리.

3 | 피간(披肝) : 피간담(披肝膽)을 말하는데 곧 간담상조(肝膽相照)의 고사를 쓴 것 같다. 당나라 한유(韓愈)의 〈유종원의 묘지문(柳子厚墓誌銘)〉「손을 잡고 폐와 간을 서로 내보이며 태양을 가리키고 눈물을 흘리며 맹세하여 말하기를 『죽으나 사나 서로 저버리지 말자.』라 한다.」(握手出肺肝相示, 指天日涕泣誓, 生死不相背負) 퇴계선생은 이때 제목에 나오는 사람들에게 지어주었던 또 다른 시(《퇴계시풀이 I》의 56~57)에서 김주에게 조용한 고을의 수령 자리를 얻어달라고 간청하고 있다.

4 | 연경미(烟景迷) : 당나라 유우석(劉禹錫)의 〈버드나무 가지(楊柳枝)〉「양자강 가의 안개 낀 경치 아른거리고, 수나라 궁궐의 나무 금빛 둑에서 흔들리네.」(揚子江頭烟景迷, 隋家宮樹拂金堤)

5 | 상사천리(相思千里) : 남조 송나라 유의경(劉義慶)의 《세설신어·간오(簡傲)》「혜강은 여안과 친하였는데 생각날 때마다 천리 먼 길에 수레를 타고 갔다.」(嵇康與呂安善, 每一相思, 千里命駕)

100

脫卻綿裘贈別時 탈 각 면 구 증 별 시	솜옷과 갖옷 벗어 이별하며 준 것은,
慇懃相念折膠威[6] 은 근 상 념 절 교 위	은근히 나를 생각하여서였네, 아교 꺾일 위세 있는 철인 것을.
豈知物色生湖館 기 지 물 색 생 호 관	어찌 알았겠는가, 인사 물색 동호독서당에 생겨날 때까지도,
猶抱沈綿鎖澗扉[7] 유 포 침 면 쇄 간 비	내가 오히려 온갖 병 안고 시냇가 사립문 잠그고 있게 될 줄을.
早放霜蹄君用戒[8] 조 방 상 제 군 용 계	일찍 서리 밟는 말 놓아주며 그대들 경계 하였지만,
初收風纜我無違[9] 초 수 풍 람 아 무 위	애초에 바람 받은 배 거두고보니 내 어긋남 없었구나.

6 | 절교위(折膠威) : 아교가 부러지는 추위. 《한나라의 역사·조조(晁錯)의 전기》「위엄을 세우려는 자는 아교가 꺾어질 무렵에 시작한다.」(欲立威者, 始於折膠)

7 | 침면(沈綿) : 병에 걸려 오랫동안 낫지 않는 것을 말한다. 곧 지병을 가리킨다. 당나라 두보의 〈사직이신 고심님이 낭주자사에 봉해짐에 송별하다(送高司直尋封閬州)〉「장경[司馬相如] 소갈증 재발했고, 공간[劉楨] 고질병 자주 걸렸다네.」(長卿消渴再, 公幹沈綿屢)

8 | 상제(霜蹄) : 곧 말발굽을 말한다. 《장자·말발굽(馬蹄)》「말은 발굽이 있어서 서리와 눈을 밟을 수 있다.」(馬蹄可以踐霜雪)

9 | 풍람(風纜) : 당나라 한유의 〈가을 회포(秋懷)〉 제7수「마치 순풍의 배와 같아, 한번 띄우니 닻줄 달 수 없다네.」(有如乘風船, 一縱不可纜)

湖邊苦負尋梅約
호 변 고 부 심 매 약

호숫가 독서당에서 실로
매화 찾을 약속 저버렸으니,

何似揚州何遜歸[10]
하 사 양 주 하 손 귀

양주로 하손 돌아감과
어찌 비슷하겠는가?

10 | 양주하손귀(揚州何遜歸) : 당나라 두보의 〈배적이 촉주의 동정에 올라 손님을 송별하다가 이른 매화를 만나 그리워하여 라는 시를 보내왔기에 부쳐온 시에 화답하다(和裴迪, 登蜀州東亭送客, 逢早梅相憶,見寄)〉「동각의 관매 시흥 움직였으니, 도리어 하손 양주에 있었을 때와 같았다네.」(東閣官梅動詩興, 還如何遜在揚州) 소씨(蘇氏)의 말을 인용한 주석 「양나라 하손이 양주법조가 되었는데 관청에 매화 한 그루가 있었으며 꽃이 만개하면 하손은 그 아래서 [시를] 읊조렸다. 나중에 낙양에 거처하게 되자 매화가 생각나 그가 왕년에 그 매화를 따라 다니며 놀던 곳으로 다시 옮겨줄 것을 청하였다. 양주에 이르자 꽃이 바야흐로 만개하였는데 하손은 꽃을 마주하고 종일토록 서성거렸다.」(梁何遜作揚州法曹, 廨舍有梅花一株, 花盛開, 遜吟詠其下. 後居洛, 思梅花, 再請. 其往從之, 抵揚州, 花方盛, 遜對花, 徬徨終日) 소씨는 소식을 말하는데, 소식이 직접 주석을 단 것이 아니라 그의 문집에 있는 주석을 인용하였음을 말한다. 이 주석이 보이는 시는 다음과 같다. 〈왕정국이 양주 원님으로 가면서 지은 시의 각 운자를 써서 짓다(次韻王定國倅揚州)〉「사마상여 촉나라로 돌아가는 길 허락지 않고, 공연히 하손만 양주에 있게 하였네.」(未許相如還蜀道, 空教何遜在揚州) 이 주를 단 사람은 송나라 임거실(任居實)이다.

101. 朴正字重甫, 攜詩見過[1]

정자로 있는 박중보가 시를 들고 들르다

役役名場步武聯[2]
역 역 명 장 보 무 련

과거 시험에 부지런히 노력하여
합격한 소식 이어졌는데,

光陰瞥眼送流川
광 음 별 안 송 류 천

세월 눈 깜짝할 사이에
흐르는 시냇물처럼 흘러갔다네.

君如俊鶻橫雲外
군 여 준 골 횡 운 외

그대는 빼어난 송골매
구름 바깥 가로지름과 같으나,

我似羸驂跼道邊
아 사 리 참 국 도 변

나는 비쩍 마른 곁말
길 가에서 움츠리고 있음과 같네.

1 | 박정자중보(朴正字重甫) : 소고(嘯皐) 박승임(朴承任: 1517~1586)의 자. 박승임에 대하여서는 《별집》 52번 시의 주 1)을 보라.
권오봉 교수는 이 시를 44세 때 쓴 것으로 보았다.(《대전》 270쪽)

2 | 역역(役役) : 부지런히 일하는 모양이라는 뜻. 《장자·제물론(齊物論)》「죽을 때까지 애쓰지만 성공을 거두지 못한다.」(終身役役, 而不見其成功)

已荷蓬門暎玉一
이 하 봉 문 영 옥 일

이미 쑥대 문짝 밀고 방문하여주니
옥 한 덩이리가 비치는 듯하고,

更留瓊韻抵金千
갱 류 경 운 저 금 천

다시 옥 같은 운 남겼으니
천금에 달한다네.

妙齡志業無輕讓
묘 령 지 업 무 경 양

한창 때의 지향과 사업
가벼이 양보하지 말고,

深備親承雨露天
심 비 친 승 우 로 천

깊이 대비하여 임금님께서 내리시는
비와 이슬 같은 은혜 받도록 하게나.

102. 寄閔景說[1]

민경열에게 부치다

昔在城塵夢亦驚 석 재 성 진 몽 역 경	옛날 성의 먼지 속에 있을 때는 꿈 또한 놀랐는데,
林居今日樂全生 임 거 금 일 락 전 생	숲속에 거처하는 지금은 온 삶이 즐겁다네.
睡開翠牖迎風至 수 개 취 유 영 풍 지	잠결에 푸른 창문 열어 바람 불어옴 맞이하고,
歌擊瓠尊答鳥鳴 가 격 호 존 답 조 명	노래하며 호리병 주전자 두드려 새 울음소리에 답한다네.

1 | 민경열(閔景說) : 관물당(觀物堂) 민기(閔箕: 1504~1568)의 자. 민기에 대해서는 《내집》 권1 28번 시의 주 1)을 보라.
권오봉은 이 시를 44세에 쓴 것으로 보았다.(《대전》 271쪽) 시의 내용으로 보아 고향에 내려와서 지은 것이다.

豹隱不嫌山霧重[2] 표 은 불 혐 산 무 중	표범 몸 숨김에 산 안개 짙음 싫어하지 않고,
龍蟠自喜石潭淸 룡 반 자 희 석 담 청	용 서림에 바위 곁 못 맑음 스스로 기뻐한다네.
松筠一壑藏身世 송 균 일 학 장 신 세	소나무 대나무 우거진 한 골짝에 이 몸 숨겼으니,
肯向人間道姓名[3] 긍 향 인 간 도 성 명	기꺼이 인간 세상 향해 성씨며 이름 말하겠는가?.

2 | 표은~산무중(豹隱~山霧重) : 《여러 여인들의 전기(列女傳)》 권2 〈도답자의 처(陶荅子妻)〉 「저는 듣기를 남산에 검은 표범이 있는데 안개비가 내리는 7일 동안은 내려와 먹지를 않는다고 하였는데 그것은 무슨 까닭일까요? 그 몸의 털을 윤택하게 하여 무늬를 이루고자 하기 때문입니다. 그러므로 몸을 숨겨 해를 피하는 것입니다.」(妾聞南山有玄豹, 霧雨七日而不下食者, 何也, 欲以澤其毛而成文章也. 故藏而遠害)

3 | 도성명(道姓名) : 당나라 두보의 〈왕손을 슬퍼함(哀王孫)〉 「물어보아도 성명 말하려 하지 않고, 다만 괴로워 종 될 것 청하였음만 말한다네.」(問之不肯道姓名, 但道困苦乞為奴)

103~104. 丹陽東軒書懷[1]

단양의 동헌에서 회포를 써내다

103

扶病經行蜀道難[2] 부 병 경 행 촉 도 난	병든 몸으로 길 걷자니 촉나라 가는 길처럼 험난한데,
主人留客洗辛酸 주 인 류 객 세 신 산	원님은 나그네 붙잡으며 신산함 씻어주신다네.
春風似欲欺霜鬢 춘 풍 사 욕 기 상 빈	봄바람 서리 같은 귀밑머리 속이려는 듯하고,
吹送殘花去又還 취 송 잔 화 거 우 환	남은 꽃 불어 보내며 날아갔다가 다시 돌아온다네.

1 | 단양~서회(丹陽~書懷) : 44세 3월 1일에 지었다. 이때 홍문관교리로 임명을 받고 고향에서 상경하는 길에 단양에 들러 고을 원님의 환대를 받고 지은 것이다.

2 | 촉도난(蜀道難) : 당나라 이백의 〈촉으로 가는 길 험난하구나(蜀道難)〉 「아이쿠나! 아찔하고도 높구나. 촉으로 가는 길 험난하여, 푸른 하늘 오르는 것보다 어렵네.」(噫吁嚱, 危乎高哉! 蜀道之難, 難於上靑天)

104

丹陽佳節□重三
단 양 가 절 □ 중 삼

단양의 아름다운 절기
두세 □는 되고,

滿目烟華氣政酣
만 목 연 화 기 정 감

온 눈에 드는 안개 속에 핀 꽃
기운 마침 무르익었다네.

莫唱新詞勸歸去
막 창 신 사 권 귀 거

새로 지은 시로 노래 부르며 나에게
돌아가라고 권하지 말게나,

客心元自繞江南
객 심 원 자 요 강 남

나그네 마음 원래부터
강남 땅으로 돌아가려는 데 얽히어
있다네.

105. 甲辰季夏, 病解臺務, 求補高城郡不得, 閒中作此, 擬從安挺然, 借看武夷志. 適金博士質夫, 與同鄕諸友, 要余遊南山中. 余往赴之, 過挺然家, 令人叩門, 投詩而去 _挺然名珽[1]

갑진년(1544) 음력 6월에 병으로 사헌부의 일을 그만두고 고성군수에 보하여질 것을 구하였으나 되지 않아, 한가한 가운데 이것을 지어 혹시 안정으로부터 《무이지》를 빌려보았으면 하였다. 마침 박사인 김질부가 (영주) 동향의 여러 벗들과 함께 나를 청하여 남산을 유람하려 하였다. 내가 거기 가는 도중에 정연의 집에 잠시 들러 사람으로 하여금 문을 두드리게 하고 시를 던져두고 갔다_ 정연의 이름은 정이다

匡廬頭白不能歸[2] 광 려 두 백 불 능 귀	광려산 머리 희어지도록 돌아갈 수 없어,
欲乞溫台計亦違[3] 욕 걸 온 태 계 역 위	온주와 태주 구하고자 하였으나 계획 또한 어긋났다네.

1 | 병해대무(病解臺務) : 《고증》「《퇴계선생연보》(권1)에 『갑진년(중종 39, 1544, 퇴계 44세) 4월에 사헌부 장령이 되었지만, 6월에 병으로 그만두었다.』고 하였다.」(年譜. 甲辰六月, 病辭掌令)

고성(高城) : 《고증》「강원도 영동에 속한다. 군 이름은 풍암(豐巖)이다.」(屬江原嶺東, 郡名豐巖)

김질부(金質夫) : 김사문(金士文)의 자. 김사문은 《내집》 권1 40번 시의 주 1)에 보인다. 안정(安珽)과 같은 영주 사람들이다.

2 | 광려~불능귀(匡廬~不能歸) : 광려(匡廬)는 은나라 말기의 은자 광속(匡俗) 형제가 초려(草廬)를 짓고 은거한 여산(廬山)을 말한다. 광려산이라고도 한다. 당나라 두보의 〈보이지 않음(不見)〉「광려산 글 읽던 곳, 머리 희어져 돌아오기 좋네.」(匡山讀書處, 頭白好歸來)

願借山經尋九曲[4] 원 차 산 경 심 구 곡	원건대 《산경》 빌려 구곡 찾아,
洗空塵土十年非 세 공 진 토 십 년 비	속세에서의 10년의 잘못 싹 씻었으면.

3 | 온태(溫台) : 중국의 동남쪽에 있는 경치가 좋은 곳. 여기서는 고성을 비유한다. 송나라 소식의 〈주빈이 안탕산의 그림을 부쳐주어 같은 각운자를 써서 짓다(次韻周邠寄雁蕩山圖)〉 제1수 「이 몸 마침 산 찾을 분수 있는데, 이미 온주와 태주 수중에 떨어졌다네.」(此生的有尋山分, 已覺温台落手中) 이후(李厚)의 주석 「안탕산은 온주에 있고 태주에는 천태산이 있다.」(鴈蕩山在温州, 而台州有天台山也)

4 | 산경(山經) : 시의 제목으로 보건대 《무이지》를 말한 것이다. 복건성 북쪽에 있는 무이산에 관하여 쓴 책이다.

106~109. 次圭庵韻[1]

규암이 지은 시의 각운자를 써서 짓다

106

異趣如水火 이 취 여 수 화	의취 다르면 물과 불 같은데,
同心如蘭臭[2] 동 심 여 란 취	마음 함께하면 난초 향기 같네,
願得出世人[3] 원 득 출 세 인	원컨대 세상 벗어난 사람 얻어,
襟期終宇宙[4] 금 기 종 우 주	마음속으로 우주 다 돌아볼 기약하였으면.

1 | 규암(圭庵) : 송인수(宋麟壽: 1487~1547)의 호. 송인수에 대해서는 《내집》 권1 73번 시의 주 1)을 보라.
바로 앞의 시를 안정의 집에 던져주고 오던 날, 송인수가 안정의 집에 들렀다가 퇴계의 그 시를 보고 지은 시에 대한 차운시이다. 《규암집(圭庵集)》에는 같은 각운자를 써서 지은 시가 보이지 않는다.

2 | 동심여란취(同心如蘭臭) : 《주역·계사 상(繫辭上)》 「두 사람이 마음을 함께 하면 그 날카로움은 쇠를 끊고, 마음을 함께하여 한 말은 그 향기가 난초와 같다.」(二人同心, 其利斷金, 同心之言, 其臭如蘭)

3 | 출세인(出世人) : 세속을 초탈한 사람을 말한다. 송나라 소순흠(蘇舜欽)의 〈광스님의 희법당에 적다(題廣師喜法堂)〉 「기쁨과 슬픔 둘 다 잊는 사람이, 비로소 이 세상에서 속세를 초탈함 사람이라는 것을 몰랐네.」(未知歡戚兩忘者, 始是人間出世人

4 | 종우주(終宇宙) : 진나라 도연명(陶淵明)의 〈산해경을 읽고(讀山海經)〉 제1수 「잠시 동안 우주 다 돌아보니, 즐겁지 않으면 또 어떡하리.」(俯仰終宇宙, 不樂復何如)

107

我過竹溪門[5]
아 과 죽 계 문

내 죽계문 지나다가,

短章投所好
단 장 투 소 호

짧은 시 좋아하는 이에게 던졌다네.

寧知主人翁[6]
영 지 주 인 옹

어찌 알았으리오? 주인 늙은이,

花徑爲公掃[7]
화 경 위 공 소

꽃 길 그대 위해 쓸어놓았을 줄이야.

108

相望自貽阻
상 망 자 이 조

서로 바라나 절로 막혀 있으니,

還如隔山嶽[8]
환 여 격 산 악

도리어 산과 묏부리로 떨어져 있는 듯.

坐想玉雪標
좌 상 옥 설 표

갑자기 옥설 같은
그대의 모습 생각해 보니,

猶能洗炎濁
유 능 세 염 탁

오히려 진세의 탁함 씻을 수 있을 듯.

5 | 죽계문(竹溪門) : 《고증》「정연(竹窓 安珽[1494~1548]의 자)이 죽계 안씨이기 때문에 죽계문이라고 했다.」(珽然是竹溪之安, 故曰竹溪門)

6 | 주인옹(主人翁) : 《고증》「안정연을 가리키는 것 같다.」(似指珽然)

7 | 화경위공소(花徑爲公掃) : 당나라 두보의 〈손님이 이르다(客至)〉「꽃길 일찍이 손님 때문에 쓸지 않았고, 쑥대 문 지금 비로소 그대 위해 열어놓았다네.」(花徑不曾緣客掃, 蓬門今始為君開)

8 | 격산악(隔山嶽) : 당나라 두보의 〈위팔 처사에게 드림(贈衛八處士)〉「산을 사이에 두고 내일 헤어진다면, 세상일 어찌될 지 서로 망망하네.」(明日隔山岳, 世事兩茫茫)

109

作詩招我來
작 시 초 아 래

시 지어 나를 불러 왔는데,

銀鉤耀彩景[9]
은 구 요 채 경

은 갈고리 아름다운 광채 빛내네.

忽覺萬竅號[10]
홀 각 만 규 호

불현듯 온갖 구멍 울부짖음 느껴지더니,

蕭蕭風泉冷
소 소 풍 천 랭

쏴쏴 바람에 날리는
샘물 차가움 느껴진다네.

9 | 은구(銀鉤) : 은으로 만든 갈고리. 남의 필체를 칭찬하는 말로 쓰인다. 주로 씩씩하고 아름다우며 굳센 서법을 비유한다. 《진(晉)나라의 역사·색정(索靖)의 전기》「대체로 초서의 형상은 완약하기는 은 갈고리와 같고 빠르기는 놀란 난새와 같다.」(蓋草書之爲狀也, 婉若銀鉤, 飄若驚鸞)

10 | 만규호(萬竅號) : 《장자·제물론(齊物論)》「온화한 바람이 불면 작게 화답하고, 회오리 바람이 불면 크게 화답하는데, 매서운 바람이 그치면 곧 모든 구멍이 비어 소리가 나지 않는다.」(泠風則小和, 飄風則大和, 厲風濟則衆竅爲虛)

110~111. 次竹囱韻[1]

죽창이 지은 시의 각운자를 써서 짓다

110

我酖山野靜[2] 아 짐 산 야 정	내 산과 들의 조용함 좋아하나,
塵勞汩其天 진 로 골 기 천	속세의 수고로움에 머리끝까지 골몰하였네.
南山有佳處 남 산 유 가 처	남산에 아름다운 곳 있어,
招我入雲烟 초 아 입 운 연	나를 불러 운무 속으로 들어갔다네.

1 | 죽창(竹囱) : 위 105번 시에 나오는 안정(安珽)의 호이다.
이 시는 바로 앞에 나온 시와 같이 안정이 퇴계가 지은 시를 보고 쓴 시에 다시 퇴계가 차운한 것이다.

2 | 아짐(我酖) : 《고증》 「『짐』(酖)은 『탐』(耽)자의 잘못인 것 같다.」(酖, 恐耽之誤)

過門君不嗔
과 문 군 부 진

문 지나쳐도 그대 성내지 않고,

詩來還憮然
시 래 환 무 연

시 보내오니 도리어 깜짝 놀랍다네.

111

君家花竹秀[3]
군 가 화 죽 수

그대 집 꽃과 대나무 빼어나고,

圖書揷滿壁
도 서 삽 만 벽

도화와 책 온 벽에 꽂혀 있었네.

門多長者轍[4]
문 다 장 자 철

문에는 높은 사람들의
수레바퀴 자국 많으나,

知音一夔足[5]
지 음 일 기 족

그대 마음 알아줌 기 하나면 족하네.

3 | 화죽수(花竹秀) : 송나라 소식의 〈사마군실[司馬光]의 독락원(司馬君實獨樂園)〉「그 가운데 5무의 동산 있는데, 꽃과 대나무 빼어나면서도 소박하다네.」(中有五畝園, 花竹秀而野)

4 | 문다장자철(門多長者轍) : 《사기·승상 진평(陳平)의 전기(陳丞相世家)》「장부가 진평을 따라서 그의 집으로 가 보았더니 그의 집은 외성을 등진 후미진 골목에 있었고, 비록 다 해진 자리로 만든 문을 만들어 놓았지만 문밖에는 많은 귀인들의 수레바퀴 자국이 있었다.」(負隨平至其家, 家乃負郭窮巷, 以弊席爲門, 然門外多有長者車轍) 송나라 유덕린(兪德鄰)의 〈병중에 친한 벗들에게 감사하다(病中謝親友)〉「지난날 궁벽한 골목에서 살았는데, 문에는 귀인들의 수레바퀴 자국 많았다네.」(昔年居窮巷, 門多長者轍)

共作招我詩
공 작 초 아 시

함께 나 부르는 시 지었는데,

詩淸書少肉
시 청 서 소 육

시는 맑고 글씨는
살이 적어 조촐하다네.

達人無畦町[6]
달 인 무 휴 정

통달한 사람은 한계 없고,

法士守繩尺[7]
법 사 수 승 척

법사는 법도 지킨다네.

5 | 지음(知音) : 백아절현의 고사를 말한다. 《내집》 권2 48번 시의 주 6) 절현(絶絃)을 보라.

일기족(一夔足) : 여기서 기는 규암 송인수를 비유한다. 《여씨춘추·찰전(察傳)》 「노나라 애공이 공자에게 물었다. 『악정 기는 다리가 하나라는데 사실입니까?』 공자가 말하였다. 『옛날에 순임금이 음악을 천하에 전파하여 교화시키고자 하여 이에 중려로 하여금 초야에서 기를 천거하여 뵙게 하였더니 순임금이 악정으로 삼았습니다. 기는 이에 육률을 바로잡고 오성을 조화시켰으며 팔방의 바람을 통하게 하였더니 천하에서 크게 복종하였습니다. 중려가 다시 사람을 더 구하려 하였더니 순임금이 말하였습니다. "무릇 음악이라는 것은 천지의 정화요, 득실의 마디가 되는 것이므로 성인만이 조화시킬 수 있다. (조화는) 음악의 근본이다. 기는 이를 잘 조화시켜 천하를 평정하였다. 기 같은 자는 하나면 족하다."고 하셨습니다. 그러므로 "기 하나면 족하다는 것이지 다리가 하나라는 것이 아닙니다.』」(魯哀公問於孔子曰, 樂正夔一足, 信乎? 孔子曰, 昔者舜欲以樂傳教於天下, 乃令重黎擧夔於草莽之中而進之, 舜以爲樂正. 夔於是正六律, 和五聲, 以通八風, 而天下大服. 重黎又欲益求人, 舜曰, 夫樂, 天地之精也, 得失之節也, 故唯聖人爲能和. 樂之本也. 夔能和之, 以平天下. 若夔者一而足矣. 故曰夔一足, 非一足也)

6 | 휴정(畦町) : 전원이라는 뜻도 있으나 여기서는 경계, 한계라는 뜻으로 쓰였다.

我病不飮酒[8] 아 병 불 음 주	내 병들어 술 마시지 못하고,
翛然臥松石[9] 소 연 와 송 석	걸림 없이 소나무 밑 바위에 누워 있었네.
淸賞各相阻 청 상 각 상 조	맑은 감상 각자 서로 어긋났으나,
贈懷那更惜 증 회 나 갱 석	회포 적어 드리니 어찌 다시 무슨 유감 있으리오.

7 | 승척(繩尺) : 규구(規矩), 곧 법도라는 뜻으로 쓰였다.

8 | 아병불음주(我病不飮酒) : 송나라 매요신(梅堯臣)의 〈증자고를 만나다(逢曾子固)〉「내 병들어 술 마시지 못하고, 차 끓여도 좋지 않다네.」(我病不飮酒, 烹茶又非善)

9 | 유연(翛然) : 신속한 모양. 구속이 없는 모양. 초탈한 모양을 말한다. 《장자·큰 스승(大宗師)》「홀가분하니 갔다가 홀가분하니 올 따름이다.」(翛然而往, 翛然而來而已矣) 성현영(成玄英)의 《장자의 주석(疏)》「유연은 얽매임이 없는 모습이다.」(翛然, 無係貌也)
와송석(臥松石) : 당나라 이백의 〈족질인 평사 암과 함께 창선사의 산의 못에서 놀다(同族姪評事黯遊昌禪師山池)〉 제1수「시원하게 소나무 곁의 바위 아래 있자니, 맑고 시원한 산과 어찌 다르겠는가?」(蕭然松石下, 何異淸涼山)

112. 次甓寺住持信覺詩軸韻[1]

신륵사의 주지 신각의 시축에 있는 각운자를 써서 짓다

神勒前朝寺 신 륵 전 조 사	신륵사는 앞 왕조의 절,
高僧普濟居[2] 고 승 보 제 거	고승인 보제가 거처하였다네.
烟雲暮帆落[3] 연 운 모 범 락	운무 낀 저녁에 돛 내리고,
水月夜牕虛[4] 수 월 야 창 허	물에 달 비치고 밤 창문 비었다네.

1 | 《고증》「벽사는 곧, 경기도 (驪州에 있는) 신륵사이다. 벽돌로 만든 부도가 있으므로 세간에서 벽사라고 하였다. 그곳에는 강산헌이 있는데 고려 때의 승려인 나옹화상(懶翁和尙)이 거처했던 곳이다.」(甓寺, 卽新勒寺, 有甓浮屠, 故俗號甓寺. 有江山軒, 僧懶翁所居)

주지(住持) : 《고증》「화상과 같다.」(猶言和尙)

권오봉 교수는 이 시를 44세 때 지은 것으로 보았다.(《대전》 274쪽)

2 | 보제(普濟) : 《고증》「아마도 나옹화상(懶翁和尙)인 것 같다.」(疑卽懶翁)

3 | 모범락(暮帆落) : 당나라 두순학(杜荀鶴)의 〈강가에서 위단 선배를 전송하다(江上送韋象先輩)〉「저녁 돛 어디서 내릴까? 서늘한 달은 누구와 함께 할까?」(暮帆何處落, 凉月與誰同)

4 | 수월야창허(水月夜牕虛) : 당나라 맹호연(孟浩然)의 〈세모에 남산으로 돌아가다(歲暮歸南山)〉「영원히 그리워하여 근심스레 잠 못 이루는데, 소나무에 달 걸려 있고 밤에 창은 비었다네.」(永懷愁不寐, 松月夜窗虛)

名利身猶縛 명 리 신 유 박	명예와 이익에 내 몸에 아직 매여 있으니,
山林跡若疎 산 림 적 약 소	산과 숲을 향하는 나의 자취 성긴 듯하네.
孤懷感泡沫 고 회 감 포 말	외로운 회포 물거품 되었음 느끼어,
萬事付澆書[5] 만 사 부 요 서	만사 새벽 술에 부친다네.

5 | 요서(澆書) : 글자 그대로는 '책에 물을 댄다'는 뜻인데, 새벽에 마시는 것을 가리킨다. 송나라 위경지(魏慶之)의 《시인옥설(詩人玉屑)》 권19 「동파는 새벽에 마시는 것을 요서라고 하였고, 이황문은 낮잠을 탄반(밥을 흩뜨린다)이라고 하였다.」(東坡謂晨飮為澆書, 李黃門謂午睡為攤飯) 송나라 육유(陸游)의 〈늦봄에 시골에 거처하면서 절구 여러 수를 짓다(春晚村居雜賦絕句)〉 제5수 「새벽에 마시며 가득 뜨니 독에 술거품 떠 있고, 낮잠 자느라 가로누우니 침상에서 나비꿈 꾼다네.」(澆書滿挹浮蛆甕, 攤飯橫眠夢蝶床) 육유 자신의 주 「동파선생은 새벽에 마시는 것을 요서라고 하였다.」(東坡先生謂晨飮為澆書)

113~115. 士遂自書堂, 攜印上人來, 請題詩卷, 三首[1]

임사수가 서당에서 오면서 인스님을 데리고 와 시권에 적어 주기를 청하다. 세 수

113

十載茫茫走路岐[2] 십 재 망 망 주 로 기	10년 동안 아득히 갈림길 달리다보니,
故園閒卻一笻枝 고 원 한 각 일 공 지	고향으로 한가로이 물러나 지팡이 하나 짚어보고 싶네.
山僧可是都無事 산 승 가 시 도 무 사	산의 중 아무 일도 없을 터인데,
又向風塵苦乞詩 우 향 풍 진 고 걸 시	또 속세 향해서 간절하게 시 구한다네.

1 | 인상인(印上人) : 고승인 서산대사 휴정(休靜).
시권(詩卷) : 여러 시를 적어둔 시 두루마리. 이 시는 43세 때 가을에 지어서 적어준 것이다.(정석태 《연표·1》 346쪽)

2 | 십재망망(十載茫茫) : 당나라 두보의 〈맹창조에 힘입어 글을 가지고 토루의 옛 집을 찾다(憑孟倉曹將書覓土婁舊莊)〉 「10년 동안 강호의 나그네 되니, 늘그막의 마음 아득하기만 하네.」(十載江湖客, 茫茫遲暮心)

114

夢魂夜夜繞蒼藤[3]
몽 혼 야 야 요 창 등

꿈꾸는 혼 밤마다
푸른 등나무 맴도는데,

塵裏依然有髮僧[4]
진 리 의 연 유 발 승

속세 속에는 의연히
머리 기른 중 있다네.

鶴錫何山堪住著[5]
학 석 하 산 감 주 저

학과 지팡이 어느 산에
머물러 있을 만한지,

他時同汝一龕燈[6]
타 시 동 여 일 감 등

훗날 그대와 함께
감실의 등불 함께 하리라.

3 | 몽혼야야(夢魂夜夜) : 송나라 오불(吳芾)의 〈봄에 책을 뒤적이다 우연히 짓다(春閱偶成)〉 제3수 「늙어가니 돌아갈 마음 중하여짐 어찌하지 못해, 꿈속의 넋 밤마다 고향 어귀를 맴돈다네.」(無奈老來歸念重, 夢魂夜夜遶鄉關)

4 | 유발승(有髮僧) : 원(元)나라 구원(仇遠)의 〈범혜경의 서방에서 묵다(宿范謏卿書房)〉 「늙어가며 처자식 걸림 갑자기 깨달아, 도리어 산속의 머리 기른 중 부러워하네.」(老來頓悟妻兒累, 却羡山中有髮僧)

5 | 학석(鶴錫) : 학과 석장. 명나라 동사장(董斯張)의 《광박물지(廣博物志)》 권5에서 인용한 《신선선(神仙傳)》 「서주의 잠산은 (경치가) 가장 기이하고 빼어난 곳이었는데 산기슭이 더욱 빼어났다. 지공과 백학도인이 모두 갖고 싶어 했다. 천감 6년 두 사람이 모두 무제에게 말하자 무제는 두 사람 모두 신령과 통하는 것을 갖추고 있다고 생각하여 각자에게 물건으로 그 땅에 표시를 하여 얻은 자가 살게 하였다. 도인은 말하기를 『나는 학이 멈추는 곳으로 표시를 하겠소.』라 하였고, 지공은 말하기를 『나는 지팡이가 선 곳으로 표시를 하겠소.」라 하였다. 얼마 후 학이 먼저 날아가 기슭에 이르러 멈추려는데 갑자기 공중에서 지팡이가 나는 소리가 들렸다. 지공의 지팡이가 마침내 산기슭에 우뚝 서자 학은 놀라 다른 곳에 머물렀다. 도인은 마뜩치 않았지만 전에 한 말을 어길 수가 없어서 마침내 각자 표시한 대로 그곳에 집을 지었다.」(舒州潛山最奇絶, 而山麓尤勝. 誌公與白鶴道人皆欲之. 天監六年, 二人俱白武帝, 帝以二人皆具靈通, 俾各以物識其地得者居之. 道人云, 某以鶴止處為記. 誌云, 某以卓錫處為記. 已而鶴先飛去, 至麓將止, 忽聞空中錫飛聲. 誌公之錫, 遂卓於山麓, 而鶴驚止他所. 道人不懌, 然以前言不可食, 遂各以所識築室焉)

115

落落高懷肯自低 낙 락 고 회 긍 자 저	고고한 높은 정회 기꺼이 스스로 낮추어,
來尋蓬戶伴雲鞋 내 심 봉 호 반 운 혜	쑥대 엮은 내 집 문 찾아와서 구름 속 신발 함께 하고자 한다네.
爲憐滿袖皆虹月[7] 위 련 만 수 개 홍 월	온 소매 모두 무지개와 달 가득함 사랑하여,
行遍千山夜不迷 행 편 천 산 야 불 미	온갖 산 두루 다니며 밤에도 헤매지 않는다네.

6 | 일감등(一龕燈) : 당나라 이영(李郢)의 〈장안에서 밤에 철 스님을 찾다(長安夜訪澈上人)〉「듣자니 천태산의 옛날 참선하던 곳에는, 석방에 다만 감실 등만 하나 있다네.」(聞說天台舊禪處, 石房獨有一龕燈)

7 | 홍월(虹月) : 《고증》「홍월은 시권(詩卷 : 시 두루마리)을 가리킨다.」(指詩卷)

116. 乘曉出城, 路由書堂後山谷, 間抵書堂應霖獨在, 已而士遂亦至[1]

새벽을 틈타 성을 나섰다가 서당 뒷산 골짜기 길을 통해 한가로이 독서당에 다다르니 응림이 혼자 있었고 조금 있다가 사수 또한 이르렀다

晨興罷梳盥[2] 신 흥 파 소 관	새벽에 일어나 머리 빗고 세수 끝내고,
出門仍跨馬 출 문 잉 과 마	문 나서 으레 말 탔다네.
我友在湖堂[3] 아 우 재 호 당	내 벗 호당에 있어,
相期不可舍 상 기 불 가 사	기약함 저버릴 수 없다네.
厭從轂擊路[4] 염 종 곡 격 로	수레바퀴 부딪치는 길 따르기 싫어,

1 | 권오봉은 이 시를 또한 44세 때 지은 것으로 보았다.(《대전》 275쪽)

2 | 신흥파소관(晨興罷梳盥) : 송나라 요면(姚勉)의 〈새벽에 일어나다(晨興)〉 「새벽에 일어나 아직 머리 빗고 세수하지 않았는데, 이 흥 또한 얼마나 맑은가?」(晨興未梳盥, 此興亦何淸)

3 | 호당(湖堂) : 동호독서당을 말한다.

4 | 곡격로(轂擊路) : 《사기·소진(蘇秦)의 전기》 「임치의 길에는 수레의 바퀴가 부딪치고 사람들의 어깨가 스치며 소매가 이어져 휘장을 이루고 소매를 들면 장막을 이루며 땀을 훔치면 비가 됩니다.」(臨菑之塗, 車轂擊, 人肩摩, 連衽成帷, 擧袂成幕, 揮汗成雨)

行尋草沒野 행 심 초 몰 야	가는 길 풀 덮인 들판 찾았다네.
繚繞入谷裏 요 요 입 곡 리	빙 돌아 골짜기 안으로 들어가,
詰曲穿松下 힐 곡 천 송 하	구불구불 소나무 아래 뚫고 지난다네.
空翠裛衣衫 공 취 읍 의 삼	허공에 뜬 푸른 빛 옷에 배고,
礐石礙行踝[5] 각 석 애 행 과	돌 부딪치며 가는 발길 막는다네.
坡陀上峻岡[6] 파 타 상 준 강	가파르고 험준한 언덕 올라보니,
眼界驚豁閜[7] 안 계 경 활 하	시계 활짝 열려 놀란다네.
西望萬雉城[8] 서 망 만 치 성	서쪽으로는 만 치의 성 바라보는데,

5 | 각(礐) : 《고증》「음은 『각』이며, 돌이 부딪치는 소리이다.」(音角, 石聲)

6 | 파타(坡陀) : 험준한 모양을 나타내는 의태어. 송나라 한표(韓淲)의 〈비가 언뜻 개는 것 같아 마을의 들판과 산골짜기를 산보하다(雨乍霽散步村野山谷)〉「가파르게 평평한 산언덕 올라, 그윽하게 깊은 골짜기로 드네.」(坡陀上平崗, 窈窕入深谷)

7 | 활하(豁閜) : 《고증》「음은 『하』이다. 크게 벌어진 모습이다.」(音何, 大開貌) 황하는 크게 열려 있는, 공허한 모양. 한나라 사마상여(司馬相如)의 〈임금님의 숲(上林賦)〉「산골짜기는 깊고 텅 비어 크고 작은 언덕들이 물속에 각기 섬이 되었습니다.」(谽呀豁閜, 阜陵別隝) 사마표(司馬彪)는「공허한 것이다.」(空虛也)라 하였다.

8 | 활하(豁閜) : 《고증》「음은 『하』이다. 크게 벌어진 모습이다.」(音何, 大開貌) 황하는 크게 열려 있는, 공허한 모양. 한나라 사마상여(司馬相如)의 〈임금님의 숲(上林賦)〉「산골짜기는 깊고 텅 비어 크고 작은 언덕들이 물속에 각기 섬이 되었습니다.」(谽呀豁閜, 阜陵別隝) 사마표(司馬彪)는「공허한 것이다.」(空虛也)라 하였다.

瑞烟籠碧瓦 서 연 롱 벽 와	상서로운 운무 푸른 기와 덮고 있다네.
東臨百頃湖 동 림 백 경 호	동쪽으로는 백 이랑 홍수 굽어보는데,
霧捲羣山哆[9] 무 권 군 산 치	안개는 뭇 산들 크게 말아 올리네.
中藏小有洞 중 장 소 유 동	안에 자그마한 동굴 있어,
窈窕堪結社 요 조 감 결 사	그윽하니 동아리 맺을 만하네.
宿雨値初收[10] 숙 우 치 초 수	밤새 내리던 비 막 개게 되니,
淸泉競寒瀉 청 천 경 한 사	맑은 샘 다투어 차갑게 쏟아지네.
還如故山中 환 여 고 산 중	도리어 고향 산속에 있는 것 같아,
芒鞵澗苔惹 망 혜 간 태 야	짚신 시내의 이끼를 공연히 차버리네.
境絶塵事遠[11] 경 절 진 사 원	경계 속세의 일과는 멀리 떨어져 있어,

9 | 치(哆) : 《고증》 「음은 『차』이다. 입술이 아래로 드리운 모습, 또는 위대함을 가리킨다.」 (音遮, 脣下垂, 又大也)

10 | 숙우치초수(宿雨値初收) : 치(値)는 만난다는 뜻인데, 시간이 흐름에 따라 가만 있어도 만나게 되는 상황을 가리킬 때 쓰인다. 당나라 이섭(李涉)의 〈개성사에 적다(題開聖寺)〉 「밤새 내리던 비 막 그치니 초목 더 짙어지고, 까마귀떼 날아 흩어지더니 대청의 종에 내려 앉네.」(宿雨初收草木濃, 羣鴉飛散下堂鐘)

11 | 진사원(塵事遠) : 주자의 〈황수(黃銖)에게 드림(呈黃子厚)〉 「띠풀로 엮은 집 속세의 일과는 멀리 떨어져 있고, 홀로 그윽하니 흥 끝이 없네.」(茅齋塵事遠, 幽獨興無窮)

意愜幽襟寫 의 협 유 금 사	뜻에 맞아 그윽한 흉회 써낸다네.
微蹊屢欲無 미 혜 루 욕 무	좁은 길 여러 번 없어지려 하는데,
淸景眞堪把 청 경 진 감 파	맑은 경치는 실로 잡힐 듯하네.
吟鞍迷遠邇 음 안 미 원 이	말 안장에서 읊조리자니 멀고 가까움 헷갈리는데,
忽見渠渠厦[12] 홀 견 거 거 하	갑자기 깊고 넓은 집 보인다네.
入門似禪家 입 문 사 선 가	문 들어서니 선가와 비슷하여,
松梧碧蕭灑 송 오 벽 소 쇄	소나무며 오동나무 짙푸르러 맑고 깨끗하네.
相看一笑粲[13] 상 간 일 소 찬	서로 보고 한번 활짝 웃으니,
我輩本高雅 아 배 본 고 아	우리들이야 본래부터 고아하다네.

12 | 거거하(渠渠厦) : 《시경·진(秦)나라의 민요·일의 처음(權輿)》「나에게는 큰집 깊고 넓다네.」(於我乎, 夏屋渠渠) 주자의 주석 「거거는 깊고 넓은 모양이다.」(渠渠, 深廣貌)

13 | 일소찬(一笑粲) : 주자의 〈유규보의 남이 지은 매화시에 화답하다라는 시의 각운자를 써서 짓다(次柳圭甫和人梅花韻)〉「미인 한번 해후하니 한번 웃음 찬란하고, 거꾸로 비친 그림자 또렷하게 성긴 가지 거꾸로 놓여 있네.」(美人邂逅一笑粲, 倒影的皪疎枝橫)

117. 病中李子發求藥[1]

병중에 이자발이 약을 구하다

靑山入夢覺難尋[2] 청 산 입 몽 교 난 심	푸른 산 꿈속에 드는데 깨어서는 찾기 어렵고,
舊雨來人不到今[3] 구 우 래 인 부 도 금	옛날 비 내릴 때 오던 사람 지금은 이르지 않네.

1 | 이자발(李子發) : 휴수(休叟) 이문건(李文楗: 1494~1567)의 자. 이문건에 대해서는 《내집》 권3 218번 시의 주 1)을 보라. 퇴계 63세 6월에 병이 나서 맏손자인 안도(安道)를 성주에 있는 이문건에게 보내어 처방을 얻어 와서 치료하였다는 기록이 보인다.(정석태 《연표·3》 246쪽) 그러나 이 시의 제목으로 보아서는 이문건이 퇴계에게 약을 구한 것으로 되어 있어, 다른 때 그러한 일이 있었는지는 알 수 없다. 권오봉 교수는 역시 44세 때 지은 작품으로 보고 있다.(《대전》276쪽)

2 | 청산입몽(靑山入夢) : 송나라 소옹(邵雍)의 〈사람에게 물어 술을 청하다(問人丐酒)〉「비록 (황제의 조서인) 자니서(紫泥書)로 조정에 빨리 돌아오게 함 없지만, 도리어 푸른 산 꿈속에 자주 듦 있다네.」(雖無紫詔還朝速, 却有靑山入夢頻)

3 | 구우~부도금(舊雨~不到今) : 구우(舊雨)는 오랜 친구를 말한다. 당나라 두보의 〈가을 술회(秋述)〉「가을에 내가 병져 누워 장안의 여관에 누워 있는데 비가 많이 내려 물고기가 생기고 푸른 이끼가 걸상에까지 났는데 평상시 수레와 말을 타고 오던 손님 가운데 옛날에는 비가 내려도 왔는데 지금은 비가 내리니 오지 않았다.」(秋, 杜子臥病長安旅次, 多雨生魚, 靑苔及榻, 常時車馬之客, 舊雨來, 今雨不來) 송나라 소식의 〈같은 각운자를 서서 왕정국에게 답하다(次韻答王定國)〉「옛날 비 내릴 때 오던 사람 지금 오지 않아, 느긋하게 홀로 따라 마시며 누우니 맑고 허무하다네.」(舊雨來人今不來, 悠然獨酌臥淸虛)

與子隔鄰同抱病
여 자 격 린 동 포 병

그대와 이웃하고 살면서
함께 병 안고 있으니,

不妨分藥共愁吟
불 방 분 약 공 수 음

약 함께 나누고
근심 읊조림 함께함도 무방하리.

118. 又吟

또 읊다

雨餘雲態欲何尋 우 여 운 태 욕 하 심	비온 후의 구름 모습 무엇을 찾으려는지,
來往空中自在今 내 왕 공 중 자 재 금	하늘에서 왔다 갔다 하면서 지금 자유자재로 떠다니네.
滿院蒼苔映疎竹[1] 만 원 창 태 영 소 죽	온 뜰의 푸른 이끼 성긴 대나무에 비치고,
風輕時有一蟬吟[2] 풍 경 시 유 일 선 음	바람 가벼운데 이따금씩 매미 한 마리 읊조리네.

1 | 만원창태(滿院蒼苔) : 원(元)나라 후극중(侯克中)의 〈가을밤(秋夜)〉「온 뜰 가득한 푸른 이끼 비온 뒤에 짙어지고, 저녁 바람 빗자루처럼 완악한 음기 쓸어내네.」(滿院蒼苔雨後深, 晩風如帚掃頑陰)

2 | 일선음(一蟬吟) : 송나라 소식의 〈황태후의 궁전(皇太后閣)〉 제4수「깊은 궁전에 여름 나무 깊이 우거졌는데, 비온 후 비로소 매미 소리 한번 들리네.」(秘殿扶疎夏木深, 雨餘初有一蟬吟)

119. 景說夜坐韻[1]

민경열의 〈밤에 앉아〉라는 시의 운자를 써서 짓다

今夜身如到湖寺 금 야 신 여 도 호 사	오늘밤 이 몸 호수가 절에 이른 듯한데,
向時性本愛林泉[2] 향 시 성 본 애 림 천	옛날부터 성품 본래 자연 사랑하였다네.
愁根欲拔三千丈[3] 수 근 욕 발 삼 천 장	근심의 뿌리 뽑아내고자 하나 삼천 길이나 되고,
騷興難窮一百篇[4] 소 흥 난 궁 일 백 편	근심 일어남 일백 편의 시에도 다 써내기 어렵다네.

1 | 권오봉 교수는 이 시를 역시 44세 때 지은 것으로 보았다.(《대전》 277쪽)

2 | 임천(林泉) : 산림(山林)과 천석(泉石). 곧 자연을 말한다. 연하(煙霞)와도 뜻이 통한다.

3 | 수근~삼천장(愁根~三千丈) : 당나라 이백의 〈추포가(秋浦歌)〉 「백발 삼천길, 근심 때문에 날날이 길어진 듯.」(白髮三千丈, 緣愁似箇 長)

4 | 소흥~백편(騷興~百篇) : 소흥(騷興)은 시흥(詩興)과 같은 말이다. 당나라 두보(杜甫)의 〈술 속의 여덟 신선(飮中八仙歌)〉 「이백은 술 한 말을 마시고 시 백 편을 짓고는, 장안 저자의 술집에서 잠든다네.」(李白一斗詩百篇, 長安市上酒家眠)이라고 하였다.

塞鴈佇回霜近信 새 안 저 회 상 근 신	변경의 기러기 한 자리서 맴도니 서리 소식 가깝고,
砌蛩催送客增年 체 공 최 송 객 증 년	섬돌의 귀뚜라미 세월 보냄 재촉하니 나그네 나이 더한다네.
無人共對南樓月 무 인 공 대 남 루 월	독서당 남쪽 누대의 달 함께 마주하고,
坐看星河落曉巓[5] 좌 간 성 하 락 효 전	갑자기 은하수 새벽에 산꼭대기로 떨어짐 구경할 사람 없다네.

5 | 성하락효전(星河落曉巓) : 당나라 두보의 〈새벽이 되려 하다(將曉)〉 제1수 「북과 나팔소리 황량한 변경에 구슬프고, 은하수는 새벽 산으로 떨어진다네.」(鼓角悲荒塞, 星河落曉山)

120. 次韻士遂[1]

사수가 지은 시의 운자를 써서 짓다

秋入西溪響玉舂 추 입 서 계 향 옥 용	서쪽 시내에 가을 드니 옥 절구 찧는 소리 들리고,
雲飛夕霽露天容 운 비 석 제 로 천 용	구름 날아가 저녁에 개니 하늘 모습 드러나네.
那堪景物供詩瘦 나 감 경 물 공 시 수	어찌 견디리, 가을 경물 시 마르게 함,
欲遣愁懷到酒濃 욕 견 수 회 도 주 농	근심스런 마음 날려 보내려다 술 깊이 취하게 되었다네.

1 | 《금호유고(錦湖遺稿)》에는 같은 운자를 쓴 시가 보이지 않는다. 권오봉 교수는 역시 44세 때 지은 것으로 보았다.(《대전》 277쪽)

化國光陰閒裏度[2]
화 국 광 음 한 리 도

교화 이룬 나라의 시간
한가한 가운데 지나가나,

道山書籍病來慵[3]
도 산 서 적 병 래 용

동호독서당의 서적은
병들어 게을리 보네.

令人苦憶平居日[4]
영 인 고 억 평 거 일

나로 하여금 정말 여기서
평상시에 지내던 나날 생각게 하나니,

萬事忘機只一筇[5]
만 사 망 기 지 일 공

그대는 세상만사 기심 잊어버리고
지팡이 하나에 의지하였다네.

2 | 화국광음(化國光陰) : 화국(化國)은 교화가 시행되고 있는 나라를 말한다. 송나라 한기(韓琦)의 〈계축년 원소절(癸丑燈夕)〉 「교화된 나라 세월 바야흐로 아주 길고, 깊숙한 풍물 찾기 어렵지 않네.」(化國光陰方甚永, 洞天風物不難尋)

3 | 도산(道山) : 동호독서당을 말한다.

4 | 고(苦) : 부사로 쓰였으며, 실로라는 뜻이다.

5 | 만사망기(萬事忘機) : 기(機)는 곧 기심(機心)을 말한다. 송나라 대복고(戴復古)의 〈세상을 보다(閱世)〉 「꽃 앞에서는 석 잔 술 뜻에 알맞고, 세상만사 기심 잊어버리고 흰 갈매기 마주한다네.」(花前適意三杯酒, 萬事忘機對白鷗) 《풀이》 권3의 70번 시 〈갈매기 모래톱(鷗渚)〉 해설을 참고하여 보기 바란다. 이 마지막 구절은 놀기를 좋아한 임형수(사수)를 칭찬한 뜻을 담은 것 같다.

121. 寄謝友人寄巨勝[1]

벗이 검은 깨를 부침에 감사함을 부치다

故人在南國 고 인 재 남 국	오랜 벗 남쪽 나라에 있는데,
書信有巨勝 서 신 유 거 승	보내온 서신에 검은 깨 있다네.
知我抱沈痾 지 아 포 침 아	내 깊은 병 안고 있음 알고,
爲我養生贈 위 아 양 생 증	나 양생시켜 주는 것이라네.

1 | 《고증》「권군영(權君瑩)을 가리킨다.」(權君瑩) 군영은 권겸(權謙: 초명은 迪)의 자이다. 예천 용궁에 살았으며 김해부사 등을 역임하였다. 《퇴도선생일기》에는 이 작품을 갑진년(1544) 7월 25일에 지은 것으로 기록하고 있다.

거승(巨勝) : 《고증》「깨가 검은 것을 『거승』이라고 한다. 관령 윤희와 노자가 검은깨를 먹었고, 함께 유사로 갔는데, 그들이 언제 죽었는지는 모른다.」(胡麻黑者日巨勝, 關令尹喜與老子, 服巨勝實, 俱之流沙, 不知所終) 관령 윤희의 이야기는 《설부(說郛)》(권88상) 및 《열선전》 등에 보인다.

君有發硎刀[2]
군 유 발 형 도

그대 숫돌에 벼린 칼 갖고 있으나,

時命頗蹭蹬[3]
시 명 파 층 등

때 못 만난 운명 자못 실의하였다네.

分符古伽倻[4]
분 부 고 가 야

옛 가야로 부절 나누어 가서,

齊民室縣罄[5]
제 민 실 현 경

백성들 다스림에 집은
경쇠 달아놓은 것 같았다네.

2 | 발형도(發硎刀) : 능란한 솜씨로 예리하게 일을 처리함을 비유한다. 형(硎)은 지석(砥石), 곧 숫돌이다. 《장자·양생주(養生主)》「지금 신의 칼은 19년이 되었고, 잡은 소가 수천 마리이지만, 칼날이 마치 새로이 숫돌에서 간 것 같습니다.」(今臣之刀十九年矣, 所解數千牛, 而刀刃若新發於硎) 송나라 황정견(黃庭堅)의 〈장인이신 야부(李莘) 어른이 선성으로 부임하여 가심에 송별하다(送舅氏野夫之宣城)〉 첫째 시 「평상시 닭 잡던 솜씨로, 애오라지 숫돌에 벼린 칼 시험해 보신다네.」(平生割雞手, 聊試發硎刀)

3 | 층등(蹭蹬) : 험하여 가기가 힘들다는 뜻도 있지만, 여기서는 기세를 잃은 모양, 또는 실의한 모양이라는 뜻으로 쓰였다.

4 | 고가야(古伽倻) : 《고증》「생각건대 이는 당연히 김해부를 가리킬 것이다.」(案, 此當指金海府)

5 | 실현경(室縣罄) : 「縣」은 「懸」, 「罄」은 「磬」자의 뜻이다. 경쇠를 거는 악기 틀은 가운데가 높고 양쪽 곁은 낮아 그 사이가 비어서 아무것도 없다. 백성들이 가난하여 집에 있는 것이 없어 집만 덩그러니 솟아 있고 양쪽 처마만 늘어뜨려져서 옛 경쇠가 악기 틀에 걸려 있는 것과 같다는 말이다. 《좌전·희공(僖公) 26년》「제후가 말하였다. 『집은 경쇠를 달아놓은 것 같고 들에는 파란 풀도 없는데 무엇을 믿고 두려워하지 않는가?』」(齊侯曰, 室如縣罄, 野無青草, 何恃而不恐?)

斂惠施一方[6]
염 혜 시 일 방

은혜 거두어 한 지방에 베푸니,

嘉政實傾聽
가 정 실 경 청

아름다운 시정(施政)
실로 귀 기울일 만하였네.

況今島夷釁
황 금 도 이 흔

하물며 지금 섬의 오랑캐 낌새 있어,

南徼事方絙[7]
남 요 사 방 환

남쪽 변방 일 바야흐로 다급해졌음에랴?

天城截海築[8]
천 성 절 해 축

하늘의 성 바다 잘라 쌓으니,

州府多酬應
주 부 다 수 응

주와 부에서 많이 답하여 응하네.

6 | 염혜시일방(斂惠施一方) : 송나라 왕십붕(王十朋)의 〈국자사업이신 왕원귀(王元龜)님이 영가 태수로 나가심에 송별하다(送王司業守永嘉)〉「선생 하물며 유가의 종사시니, 이 큰 은혜 거두어 한 곳에 베푸시겠네.」(先生況是儒宗師, 斂此大惠施一方)

7 | 요(徼) : 여기서는 변계(邊界), 변새(邊塞)라는 뜻으로 쓰였다.

8 | 천성절해축(天城截海築) : 《신증동국여지승람》 권32「중종 39년 갑진(1544)에 웅천(熊川) 바다 가운데 가덕, 천성진 등을 설치하였다. 김해와 웅천은 지역이 인접해 있다.」(中宗甲辰, 於熊川海中, 設加德·天城等鎭, 金海與熊接壤)

蠭蠆脫肆毒[9] 봉 채 탈 사 독	벌과 전갈 독 쏘아댐 벗어나려니,
要衝急緯經[10] 요 충 급 위 경	요충지 경위 급박하게 되었네.
胸中六韜策[11] 흉 중 육 도 책	가슴속에 있는 《육도》의 책략,
制勝在膽定[12] 제 승 재 담 정	제압하여 이김 마음 안정시킴에 있다네.
屹然作干城 흘 연 작 간 성	우뚝 국가의 간성 되고 보니,
黎氓著牀瞑[13] 여 맹 저 상 명	백성들 잠자리서 눈 붙인다네.

9 | 봉채(蠭蠆) : 「蠭」은 「蜂」의 이체자로 벌이다. 봉채는 모두 독이 있는 해충을 비유한다. 《좌전·희공(僖公) 22년》 「임금께서는 주나라를 작다고 하지 마십시오. 벌과 전갈에도 독이 있거늘 하물며 한 나라이겠습니까?」(君其無謂邾小. 蠭蠆有毒, 而況國乎) 당나라 두보의 〈울분을 녹이다(遣憤)〉 「벌과 전갈 끝내 독 품고 있거늘, 우레와 천둥 위엄 떨칠 만하네.」(蜂蠆終懷毒, 雷霆可震威)

10 | 위경(緯經) : 경위(經緯)와 같은 말. 운자를 고려해서 이렇게 썼다.

11 | 육도(六韜) : 「韜」는 「弢」라고도 한다. 주(周)나라의 강태공 여망(呂望)이 지었다고 하는 병서. 〈문도(文韜)〉와 〈무도(武韜)〉, 〈용도(龍韜)〉, 〈호도(虎韜)〉, 〈표도(豹韜)〉, 그리고 〈견도(犬韜)〉의 6권으로 되어 있으므로 이렇게 부른다. 나중에는 병법과 도략(韜略)을 가리키는 말로 쓰이게 되었다. 남조 송(宋)나라 사령운(謝靈運)의 〈찬정부의 서문(撰征賦序)〉 「법은 《삼략》보다 기이하였고 의는 《육도》보다 신비로웠다.」(法奇於三略, 義秘於六韜)

12 | 담정(膽定) : 《삼국지(三國志)》 권56 〈주연전(朱然傳)〉 「오나라 주연이 전쟁터에 있을 때에 위급한 일이 닥치면 마음이 평안해졌다. 그래서 남보다 더욱 뛰어났다.」(吳朱然在戰場, 臨急膽定, 尤過絶人)

13 | 착상명(著牀瞑) : 《새로 쓴 당나라의 역사·내준신의 전기(新唐書·來俊臣傳)》 「조칙으로 (내준신을) 서시에서 참하였는데 나이가 47세였다. 사람들이 모두 경하하여 말하기를 『이제야 침상에 등을 붙이고 눈을 감고 편히 잘 수 있겠다!』라 하였다.」(有詔斬於西市, 年四十七, 人皆相慶, 曰, 今得背著牀瞑矣)

何妨燕子月[14] 하 방 연 자 월	연자루의 달 무슨 거리낌 있겠는가?
時寄不淺興 시 기 불 천 흥	이따금 흥 얕지 않게 띄워 보냄에.
顧我謬君恩 고 아 류 군 은	나 돌아보니 임금의 은혜 그르쳐,
自愧誠不佞 자 괴 성 불 녕	실로 재주 없음 스스로 부끄럽네.
東觀屋渠渠[15] 동 관 옥 거 거	동호 독서당 누관 집 깊고 큰데,
太官供飣餖[16] 태 관 공 두 정	태관 쌓아놓은 음식 공급한다네.

14 | 연자(燕子) : 누대 이름. 《국역신증동국여지승람》 권32 〈김해도호부(金海都護府)〉 「연자루는 호계(虎溪) 가에 있다.」(燕子樓在虎溪上)

15 | 옥거거(屋渠渠) : 깊고 넓은 모양. 《시경·진(秦)나라의 민요·권여(權輿)》 「나에게는, 큰 집 깊숙하고 널렀다네.」(於我乎, 夏屋渠渠) 주자의 주석. 「거거는 깊고 넓은 모양이다.」(渠渠, 深廣貌)

16 | 태관(太官) : 관직 이름으로 진(秦)나라 때 설치되었으며 소부(少府)에 속하였다. 황제의 음식 및 연향(燕享)의 일을 맡았다. 송나라 이후로는 제물(祭物)에 관한 일만 맡아보았다. 여기서는 궁중 요리사를 가리키는 말로 쓰였다.

架揷千萬卷
가 삽 천 만 권

시렁에는 책 천만 권은 꽂혀 있는데,

欲讀難聽瑩[17]
욕 독 난 청 형

읽으려 하나 어려워 의심스럽기만 하다네.

幺螢慕太陽
요 형 모 태 양

작은 반딧불이 태양 그리워하고,

寸莛發古磬[18]
촌 정 발 고 경

짧은 대로 옛 경쇠 치는 격이라네.

此道不下帶[19]
차 도 불 하 대

이 도 띠 아래로 내려가지 않았으나,

力微誰與證
역 미 수 여 증

힘 미약하니 누구와 증명하겠는가?

17 | 청형(聽瑩) : 「형(瑩)」은 「熒」이라고도 하며, 청형은 의심스런 모양을 나타내는 의태어. 《장자·제물론(齊物論)》「장오자가 말했다. 『이것은 황제가 들어도 알지 못할 이야기요. 그런데 공구(孔丘)가 어떻게 알 만하겠소?』」(長梧子曰, 是黃帝之所聽熒也, 而丘也何足以知之) 당나라 한유(韓愈)의 〈문창스님이 북쪽으로 감에 송별하다(送文暢師北遊)〉「당시 스님은 의혹된 것이라곤 없었으며, 갈증 해소에 물 마시는 것과 같았다네.」(僧時不聽瑩, 若飮水救渴)

18 | 촌정(寸莛) : 작은 대나무 조각. 당나라 한유의 〈취하여 동야를 만류함(醉留東野)〉「동야 고개도 돌리지 않으니, 한 치 짧은 대나무 조각으로 커다란 종 치려는 것과 같다네.」(東野不廻頭, 有如寸莛撞鉅鐘)

19 | 차도불하대(此道不下帶) : 바른 길을 간직한 마음은 가슴 속에 들어 있기 때문에 말을 할 때 온 몸이 움직일 필요는 없다는 듯. 《맹자·마음을 다함(盡心) 하》「군자의 말은 띠 아래로 내려가지 않아도 도가 있는 것이며, 군자의 지킴은 자기 일신을 수양하고만 있지만 천하가 태평해지는 것이다.」(君子之言也, 不下帶而道存焉, 君子之守修其身, 而天下平)

區區用心末
구 구 용 심 말

구구히 마음 쓰던 끝에,

魚魯互參訂[20]
어 로 호 참 정

「어」자와 「로」자
서로 참작하여 바로잡았다네.

鹵莽適疲神[21]
노 망 적 피 신

거칠고 소략하여 마침 정신 피로한데,

焉能續鳧脛[22]
언 능 속 부 경

어찌 오리 다리 이을 수 있겠는가?

徒然厠諸彦
도 연 측 제 언

근근이 여러 선비 속에 섞여 있는데,

魚目混照乘[23]
어 목 혼 조 승

물고기 눈 같은 구슬 수레 비추는
구슬과 섞여 있는 듯.

20 | **어로(魚魯)** : 어(魚)자를 로(魯)자로 잘못 쓰다. 문자가 잘못 된 것을 두루 가리키는 말로 쓰인다. 《고증》「《운옥》에 『어떤 사람이 편지가 마멸되어서, 「도(陶)」는 「음(陰)」으로, 「노(魯)」는 「어(魚)」로 읽었다.』고 한다.」(韻玉, 有人簡牘磨滅, 以陶爲陰, 以魯爲魚) 진(晉)나라 갈홍(葛洪)의 《포박자·하람(抱朴子·遐覽)》「속담에서 말하기를 『세 번 베껴 쓰면 어(魚)자가 로(魯)자가 되고, 허(虛)자는 호(虎)자가 된다.』」(諺曰, 書三寫, 魚成魯, 虛成虎)

21 | **노망(鹵莽)** : 원래의 뜻은 황무지의 들풀인데, 뜻이 변하여 거칠고 소략함을 나타내는 말로 쓰이게 되었다.

22 | **속부경(續鳧脛)** : 《장자·변무(騈拇)》「오리의 다리가 비록 짧지만 (길게) 이어주면 근심스레 되고, 학의 다리가 비록 길지만 자르면 슬프게 된다.」(鳧脛雖短, 續之則憂; 鶴脛雖長, 斷之則悲)

時光水滔滔
시 광 수 도 도

시간은 물결처럼 도도히 흘러가니,

往者如墮甑[24]
왕 자 여 타 증

지난 것 시루 떨어뜨린 것이나 같다네.

塞鴈近南翔[25]
새 안 근 남 상

변새의 기러기 남쪽으로
가까이 빙빙 날려는데,

離君月幾恆[26]
이 군 월 기 긍

그대와 헤어지고 몇 달이나 되었던가?

23 | 조승(照乘) : 《사기》 권46 〈전경중완세가(田敬仲完世家)〉「24년 위나라 왕과 (제나라 왕이) 교외에 모여 사냥하다가, 위나라 왕이 묻기를 『왕께서도 또한 보배가 있습니까?』 하니, 제나라 위왕(威王)이 말하기를 『없습니다.』고 하였다. 위나라 양왕(梁王)이 말하기를 『과인의 나라처럼 작은 나라에도 지름이 한 마디나 되는 구슬이 있어서, 앞뒤의 수레 12승을 비추어 주는 것이 10개나 되는데, 어찌 만승의 나라이면서 보배로 삼을 것이 없습니까.』라고 하였다.」(二十四年, 與魏王會田於郊. 魏王問曰, 王亦有寶乎. 威王曰無有. 梁王曰, 若寡人國小也, 尙有徑寸之珠, 照車前後各十二乘者十枚, 奈何以萬乘之國而無寶乎)

24 | 타증(墮甑) : 시루를 떨어뜨리다. 일이 이미 지나가면 쓸데없는 회상에 잠겨서는 안 된다는 것을 비유한다. 《후한(後漢)의 역사·맹민(孟敏)의 전기》「(孟敏은) 태원에서 나그네살이를 하였다. 시루를 지고 가다가 땅에 떨어뜨렸는데 돌아보지도 않고 떠났다. 임종이 보고 그 뜻을 묻자 대답하여 말하였다. 『시루가 이미 깨졌으니 보면 무슨 보탬이 있겠소?』(客居太原. 荷甑墯地, 不顧而去. 林宗見而問其意. 對曰, 甑以破矣, 視之何益?)

25 | 새안근남상(塞鴈近南翔) : 당나라 두보의 〈7월3일 정오 이후 비교적 더위가 물러나고 저녁에는 조금 시원해져 온수가 시를 지어 이에 장년의 즐거운 일을 논하다가 장난삼아 원씨네 스물한 번째 조장에게 드린다(七月三日亭午已後, 校熱退, 晩加小凉, 穩睡有詩, 因論壯年樂事, 戲呈元二十一曹長)〉「쓸쓸한 북쪽 변방의 기러기, 남으로 향하면서 열 지어 가려 하네.」(蕭蕭紫塞鴈, 南向欲行列)

26 | 월기긍(月幾恆) : 《고증》「긍(恆)은 초승달이나 그믐달이다.」(恆, 月弦也)

悠悠我之思[27]
유 유 아 지 사

내 생각 아득하고 아득하여,

鬱鬱度晨暝[28]
울 울 도 신 명

답답하게 아침저녁 보낸다네.

行當買歸舟[29]
행 당 매 귀 주

갈 때는 마땅히 돌아가는 배 세내어,

故山尋雲磴
고 산 심 운 등

고향 산천에서 구름 낀 돌 비탈길 찾으리.

養眞臥衡茅[30]
양 진 와 형 모

참됨 기르면서 형문의 초가집에
누워 있다면,

君來問三徑[31]
군 래 문 삼 경

그대 와서 세 갈래 오솔길 물으리.

27 | 유유아지사(悠悠我之思) : 그리워하는 모양, 또는 근심하는 모양. 《시경·패(邶)나라의 민요·종풍(終風)》「가도 오도 못하니, 내 시름 그지없네.」(莫往莫來, 悠悠我思) 주자의 주석 「유유는 그리움이 긴 것이다」(悠悠, 思之長) 당나라 한유의 〈선비를 천거하다(薦士)〉「내 생각 그지없는데, 바람속의 깃발 펄럭펄럭 날리네.」(悠悠我之思, 擾擾風中纛)

28 | 울울도신명(鬱鬱度晨暝) : 송나라 유반(劉攽)의 〈더위를 괴로워함(苦熱)〉「불타는 듯한 볕 피할 수 없어, 답답하게 아침 저녁 보낸다네.」(炎暉不可避, 鬱鬱度朝晡)

29 | 매주(買舟) : 매범(買帆)이라는 말과 같으며, 배를 고용(雇用)한다는 뜻.

30 | 양진와형모(養眞臥衡茅) : 형모(衡茅)는 형문(衡門)은 한 초가집으로, 보잘것없는 집을 가리킨다. 형문은 대문에 나무 하나만 가로 걸쳐놓은 문을 말한다. 진(晉)나라 도연명(陶淵明)의 〈신축년 7월에 휴가 갔다가 강릉으로 돌아가는 길에 밤에 도구를 가다(辛丑歲七月赴假還江陵夜行塗口)〉「형문의 초가집 아래서 참됨 기르면서, 선함으로 일컬어지기 바라네.」(養真衡茅下, 庶以善自名)

31 | 삼경(三徑) : 소나무와 국화, 대나무를 심은 세 갈래 오솔길. 한나라 장후(蔣詡)에게서 비롯되었으며, 은자의 거처를 비유한다. 퇴계의 시에도 여러 번 보인다. 《내집》 권1 87번 시의 주 7) 등을 참조하기 바람.

122~123. 和景說, 次友人見寄韻[1]

경열에게 화답하면서 벗이 부쳐온 시의 각운자를 써서 짓다

122

雲斂西風玉宇淸[2] 운 렴 서 풍 옥 우 청	구름 가을바람에 걷히니 우주 맑은데,
鄕愁日夜鬢邊生 향 수 일 야 빈 변 생	고향 근심에 밤낮으로 귀밑머리 생겨나네.
幼與自可專丘壑[3] 유 여 자 가 전 구 학	나 사곤과 같이 스스로 언덕과 골짝 오로지 차지함만은 자신 있다고 여겼지만
何得恩波誤聖明 하 득 은 파 오 성 명	어찌 임금님 은택 얻어 성스러운 밝음 그르치게 되었는가?

1 | 경열은 관물당(觀物堂) 민기(閔箕)의 자. 《내집》 권1 28번 시의 주 1)을 보라. 첫 수는 체질에도 맞지 않는 벼슬을 하고 있는 자신에 대한 한탄이고, 둘째 수는 사가독서를 하면서 두보와 같이 시의 퇴고에 정진하고 있는 민기를 칭찬하고 있다. 이 시는 44세 가을에 지은 것으로 추정된다.(정석태 《연표·1》 441쪽)

2 | 옥우(玉宇) : 원래의 뜻은 옥으로 만든 전각으로 천제나 신선이 사는 곳, 화려한 궁전을 가리킨다. 여기서는 우주, 곧 하늘이라는 뜻으로 쓰였다.

3 | 유여~전구학(幼輿~專溝壑) : 《고증》 「(晉나라 시인) 사곤(謝鯤 : 280~332)의 자이다.」(謝鯤字) 남조 송나라 유의경(劉義慶)의 《세설신어·인물들을 품평함(品藻)》 「명제가 사곤에게 물었다. 『그대 스스로 말한다면 유량과는 어떻다고 보는가?』 답하여 말했다. 『종묘에서 예복을 단정히 입고 백관을 법도에 맞게 부리는 것은 신이 유량보다 못하나 언덕이나 골짜기에서 마음 먹은 대로하는 것은 제 스스로 낫다고 생각합니다.』」(明帝問謝鯤, 君自謂何如庾良? 答曰, 端委廟堂, 使百僚準則, 臣不如良, 一丘一壑, 自謂過之)

123

縱橫散帙擁樓淸
종 횡 산 질 옹 루 청

이리저리 책 펼쳐놓고
맑은 누대 껴안았는데,

吟骨秋來覺瘦生[4]
음 골 추 래 각 수 생

시인의 체구 가을 되자
바짝 마름 느껴지네.

鴈過空中心共遠
안 과 공 중 심 공 원

기러기 하늘 가운데 지나가니
마음 함께 원대하여지고,

山臨湖上眼雙明
산 림 호 상 안 쌍 명

산 호숫가 내려다보니
두 눈 다 밝아지네.

4 | 각수생(覺瘦生) : 당나라 이백(李白)의 〈장난삼아 두보에게 주다(戱贈杜甫)〉「『헤어진 이래 바짝 마른 것 같소』라 물어보니, 모두가 지난날 시 짓느라 괴로워했기 때문이라고 하네.」(借問別來太瘦生, 總為從前作詩苦)

124. 次韻山中大雪[1]

산에 큰 눈이 내리다라는 시의 각운자를 써서 짓다

雪後奇觀日照天 설 후 기 관 일 조 천	눈 온 후의 기이한 광경 해 하늘에서 비추니,
琪花璀璨落繽然 기 화 최 찬 락 빈 연	옥 같은 꽃 현란하게 펄펄 떨어진 듯.
淸詩□□雖今歲 청 시 □ □ 수 금 세	그대의 맑은 시 □□하여 비록 올해에 지은 것이지만,
絶景遙知似去年 절 경 요 지 사 거 년	빼어난 경치 멀리서 짐작하겠네 지난해에도 똑 같았음을.

1 | 권오봉 교수는 이 시도 44세에 지은 것으로 보고 엮었다. 내용은 겨울 풍경을 묘사하여 보낸 어느 친구(민기)의 시를 보고 흥취를 느끼고 있다.

寂寞寒栖依凍瀑
적 막 한 서 의 동 폭

쓸쓸하고 가난한 거처
　언 폭포에 기대어 있고,

槎牙哀壑阻冰川
사 아 애 학 조 빙 천

들쭉날쭉 처량한 골짜기
　얼음 시내에 막혀 있다네.

蹇驢載我吟肩去[2]
건 려 재 아 음 견 거

절름이는 나귀 나 같이 시 읊조리며
　어깨 들먹이는 시인 태우고 가는데,

收拾何緣付一鞭
수 습 하 연 부 일 편

바로잡고자 한들 어떻게
　채찍 하나에만 맡길 수 있겠는가?

2 | 건려(蹇驢) : 건(蹇)은 다리를 절룩이는 것을 말한다. 한나라 동방삭(東方朔)의 《초사·칠간·잘못을 간함(七諫·謬諫)》「절름이는 나귀 타고 가며 채찍질 하지 않음이여, 또한 무슨 길인들 끝까지 갈 수 있겠는가?」(駕蹇驢而無策兮, 又何路之能極)
음견(吟肩) : 시인의 어깨를 말한다. 시를 읊을 때 어깨가 솟아서 움직이기 때문에 이렇게 말한다. 주자의 〈유명원과 송자비가 지은 반초은시의 각운자를 써서 짓다(次劉明遠宋子飛反招隱韻)〉 제2수 「영예와 수치 궁함과 통함 다만 우연일 뿐이니, 한가로이 함께 시 읊조리느라 어깨 곧추세움 무방하리.」(榮醜窮通祇偶然, 未妨閑共聳吟肩)

125. 次韻[1]

같은 각운자를 써서 짓다

學嫌徒博不精微 학 혐 도 박 부 정 미	배움 넓기만 하고 정미롭지 못함 싫어하는데,
黃鵠摩天自習飛[2] 황 곡 마 천 자 습 비	누런 고니는 하늘 스치며 스스로 나는 연습하네.
爲問一生長逆旅 위 문 일 생 장 역 려	묻노니 일생 동안 긴 나그네살이라는데,
何如仁宅早來歸[3] 하 여 인 택 조 래 귀	어떠한가? 어진 집 일찌감치 돌아감이.

1 | 권오봉 교수는 역시 위의 시와 같이 44세에 지은 것으로 편년하였다. 역시 민기의 시를 보고 지은 것이 아닌가 한다.

2 | 황곡~자습비(黃鵠~自習飛) : 《악부시집》 권28 〈상화가사·고사·까마귀가 새끼를 낳다(相和歌辭·古辭·烏生)〉 「아! 우리 누런 고니는 하늘 스치며 아주 높이 나는데, 후궁에서는 아직도 잡아서 삶아먹을 수 있다네.」(唶! 我黃鵠摩天極高飛, 後宮尙復得烹煮之)

3 | 인택(仁宅) : 《맹자·공손추(公孫丑) 상》 「대체로 인이라는 것은 하늘의 높은 벼슬이며 사람의 편안한 집이다.」(夫仁, 天之尊爵也, 人之安宅也)

126. 中宗大王挽詞[1]

중종대왕님을 애도함

晉水龍飛赫御天[2]
진 수 룡 비 혁 어 천

진땅의 강에서 용 날아
밝게 하늘로 오르니,

中興國祚事光前[3]
중 흥 국 조 사 광 전

중흥할 국운
일 전에 빛났다네.

民方飢渴功仍倍
민 방 기 갈 공 잉 배

백성들 바야흐로 주리고 목말라
공 이에 배는 되니,

政譬陽春物自甄
정 비 양 춘 물 자 견

곧 비유컨대 따뜻한 봄날
사물 절로 이루어짐과 같네.

1 | 중종(中宗) : 조선 제11대 왕으로 이름은 이역(李懌: 1488~1544)이다. 연산군의 이복 아우로 진성대군(晉城大君)이 되었다가 1506년 반정으로 왕위에 올랐으며 재위 기간은 39년이다. 1544년 11월 15일에 승하하였다. 정릉(靖陵)에 안치되었다. 이 시 첫머리에 나오는 「진수」(晉水)는 「진성대군」이라는 칭호와 관련을 지은 것이다. 이 시가 완성된 것은 1545년 윤1월로 추정된다.(정석태의 《연표·1》 476쪽)

2 | 진용비(晉龍飛) : 《진서(晉書)》 권6 〈원제기(元帝記)〉 「하늘의 뜻과 사람의 일에 또한 중흥할 조짐이 있었다. (惠帝) 태안 연간(302~303)에 동요에서 『말 다섯 마리가 떠서 강을 건너는데, 한 마리가 용으로 변했다네.』라 하였다.」(天意人事, 又符中興之兆. 太安之際, 童謠云, 五馬浮渡江, 一馬化爲龍)

어천(御天) : 어(御)는 통치한다는 뜻이 있으나 여기서는 가(駕)의 뜻으로 쓰였다. 《주역·건괘(乾卦)》의 단사(彖辭) 「때때로 여섯 용을 타고 하늘로 올라간다.」(時乘六龍以御天)

3 | 사광전(事光前) : 사전광(事前光)으로 쓰는 것이 옳으나 운자가 들어갈 위치이기 때문에 이렇게 썼다.

慕古意深興禮樂
모 고 의 심 흥 예 악

옛 것 그리워하는 뜻 깊어
예와 악 일으키셨고,

求賢心切斷遊畋[4]
구 현 심 절 단 유 전

현자 구하는 마음 간절하여
놀고 사냥하는 것 끊으셨다네.

爲君不易如臨谷[5]
위 군 불 이 여 림 곡

임금 노릇 쉽지 않음
골짜기 굽어봄과 같고,

受諫無難若轉圜[6]
수 간 무 난 약 전 환

간언 받아들임 어렵게 여기지 않으심
공 굴리는 것과 같았다네.

4 | 단유전(斷遊畋) : 전(畋)은 전(田)이라고도 하며 전렵(畋獵), 곧 사냥을 가리키는 말이다. 《상서·이훈(伊訓)》「감히 재물과 여색을 추구하고 늘 놀이와 사냥을 한다면 이는 방탕한 바람이오.」(敢有殉于貨色, 恒于遊畋, 時謂淫風) 공영달(孔穎達)의 주석[傳]「재화와 미색을 탐욕스럽게 구하고 늘 놀이와 사냥에만 열중한다면 이는 지나친 풍속이다.」(昧求財貨美色, 常遊戲畋獵, 是淫過之風俗) 《상서·무일(無逸)》「문왕께서는 감히 돌아다니며 사냥하기를 즐기시지 않으시어 여러 나라를 다스리심에 공손함으로 하셨습니다.」(文王不敢盤于遊田, 以庶邦惟正之供)

5 | 위군불이(爲君不易) : 《시경·대아·대명(大明)》「하늘 믿기 어려우니, 임금 노릇 쉽지 않다네.」(天難忱斯, 不易維王)

여림곡(如臨谷) : 《시경·소아·높은 하늘(小旻)》「겁내고 조심하기를 깊은 못을 지나는 듯하고, 엷은 얼음을 밟는 듯하라.」(戰戰兢兢, 如臨深淵, 如履薄冰)

6 | 수간~약전원(受諫~若轉圜) : 원(圜)은 환이라는 음도 있지만 여기서는 원(圓)과 같은 뜻으로 쓰였다. 공 같은 원형의 기물을 굴리는 것으로, 쉬우면서도 신속한 일을 가리키는 말로 쓰인다. 《한나라의 역사·매복(梅福)의 전기》「옛날에 고조는 훌륭한 것을 받아들이기를 미치지 못할 듯이 하셨고, 간언을 따르기를 공 굴리듯 (쉽게) 하였습니다.」(昔高祖納善若不及, 從諫若轉圜)

孝理推明光下上
효 리 추 명 광 하 상

효의 도리로 미루어 밝혀
빛 아래위에 넘쳤고,

人材鼓舞感魚鳶
인 재 고 무 감 어 연

인재들 고무하시니
물고기며 솔개도 감응시켰네.

生成覆載同無憾[7]
생 성 부 재 동 무 감

백성들 양육하여 덮어주고 실어줌
다 유감 없이 하셨고,

舒慘陰陽合自然[8]
서 참 음 양 합 자 연

음과 양에 맞추어 펴고 근심함
자연에 합치되었네.

事大積誠恩沓至
사 대 적 성 은 답 지

큰 나라 섬김에 정성 쌓이니
은혜 줄줄이 이르렀고,

懷夷修德款爭先[9]
회 이 수 덕 관 쟁 선

오랑캐 품음에 덕 닦으시니
정성 앞을 다투었네.

7 | 부재(覆載) : 하늘과 땅, 곧 천지를 말한다. 《중용》 제31장 「하늘이 덮어주는 것과 땅이 실어주는 …… 것은 존경하고 사랑하지 않음이 없다.」(天之所覆, 地之所載……者莫不尊親)

8 | 서참음양(舒慘陰陽) : 한나라 장형(張衡)의 〈서쪽 서울(西京賦)〉 「대체로 사람은 (봄과 여름 같은) 양의 철에는 마음이 펴지고, (가을과 겨울 같은) 음의 철에는 근심하게 되는데 이는 천기(의 변화)와 관계가 있다.」(夫人在陽時則舒, 在陰時則慘, 此牽乎天者也)

9 | 이상 두 구절은 대국인 명나라 및 왜국 일본과의 외교 관계를 잘 수행하였다는 것을 말한다.

波安東海經三紀[10]
파 안 동 해 경 삼 기

물결 동해서 편안하게 가라앉은 지
서른여섯 해 지났고,

慍解南風屬五絃[11]
온 해 남 풍 속 오 현

노여움 〈남풍〉으로 푸시니
오현이 따랐네.

聖壽擬添籌滿屋[12]
성 수 의 첨 주 만 옥

임금님의 수명이라면 산가지가 집안을
가득 채우듯 보태어져야 할 터인데,

宸憂還減夢增年[13]
신 우 환 감 몽 증 년

임금님 걱정 꿈에서 연서 도리어
더하여지는 것 줄여야 한다는
것이었다네.

10 | 삼기(三紀) : 기는 해를 헤아리는 단위로 12년을 1기(紀)라 한다. 《서경·필명(畢命)》「이미 삼기가 지났다.」(既歷三紀) 공영달의 주석 「12년을 기라 한다.」(十二年曰紀). 삼기는 36년인데 중종의 재위 기간인 39년을 얼추 말한 것이다. 이 구절은 중종 재위 기간 동안에는 동해에서 왜구의 소요가 없었다는 것을 말한다.

11 | 남풍·오현(南風·五絃) : 남풍은 옛날의 악곡 이름이다. 《예기·악기(樂記)》「옛날에 순임금은 오현금을 만들어서 〈남풍〉을 노래했다.」(昔者舜作五弦之琴, 以歌南風) 오현도 옛날의 악기 이름이다. 《한비자·외저설 좌상(外儲說左上)》「옛날에 순임금은 오현을 타면서 〈남풍〉의 시를 노래하였는데도 천하는 다스려졌다.」(昔者舜鼓五絃, 歌南風之詩而天下治)

12 | 주만옥(籌滿屋) : 송나라 소식의 《동파지림·이사(東坡志林·異事) 상》「일찍이 세 노인이 (한 자리에서) 만난 적이 있는데 어떤 사람이 그들에게 나이를 물어보았다. …… 한 노인이 말하였다. 『바닷물이 뽕나무로 변할 때면 내 문득 그때마다 산가지를 하나씩 두었지. 그 이후 내 산가지가 이미 열 칸이나 되는 집안을 가득 채웠어.』」(嘗有三老人相遇, 或問之年……一人曰, 海水變桑田時, 吾輒下一籌. 爾來吾籌已滿十間屋)

13 | 몽증년(夢增年) : 《예기·문왕세자(文王世子)》「무왕이 대답하기를 『꿈에 천제가 나에게 아홉 살을 더 주었습니다.』라고 하였다.」(武王對曰, 夢帝與我九齡)

丹成軒鼎舟移壑[14]
단 성 헌 정 주 이 학

단약 황제 헌원씨의 세 발 솥에서
이루어지자 배 골짜기에서 옮겨지고,

蓂落堯階日揜淵[15]
명 락 요 계 일 엄 연

명협 요임금의 섬돌에서 떨어지니
해는 깊게 가렸다네.

14 | 헌정(軒鼎) : 곧 황제(黃帝) 헌원씨(軒轅氏)가 주조했다고 하는 세 발 솥을 말하는데, 임금이 승하한 것을 말한다.《사기·봉선에 관한 기록(封禪書)》「황제는 수산에서 동을 채취하여 형산 아래서 정(鼎: 세 발 솥으로 왕권을 상징함)을 주조하였다. 정이 완성되자 하늘에서는 긴 수염을 드리운 용이 황제를 맞이하였으며, 황제가 용의 등에 올라타자 군신 후궁 및 70여 명도 따라서 용의 등에 올라탔고, 그러자 용은 상공으로 올라갔다.」(黃帝采首山銅, 鑄鼎於荊山下. 鼎旣成, 有龍垂胡髯下迎黃帝. 黃帝上騎, 群臣後宮從上者七十餘人, 龍乃上去) 상세한 것은《내집》권4 154번 시의 주 5) 반호(攀號)를 보기 바람.

주이학(舟移壑) : 세상 일이 부지불식간에 변화해가는 것을 가리킴.《장자·큰 스승(大宗師)》「배를 골짜기에 감추고 그물을 못에다 감추어두고는 든든하다고 한다. 그러나 한밤중에 힘 센 자가 매고 달아난다면 어리석은 자는 알지 못한다.」(夫藏舟於壑, 藏山於澤, 謂之固矣. 然而夜半有力者負之而走, 昧者不知也) 이 표현은 주로 제문이나 만사 등에 많이 쓰인다.

15 | 명락요계(蓂落堯階) : 명(蓂)은 곧 명협(蓂莢)을 말한다. 전설상의 붉은 서초(瑞草). 매달 초하루부터 15일까지는 매일 열매[莢]가 하나씩 맺히다가 16일부터 달이 끝날 때까지는 매일 열매가 하나씩 떨어진다고 한다. 이 때문에 열매가 몇 개인가를 보고 무슨 날인지 알 수 있다고 한다. 일명 역협(曆莢)이라고도 한다.《죽서기년(竹書紀年)》 권상 「어떤 풀이 좁은 섬돌에서 나는데 초하룻날이면 열매가 하나씩 나기 시작하여 달의 반이 지나면 15개의 열매가 난다. 16일 이후에는 날마다 열매가 하나씩 떨어져 그믐에는 다 진다. 달이 작으면 열매 하나가 타서 떨어지지 않는다. 이름을 명협이라 하며 역협이라고도 한다.」(有草夾階而生, 月朔始生一莢, 月半而生十五莢. 十六日以後, 日落一莢, 及晦而盡. 月小, 則一莢焦而不落. 名曰蓂莢, 一曰歷莢) 진(晉)나라 갈홍(葛洪)의《포박자·대속(抱樸子·對俗)》「당나라의 요임금[帝堯陶唐氏]은 명협을 살펴보고 달을 알았다.」(唐堯觀蓂莢以知月)

일엄연(日揜淵) : 여기서 「엄」(揜)자는 「엄」(掩)자와도 통하여 쓰며 「가리다」라는 뜻이고, 「못 연」(淵)자는 「깊다」(深)는 뜻으로 쓰였다.

慟哭臣工同淚雨[16]
통 곡 신 공 동 누 우

신료와 백관 통곡하니
칠석날 비와 같고,

悲號士女盡情田[17]
비 호 사 녀 진 정 전

백성들 슬피 울부짖음
마음 다한다네.

無緣返駕雲重隔
무 연 반 가 운 중 격

수레 돌아올 까닭 없어
구름 겹겹이 막혀 있고,

已迫因山月五弦
이 박 인 산 월 오 현

이미 임금님의 장삿날 닥치니
달 다섯 번 바뀌었다네.

千仗出城虛紫禁[18]
천 장 출 성 허 자 금

천 명 의장행렬 성 나서니
궁궐 비었고,

百靈陪衛送黃泉
백 령 배 위 송 황 천

모든 영령 뒤따라 호위하며
황천까지 보내드리네.

16 | 신공(臣工) : 신하들과 백관을 말한다. 《시경·주송·신공(周頌·臣工)》「아아, 백관들이여, 공손히 직무를 수행하오.」(嗟嗟臣工, 敬爾在公) 모씨의 주석[毛傳] 「공은 관과 같다.」(工, 官也)
누우(淚雨) : 《세시잡기(歲時雜記)》「7월 6일에 오는 비를 세거우라 하고, 7일에 비가 내리면 쇄루우라 한다.」(七月六日有雨, 謂之洗車雨. 七日雨則云灑淚雨) 《세시광기·칠석(歲時廣記·七夕) 상》에서 재인용.

17 | 정전(情田) : 곧 마음을 가리킨다. 《예기·예운(禮運)》「옛 성왕들은 인의의 자루와, 예의를 닦아 인정을 다스렸다. 따라서 인정은 성왕이 경작하여야 할 밭과 같은 것이다.」(故聖王修義之柄, 禮之序, 以治人情. 故人情者, 聖人之田也)

18 | 자금(紫禁) : 자(紫)는 곧 자미원(紫微垣)으로, 별자리 이름이다. 옛날에는 자미원을 황제의 거처에 비유하였으며 일반인의 출입이 금지되었기 때문에 궁금(宮禁)을 자금이라 부르게 되었다.

金莖詎有長生訣[19]
금 경 거 유 장 생 결

구리 기둥에 어찌 있겠는가?
장수의 비결,

玉几猶存末命傳[20]
옥 궤 유 존 말 명 전

옥 장식 안석에는 아직도 있다네,
임금께서 남기신 유명.

象設園陵非鴈海[21]
상 설 원 릉 비 안 해

장식품 왕릉 안에 설치하였으나
기러기나 바다 아니며,

貽謨宗社等坤乾
이 모 종 사 등 곤 건

계책 종묘사직에 남기시니
하늘과 땅의 영원한 이치와 같네.

他時苦憶庚橫兆[22]
타 시 고 억 경 횡 조

딴 날 사람들 갑작스레 조짐 바뀌었던 일
괴롭게 기억하게 되겠지만,

19 | 금경(金莖) : 승로반(承露盤: 한무제가 장수하기 위하여 하늘에서 내리는 이슬을 받기 위해 손바닥 모양으로 만든 높고 큰 쟁반)을 만드는 구리 기둥을 말한다. 한나라 반고(班固)의 〈서쪽 서울(西都賦)〉「선선 손바닥 높이 들리어 이슬 받는데, 쌍으로 세운 구리 기둥 우뚝 세웠습니다.」(抗仙掌以承露, 擢雙立之金莖) 당나라 이선(李善)의 주석「금경은 구리 기둥이다.」(金莖, 銅柱也)

20 | 옥궤·말명(玉几·末命) : 말명은 임금이 임종할 때의 유명(遺命). 《상서·고명(顧命)》「임금님께서 옥 안석에 기대시어 마지막 유명(遺命)을 선언하시고 당신에게 명하여 교훈을 이으시게 하였습니다.」(皇后憑玉几, 道揚末命, 命汝嗣訓)

21 | 안해(鴈海) : 《한나라의 역사·초원왕(楚元王)의 전기》「진시황을 여산 기슭에 장사지냈는데 수은으로 바다를 만들었고 …… 황금으로 오리와 기러기를 만들었다.」(秦始皇帝葬於驪山之阿……水銀爲江海, 黃金爲鳧雁)

22 | 경횡조(庚橫兆) : 반정으로 왕위에 오른 것을 말한다.

後世深憑石鼓篇[23]
후 세 심 빙 석 고 편

후세에 〈석고편〉 같은 훌륭한 기록에
깊이 의지하게 되리.

幄座纔停宣政侍
악 좌 재 정 선 정 시

조정에서 방금 멈추었네,
정사 펴실 때 모시던 일,

葵心叵耐韰歌編[24]
규 심 파 내 해 가 편

해바라기 같은 마음 자못 견디기 힘드네,
애도곡 듣기가.

哀吟一曲頭渾雪
애 음 일 곡 두 혼 설

슬피 추모시 한 곡조 읊조리니
머리 온통 눈처럼 희어졌음은,

欲和春山口血鵑[25]
욕 화 춘 산 구 혈 견

봄 산에서 두견새 입으로
피 토함에 화답하고자 함일세.

23 | 석고(石鼓) : 《고증》「주나라 선왕이 사냥했던 일을 기록한 비석이다. 태사(太史) 주(籒)가 글씨를 썼다.」(周宣王獵碣也. 史籒筆) 여기서는 실록 등 중종에 관한 기록들을 가리키는 말로 쓰였다.

24 | 해가(韰歌) : 해는 부추이다. 《고증》「훈채(葷菜 : 냄새나는 채소)이다. 해(薤)라고 쓰기도 하며, 음은 해(亥)이다.」(韰 葷菜, 俗作薤, 音亥) 〈해가(薤歌)〉는 악부에 속한 만가로 곧 〈해로(薤露)〉이다. 〈해로〉는 왕공귀인을 장사지낼 때 부르는 만가이며, 사람의 목숨이 부추 위의 이슬 같이 단촉하다고 하여 이렇게 부른다. 진(晉)나라 최표(崔豹)의 《고금주(古今注)》 권중(卷中)에 의하면 제나라의 전횡(田橫)이 자살하자 문인들이 슬퍼하여 부른 노래에서 기원하였다고 한다.

25 | 구혈견(口血鵑) : 《풀이 I》 110쪽 두우(杜宇) 등 참조 요망.

127. 月下散步北園花樹下, 用肥仙韻, 寄南景霖, 病中聊以遣懷_時景霖留行[1]

달빛 아래서 북쪽 동산의 꽃나무 아래를 산보하면서 비선이 지은 시의 각운자를 써서 지어 경림에게 부쳐 병중에 애오라지 회포를 푼다_ 당시 경림은 나가는 것을 보류하고 있었다

柳條烟暝不勝垂[2] 유 조 연 명 불 승 수	버들가지에 안개 침침하게 서려 축축 늘어짐 감당하기 어려운데,
街裏稀聞響轂蹏 가 리 희 문 향 곡 제	골목 안에 드물게 들리네, 수레와 발굽 소리 울림.
我逐暗香來樹下 아 축 암 향 래 수 하	내 그윽한 매화 향기 좇아 나무 아래로 왔는데,

1 | 비선(肥仙) : 《고증》에서는 송나라 고림(顧臨: 1028~1099, 자는 子敦)이 비만증에 걸려 사람들이 그를 비선(肥仙)이라 한다고 하였다. 그러나 여기서 말하는 비선은 송나라 소문사학사(蘇門四學士: 소동파의 4대 제자) 중의 한 사람인 장뢰(張耒: 1054~1114))를 말한다. [원운시] 참조. 남송 사람들은 장뢰를 비선이라고 불렀다고 한다.
경림(景霖) : 요산(樂山) 남응룡(南應龍: 1514~1555)의 자. 남응룡에 대해서는 내집 권1 129번 시의 주 1)을 보라. 여기서 「유행」(留行)이라는 말은 남응룡이 1545년 봄에 중국에서 오는 사신을 국경까지 나가서 맞아오는 원접사(遠接使) 정사룡(鄭士龍)의 종사관이 되었으나 일행과 같이 떠나지 않고 서울에 머물러 있었던 것을 말한다. 《연표 Ⅰ》 482쪽.

2 | 유조~불승수(柳條~不勝垂) : 송나라 소식(蘇軾)의 〈과거 동기생인 조대중(刁大中)의 초당(刁同年草堂)〉 「해 오래 되니 도미꽃 온통 합쳐지려 하고, 봄 되자 수양버들 왕성하게 늘어짐 감당하지 못하네.」(歲久酴醾渾欲合, 春來楊柳不勝垂)

君吟明月隔墻西[3]
군 음 명 월 격 장 서

그대는 밝은 달 읊으며
담 하나 넘어 너머 서쪽에 있겠지.

病中詩律嗟成障
병 중 시 율 차 성 장

나 병중이라 시의 규칙
가로막힘 탄식하지만,

身外榮名覺似泥
신 외 영 명 각 사 니

몸 밖의 영예로운 명예
진흙 같음 깨닫게 되네.

每憶田家春欲暮
매 억 전 가 춘 욕 모

매번 기억하노니 농가에
봄 저물려 할 때,

靑山白水繞陂隄[4]
청 산 백 수 요 피 제

푸른 산 맑은 물 제방의 둑
둘렀을 때 그대 이별하던 일.

3 | 명월격장서(明月隔墻西) : 지는 달을 읊느라 달이 지는 쪽인 담 서쪽에 있다는 말. 당나라 원진(元稹)의 〈새벽에 이별하려 하다(曉將別)〉「바람과 서리 새벽이라 쓸쓸한데, 달은 서쪽 담 서쪽으로 지네.」(風露曉淒淒, 月下西牆西) 남응룡과 이퇴계는 실제로 서소문에서 이웃하여 살면서 책도 서로 빌려보고 하였다고 한다.

4 | 청산백수(靑山白水) : 당나라 이백(李白)의 〈벗을 보내다(送友人)〉「푸른 산은 북쪽 외성에 가로놓이고, 맑은 물은 동쪽 성을 돌아 흐르네.」(靑山橫北郭, 白水遶東城)

【원운시】

和周廉彦[5]

주렴언[악鍔]에게 화답하다

天光不動晩雲垂	하늘 빛 움직이지 않고 저녁 구름 드리웠는데,
芳草初長襯馬蹄	향기로운 풀 자라기 시작하여 말발굽 덮기까지 한다네.
新月已生飛鳥外	새로 돋는 달 이미 나는 새 너머 생겨나고,
落霞更在夕陽西	지는 놀은 다시 석양 서쪽에 있다네.
花開有客時攜酒	꽃 피니 어떤 나그네 이따금 술 들고 찾아오는데,
門冷無車出畏泥	문 썰렁하고 수레 없으니 나서려 하나 진흙 두렵다네.
修禊洛濵期一醉	낙수 가에서 봄맞이 축제 열려는데 한번 취함 기약하고 보니,
天津春浪綠浮堤	천진교(낙양의 부교)의 푸르게 높이 뜬 제방에 봄 물결 일겠지.

5 | 《영규율수(瀛奎律髓)》 권 15에 수록되어 있다.

128. 再用前韻, 答樂山齋主人[1]

다시 앞 시의 각운자를 써서 지어 요산재 주인에게 답하다

□□佳節但增悲 □ □ 가 절 단 증 비	□□한 아름다운 절기에 다만 슬픔만 더해가는데,
誰遣風花人馬蹄[2] 수 견 풍 화 인 마 제	누가 봄바람 속의 꽃 저 말발굽에 실어 보내어 들여놓아 주려하는가?
一院自籠香世界[3] 일 원 자 롱 향 세 계	온 뜰 저절로 향기로운 세계에 싸였으나,
三春都閣玉東西[4] 삼 춘 도 각 옥 동 서	봄 석 달 동안 술잔에 완전히 멈추었다네.

1 | 요산재주인(樂山齋主人) : 남경림의 호.

2 | 풍화인마제(風花人馬蹄) : 《고증》「『인(人)』자는 아마도 『입(入)』자일 것이다. 아래 권(《續集》 권2)의 〈병으로 영천 공관에서 머묾〉 시의 주석에서 인용한 당나라 시인의 시(『이튿날 말발굽 눈보라 속에, 누가 먼저 시를 지어 부쳐오려나(明日馬蹄風雪裏, 知誰先有寄來詩)』)는 아마 이 시의 출처인 것 같다.」(人, 恐入. 案, 下卷榮川公舘病留詩註所引唐人詩, 似是此句出處)

3 | 향세계(香世界) : 송나라 양만리(楊萬里: 호는 誠齋)의 〈응로당의 계화(凝露堂木犀)〉 제2수 「몸은 달 궁전의 향기로운 세계에 있는데, 깨어보니 발 바깥의 계화(桂花)에 부는 바람이라네.」(身在廣寒香世界, 覺來簾外木犀風)

4 | 각(閣) : 여기서는 동사로 방치하다, 정지하다의 뜻을 가진 각(擱)자와 같은 뜻으로 쓰였다.

옥동서(玉東西) : 송나라 황정견(黃庭堅)의 〈길로가 지은 짧은 시 10수의 각운자를 써서 짓다(次韻吉老十小詩)〉 제6수 「미인들은 천하의 으뜸이요, 맛좋은 술은 술잔에 가득하네.」(佳人斗南北, 美酒玉東西) 사용(史容)의 주석 「술잔의 이름이다.」(酒杯名)

遊蜂柱隙閒成溜
유 봉 주 극 한 성 류

노는 벌 기둥 틈에서
한가로이 틈 메우고,

新燕牀頭故落泥
신 연 상 두 고 락 니

처음 온 제비는 침상 맡에서
일부러 진흙 떨어뜨린다네.

正似維摩方丈室[5]
정 사 유 마 방 장 실

꼭 유마힐 거사의
방장실 좁은 것 같은데,

波濤無復壞金隄[6]
파 도 무 부 괴 금 제

물결 더 이상
금제의 오두막집 허물지 못하리.

5 | 유마방장실(維摩方丈室) : 《법원주림(法苑珠林)》 권38 〈감통성적(感通聖迹)〉 「당나라 왕현책이 서역(천축국)에 사신으로 갔는데, 유마거사의 석실이 있어 홀을 가지고 가로세로를 재어 보니 10홀이 되었기 때문에 방장실(겨우 사방 한 길이 되는 방)이라고 이름하였다.」(唐王玄策使西域, 有維摩居士石室, 以手板縱橫量之, 得十笏. 故名方丈室)

6 | 금제(金隄) : 《한나라의 역사》 권76 〈왕존(王尊)의 전기〉 「천자가 다시 왕존을 서주자사에 임명하였다가 동군태수로 승진시켰다. 한참 있다가 황하의 물이 크게 범람하여 호자금제까지 넘쳐 가라앉혔다. …… 왕존은 몸소 관리와 백성을 거느리고 백마를 던져 가라앉히고 수신인 하백에게 제사를 올렸다. …… 몸으로 금제를 채울 것을 청하여 이에 머물러 묵으면서 제방 곁에 오두막을 지어 거처하였다. …… 그러자 물이 조금씩 물러나 돌아갔다.」(天子復以尊為徐州刺史, 遷東郡太守. 久之, 河水盛溢, 泛浸瓠子金隄……尊躬率吏民, 投沈白馬, 祀水神河伯……請以身填金隄, 因止宿, 廬居隄上……而水波稍卻迴還)

129. 寄呈圭庵宋先生[1]_乙巳

규암 송선생께 부쳐 드리다_ 을사년(1545)

圭庵昔在風塵中 규 암 석 재 풍 진 중	규암 지난날 흙먼지 바람 속에 있었는데도,
蕭灑不作風塵容 소 쇄 부 작 풍 진 용	맑고 깨끗하여 흙먼지 바람 속의 나그네 되지 않았다네.
今歸清城學耕稼[2] 금 귀 청 성 학 경 가	지금 청성으로 돌아가 농사 짓는 법 배우니,
清城□□如姑射[3] 청 성 □ □ 여 고 사	청성 □□ 막고야 같다네.

1 | 규암송선생(圭庵宋先生) : 송인수(宋麟壽: 1487~1547)의 호. 송인수에 대해서는 《내집》 권1 73번 시의 주1)을 보라. 이때 한성부 좌윤으로 있다가 을사사화로 모함을 받고 관직이 삭탈되어 청주로 물러나 있었다.

2 | 청성(清城) : 《고증》「청주이다.」(清州)

3 | 빠진 두자는「穀熟」으로 되어 있는 판본이 있다.
고야(姑射) : 선인(仙人) 막고야(藐姑射)를 말한다. 막고야에 대해서는 《내집》 59번 시의 주 1)을 보라.

肯將榮辱入靈臺[4]
긍 장 영 욕 입 영 대

어찌 영욕을
마음속에 들이려 하겠는가?

一簞一瓢師顔回[5]
일 단 일 표 사 안 회

한 대그릇 밥 한 바가지의 물로
안회 스승으로 삼는다네.

吾聞天下有至樂[6]
오 문 천 하 유 지 락

내 듣자니 천하에
지극한 즐거움 있다던데,

4 | 영대(靈臺) : 영부(靈府)라고도 하며 정신이 깃드는 곳, 곧 마음[心]을 말한다. 《장자·경상초(庚桑草)》「자기가 지키는 바를 어지럽게 만들어서는 안되고 마음 속에 들어오게 해서도 안된다.」(不足以滑成, 不可內於靈臺) 곽상(郭象)은 「마음이다.」(心也)라 주석을 달았다.

5 | 일단~사안회(一簞~師顔回) : 《논어·옹은(雍也)》「한 대나무 그릇의 밥과 한 바가지의 마실 것으로 누추한 골목에 있는 것을 남들은 그 근심을 견디어 내지 못하는데 안회는 그 즐거움을 바꾸지 않는다.」(一簞食, 一瓢飮, 在陋巷, 人不堪其憂, 回也不改其樂)

6 | 일단~유지락(一簞~有至樂) : 《주문공집》 권52 〈도창현학의 여러 생도에게 답함(答都昌縣學諸生)〉「공자께서 말씀하시기를『어질도다 회여! 한 소쿠리의 밥과 한 바가지의 물로 ……』라 하였습니다. 그 구절에 대하여 정이천 선생이 말하기를『천하에서 가장 즐거운 것이 있으니, 오직 스스로 자기를 반성한 자라야 얻을 수 있고, 세상의 욕심을 다한 자는 얻을 수 없다.』라 하였습니다. 이는 안자가 자신을 반성할 수 있었기에, 세상의 지극한 즐거움을 얻게 되었다는 것을 의미합니다. 또한 이천 선생에 의하면 안자는 소쿠리와 바가지를 즐겼다는 것이 아니라 (그것이 열악하다는 것을) 잊었다는 것입니다.」(子曰, 賢哉回也, 一簞食, 一瓢飮, 云云. 伊川言, 天下有至樂, 惟反身者得之, 而極天下之欲者不與存焉. 此言顔子能反身, 所以有天下之至樂. 伊川又言顔子簞瓢非樂也, 忘也)

非金非石非絲竹[7]
비 금 비 석 비 사 죽

금석 같은 타악기도 아니고
사죽 같은 관현악기도 아니라네.

同志之人與我違[8]
동 지 지 인 여 아 위

뜻 같이 하는 사람
나와 사는 방식 달라졌는데,

獨抱塵編荒是非[9]
독 포 진 편 황 시 비

나만 유독 묵은 책 끌어안고
옳은지 그른지 한없이 살핀다네.

7 | 비금~비사죽(非金~非絲竹) : 금석사죽은 8음의 앞 4가지. 모두 그런 재료를 써서 만든 악기를 말한다. 송나라 양만리(楊萬里)의 〈산에 있는 여관의 소나무 소리(山店松聲)〉 「금이나 석 같은 타악기 소리도 아니요 사와 죽 같은 관현악기의 소리도 아닌데, 만 이랑 구름 물결 소리가 오호에 크게 이는 듯.」(非金非石非絲竹, 萬頃雲濤殷五湖)

8 | 동지~여아위(同志~與我違) : 당나라 왕유(王維)의 〈송별하다(送別)〉 「술 차려놓고 송별연 끝난 뒤에 먼 길 나서려 하니, 마음 같이 하는 친구 나와 사는 곳 어긋났다네.」(置酒臨長道, 同心與我違)

9 | 진편(塵編) : 나온 지가 오래되어 먼지가 쌓인 고서적을 말한다. 《내집》 권2 180번 시의 주 56)을 보라. 마지막 세 구절도 모두 규암 송기수 선생을 칭찬한 말이다.

130. 奉送同知兄聖節使朝京[1]

동지 형님께서 성절사로 연경에 감에 삼가 전송해드리다

東方使節擁煒煌
동 방 사 절 옹 위 황

동방의 사절
휘황찬란한 깃발 들고,

五雲北闕朝帝鄕
오 운 북 궐 조 제 향

오색구름 낀 북쪽 궁궐
황제의 고을 향한다네.

帝鄕遙望幾千里
제 향 요 망 기 천 리

황제의 고을 아득히 바라보니
몇 천리인가?

風餐露宿愁關梁
풍 찬 노 숙 수 관 량

바람 속에서 먹고 이슬 맞고 자면서
관문과 교량 넘어갈 일 근심하시리라.

玉皇大庭賀聖節
옥 황 대 정 하 성 절

옥황의 큰 뜰에서
황제의 생신 축하드리니,

1 | 성절사는 조선시대에 명나라 또는 청나라의 황제·황후의 생일을 축하하기 위해 보내던 사절이나 그 사신. 사행의 구성은 정사[上使]·부사·서장관 각 1인, 대통관(大通官) 3인(首譯堂上官 1인, 上通事 2인), 호공관(護貢官, 押物官이라고도 한다.) 24인 등 도합 30인데, 이들을 정관(正官)이라 하였다. 그 아래로 몇 배나 되는 하급직과 마부, 노비들이 따른다. 온계가 동지중추부사(同知中樞府事)로 관직이 갈리어 임명된 것은 인종 원년(1545) 윤정월이었으며, 4월에 성절상사(聖節上使)로 연경에 갔다. 이때 온계의 장남 복(宓)이 배행하였는데, 돌아오는 도중에 죽었다.

衣冠萬國同趨蹌[2]
의 관 만 국 동 추 창

만국에서 온 관리들
함께 종종걸음으로 따라간다네.

桑弧壯志粗可酬[3]
상 호 장 지 조 가 수

남자로 태어나 씩씩한 뜻
거칠게나마 갚을 만하니,

何用臨歧涕泗滂[4]
하 용 림 기 체 사 방

갈림길에서 눈물 줄줄
흘리며 욺 무슨 소용 있겠습니까?

憶我家在古宣城[5]
억 아 가 재 고 선 성

우리 집 옛
선성에 있었음 생각해보니,

少小失怙門祚涼[6]
소 소 실 호 문 조 량

어려서부터 아버님 여의고
가세 썰렁해졌다네.

2 | 의관만국(衣冠萬國) : 당나라 왕유(王維)의 〈가사인이 일찍 대명궁에 조회하고 지은 시에 화답하다(和賈舍人早朝大明宮之作)〉「구천의 문짝 궁궐로 드는 문 열리니, 만국의 의관 착용한 관리들 천자님 배알하네.」(九天閶闔開宮殿, 萬國衣冠拜冕旒)

3 | 상호장지(桑弧壯志) : 상호(桑弧)는 곧 상호봉시(桑弧蓬矢)를 말한다. 옛날에 사내아이가 출생하면 뽕나무로 활을 만들고 쑥대로 화실을 만들어 궁수로 하여금 천지사방으로 쏘게 함으로써 사방에 뜻을 두었음을 나타내었다. 《예기·내칙(內則)》「나라의 임금이 세자를 낳으면 …… 궁수로 하여금 뽕나무 활로 6대의 쑥대화살을 천지사방으로 쏘게 하였다.」(國君世子生……射人以桑弧蓬矢六, 射天地四方)

4 | 임기체사방(臨歧涕泗滂) : 《시경·진(陳)나라의 민요·못 둑(澤陂)》「자나 깨나 아무 일도 못하고, 눈물만 비 오듯 줄줄.」(寤寐無為, 涕泗滂沱) 당나라 왕발(王勃)의 〈두소부가 촉주로 부임해가다(杜少府之任蜀州)〉「천지에 알아주는 사람 있으면, 하늘 가도 이웃과 같으리. 하릴없이 갈림길에서, 아녀자처럼 눈물이나 흘릴 텐가?」(海內存知己, 天涯若比隣. 無為在岐路, 兒女共沾巾)

5 | 선성(宣城) : 퇴계가 난 예안(禮安)의 옛 이름, 별칭.

6 | 실호(失怙) : 부친을 잃은 것을 말한다. 《시경·소아·더부룩한 다북쑥(蓼莪)》「아버지 안 계시면 무엇에 의지하고, 어머니 안 계시면 무엇을 믿나?」(無父何怙? 無母何恃?) 퇴계는 2세 때(사실은 생후 7개월) 부친을 여의었고 그때 온계의 나이는 7세였다.

教嚴慈母斷織機[7]
교 엄 자 모 단 직 기

가르침은 어머니께서
　　베틀의 베 자르며 엄하셨고,

誨感叔父焚香囊[8]
회 감 숙 부 분 향 낭

훈계는 숙부께서 향주머니
　　태우심에 감동하였다네.

辛勤尙須微祿養
신 근 상 수 미 록 양

우리 형 고생 중에도 부지런 하셔서 오히려
　　모름지기 박봉으로나마 봉양하였고,

翰墨場中聯鴈行[9]
한 묵 장 중 련 안 행

과장에서는 형제가
　　잇달아 합격하였다네.

7 | 자모단직기(慈母斷織機) : 한나라 유향(劉向)의 《여러 여인들의 전기·추나라 맹가의 어머니(列女傳·鄒孟軻母)》「맹자가 어렸을 때 (학문을) 그만두고 돌아왔다. 맹자의 어머니는 바야흐로 베를 짜고 있다가 묻기를 『배움이 어디까지 이르렀느냐?』라 하였다. 맹자가 말하기를 『스스로 만족할 수준입니다.』라 하였다. 맹자의 어머니는 칼로 짜던 베를 자르니 맹자는 두려워하며 그 까닭을 물었다. 맹자의 어머니가 물었다. 『네가 학업을 그만두는 것은 내가 이 베를 자르는 것과 같다.』」(孟子之少也, 既學而歸. 孟母方績, 問曰, 學何所至矣. 孟子曰, 自若也. 孟母以刀斷其織, 孟子懼而問其故. 孟母曰, 子之廢學, 若吾斷斯織也)

8 | 숙부분향낭(叔父焚香囊) : 《세설신어·가휼(世說新語·假譎)》「(東晉의) 사알(謝玄의 아명)은 어릴 적에 붉은 향주머니를 차기를 좋아했는데, 드리운 것이 손을 덮었다. 태부(숙부 謝安)가 이를 걱정하여 조카의 마음에 상처를 주지 않으려고 내기를 하자고 속여서 그 향주머니를 따낸 뒤 바로 태워버렸다.」(謝遏年少時, 好著紫羅香囊, 垂覆手. 太傅患之, 而不欲傷其意, 乃譎與賭, 得卽燒之)

9 | 안항(鴈行) : 「行」은 여기서 운자로 쓰여 「항」으로 읽어야 한다. 안항으로 읽으면 형제가 나란히 나아가는 것을 말한다.

阿奴碌碌遽嬰疾[10]
아 노 록 록 거 영 질

아우는 보잘것없는데
갑자기 병에 걸리어,

中道輟業思深藏
중 도 철 업 사 심 장

중도에서 과거 공부 그만두고
깊이 숨을 생각하였다네.

賴兄湔拔策駑蹏
뇌 형 전 발 책 노 제

형님 덕에 깨끗이 씻어
노둔한 말에 채찍질하였으니,

接武青雲期立揚[11]
접 무 청 운 기 립 양

걸음 청운에 이어져
입신양명 기대하였네.

10 | 아노록록(阿奴碌碌) : 아노는 동생이라는 뜻. 《진(晉)나라의 역사》 권96 〈여러 여인들의 전기(列女傳)〉 「주의의 어머니 이씨는 자가 낙수로 여남 사람이다. …… 중흥 때 주의 등은 모두 고위관리의 반열에 올랐다. 일찍이 동지에 술을 차려놓고 낙수가 술잔을 들어 세 아들에게 내리며 말하였다. 『내가 처음에 강을 건너올 때는 발 하나 기탁할 곳이 없었는데 뜻밖에도 너희들이 모두 귀해져서 죽 내 앞에 있으니 내가 또 무엇을 걱정하겠느냐?』 (둘째 아들인) 주숭이 일어나 말하였다. 「아마 어머니의 뜻대로 되지 않을 것입니다. 백인(주의의 자) 형님은 뜻은 큰데 재주가 짧고 명예를 중시하나 식견이 어두우며 남의 폐단을 올라타기를 좋아하니 이는 스스로를 보전하는 도리가 아닙니다. 저는 성질이 뻣뻣해서 또한 세상에서 용납되지 못할 것입니다. 아노만은 보잘것없어 어머님 눈앞에 남아 있을 것입니다.』라고 했다. 아노는 (셋째 아들) 주모의 어릴 적 이름[兒名]이다.」(周顗母李氏, 字絡秀, 汝南人也……中興時, 顗等並列顯位. 嘗冬至置酒, 絡秀擧觴賜三子曰, 吾本渡江, 託足無所, 不謂爾等並貴, 列吾目前, 吾復何憂. 嵩起曰, 恐不如尊旨. 伯仁志大而才短, 名重而識闇, 好乘人之弊, 此非自全之道. 嵩性抗直, 亦不容於世. 唯阿奴碌碌, 當在阿母目下耳. 阿奴, 謨小字也)

11 | 기입양(期立揚) : 《효경·개종명의장(開宗明義章)》 「입신하여 도를 행하여 이름을 후세에 떨치어 부모를 드러내는 것이 효도의 끝이다.」(立身行道, 揚名於後世, 以顯父母, 孝之終也)

豈知三釜與五鼎[12]
기 지 삼 부 여 오 정

어찌 알았으리오? 관리로 박봉 받든
후록 받든 간에,

國恩不曁慈恩償
국 은 불 기 자 은 상

나라의 은혜로 미처
어머니 은혜 갚지 못할 줄을.

仲由空懷負米痛[13]
중 유 공 회 부 미 통

중유 같이 공연히 쌀
맬 수 없는 고통 품었고,

12 | 삼부·오정(三釜·五鼎) : 부(釜)는 「鬴」라고도 하며 6말 4되를 말한다. 삼부는 말단관리가 받는 박봉을 말한다. 오정인 곧 오정식(五鼎食)으로 옛날 제례를 행할 때 대부(大夫)들이 쓰는 것으로 다섯 개의 정에 각기 양과 돼지, 찢은 고기, 생선과 납(臘)의 공품(供品)을 쓰는 것이다. 삼부와 오정은 곧 말단 관리와 대부 같은 고위 관직을 말한다.

13 | 중유부미(仲由負米) : 《공자가어(孔子家語)》 권2 〈치사(致思)〉 「자로가 공자를 뵙고 말하였다. 『무거운 짐을 지고 먼 길을 가는 사람은 자리를 가려가며 쉬지 않고, 집이 가난하고 어버이가 연로한 사람은 녹봉을 가려가며 벼슬을 하지 않습니다. 옛날 제가 양친을 섬길 때에는 늘 명아주와 열매를 먹었으며 어버이를 위해 백리 밖까지 쌀을 지고 다녔습니다. 어버이가 돌아가신 후 남쪽 초나라에 가서 벼슬을 하였는데, 수레 백 승이 따랐고 곡식 만 종을 쌓아두었으며, 좋은 자리를 깔고 앉았고 큰 솥을 벌려놓고 밥을 먹었는데, 명아주를 먹고 어버이를 위해 쌀을 지고 싶어도 다시는 그럴 수가 없었습니다.』」(子路見於孔子曰, 負重涉遠, 不擇地而休, 家貧親老, 不擇祿而仕. 昔者由也事二親之時, 常食藜藿之實, 為親負米百里之外. 親歿之後, 南遊於楚, 從車百乘, 積粟萬鍾, 累茵而坐, 列鼎而食, 願欲食藜藿, 爲親負米, 不可復得也)

皐魚不盡風木傷[14]
고 어 부 진 풍 목 상

고어 같이 풍수지탄으로 받는 고통을
견디지 못했다네.

去年不得同上壟[15]
거 년 부 득 동 상 롱

지난해엔 함께
성묘도 못하게 되었었고,

今年心事又乖張
금 년 심 사 우 괴 장

올해는 마음에 생각하였던 일
또한 크게 어그러졌다네.

抱弓方在哭鼎湖[16]
포 궁 방 재 곡 정 호

저는 활 안고 바야흐로
정호에서 곡하고 있을 때,

14 | 고어풍목(皐魚風木) : 풍수지탄(風樹之嘆)을 말한다. 《한시외전(韓詩外傳)》 권9 「공자가 길을 가다가 곡하는 소리를 들었는데 매우 슬펐다. 공자가 말하였다. 『이랴 이랴, 앞에 현자가 있다.』 이르러 보니 고어였다. 털옷을 입고 낫을 안은 채 길가에서 울고 있었다. 공자가 수레에서 떨어져 그와 이야기하였다. 『그대는 상을 당한 것도 아닌데 어째서 곡하는 것이 이리 슬픈가?』 고어가 말하였다. 『…… 나무는 가만히 있으려 해도 바람이 그치질 않으며, 자식이 봉양을 하고자 하나 양친이 기다려 주지 않습니다. 가면 만나지 못하게 되는 것이 어버이입니다. 내 청컨대 여기서 하직하렵니다.』라 하고서는 곧 말라죽었다.」(孔子行, 聞哭聲甚悲. 孔子曰, 驅驅前有賢者, 至則皐魚也. 被褐擁鐮, 哭於道傍. 孔子辟車與之言曰, 子非有喪, 何哭之悲也? 皐魚曰……樹欲靜而風不停, 子欲養而親不待. 往而不可得見者親也. 吾請從此辭矣. 立槁而死)

15 | 상롱(上壟) : 조상의 무덤을 찾아 주변을 정비하고 성묘하는 것. 상총(上塚), 소묘(掃墓)를 말한다. 지난해 9월에 온계와 함께 휴가를 얻어 성묘하기로 했는데 온계에게 일이 생겨 혼자 귀향한 것을 말한다. 이때 수곡(樹谷)과 고산(孤山)의 선영에 표석을 썼다.

16 | 포궁~곡정호(抱弓~哭鼎湖) : 중종이 승하한 것을 말한다. 위 126번 시 〈중종대왕만사〉의 주 14)를 보라.

乘槎已戒超銀潢[17]
승사이계초은황

형님께선 뗏목 타고 이미 길에 올라
은하 넘으셨다네.

由來公義奪家私[18]
유래공의탈가사

예로부터 공적인 의리
집안의 사사로움에 우선하였으니,

怵惕雨露凄風霜[19]
출척우로처풍상

비와 이슬 같은 나라의 은혜 바람과
서리처럼 처량해질까 두렵다네.

夙夜惟當念無忝
숙야유당념무첨

밤낮으로 생각에
더러움 없음 마땅하고,

賢勞肯憚懷靡遑[20]
현로긍탄회미황

임금님 위한 노고 어찌 꺼리겠는가?
황망하다는 생각 품고서.

當今嗣王仁且孝[21]
당금사왕인차효

지금 이으신 임금님
인자하고 효성스러워,

17 | 승사(乘槎) : 「槎」(사)는 「査」, 혹은 「楂」라고도 하는데, 뗏목이라는 뜻이다. 외국에 사신으로 나가는 것을 승사(乘槎)라고 한다. 《내집》 권1 28번 시의 주 2)를 참고하여 보라.
은황(銀潢) : 천하(天河), 곧 은하수를 말한다.

18 | 공의탈가사(公義奪家私) : 탈(奪)자는 승(勝)자의 뜻으로 쓰였으며, 우선한다는 말이다. 《순자·자신을 수양함(修身)》「《서경》에서는 『자기가 좋아하는 일만 하지 말고 임금의 도리를 따른다. 자기가 싫어하는 일만 하지 않고 임금의 길을 따른다.』라 하였다. 이는 군자가 공의를 사사로운 욕심보다 우선한다는 말이다.」(書曰, 無有作好, 遵王之道. 無有作惡, 遵王之路. 此言君子之以公義勝私欲也)

19 | 출척(怵惕) : 《맹자·공손추(公孫丑) 상》「지금 갑자기 어린 아이가 우물에 빠지려고 한다면 모두 두려워하고 측은한 마음이 생겨날 것입니다.」(今人乍見孺子將入於井, 皆有怵惕惻隱之心)

20 | 현로(賢勞) : 노고와 같은 말. 《맹자·만장(萬章) 상》「이것 임금의 일 아님 없는데 나만 수고를 한다.」(此莫非王事, 我獨賢勞也)

21 | 사왕(嗣王) : 왕위를 계승한 왕을 말한다. 중종의 뒤를 이어 왕위에 오른 인종(仁宗)을 말한다.

自天鳳詔頒龍章
자 천 봉 조 반 용 장

천자로부터 승인 조서 내리고
아름다운 축하의 글 반포하셨다네.

虔修侯度禮無違[22]
건 수 후 도 예 무 위

경건하게 제후의 법도 닦으시니
예의에 어긋남 없고,

太平日月昭重光
태 평 일 월 소 중 광

태평한 세월
빛 거듭 빛나게 되었네.

吾君誠意使所將[23]
오 군 성 의 사 소 장

우리 임금님의 정성된 뜻
지니고 가는 사신 되셨으니,

多儀及物玄與黃[24]
다 의 급 물 현 여 황

훌륭한 예절 예물에까지 미쳐
천지현황 순서대로 조공품 쌌다네.

自昔華人重我國
자 석 화 인 중 아 국

예로부터 중국 사람들
우리나라 중시하였는데,

如今束縛同胡羌
여 금 속 박 동 호 강

지금은 속박하여
오랑캐와 같이 취급하네.

秖緣規利不自貴
시 연 규 리 불 자 귀

다만 이익 추구하여
저들 스스로 자존심 버리고,

22 | 후도(侯度) : 임금이 되는 법도. 《시경·대아·억(抑)》「그대의 백성 안정시키고, 그대 왕으로서의 법도를 삼가, 불의의 일에 대비하시기를.」(質爾人民, 謹爾侯度, 用戒不虞)

23 | 사소장(使所將) : 사(使)는 「사신으로 나간다」는 동사로 쓰였고, 장(將)은 「보내다」, 「바치다」의 뜻으로 쓰인 동사이다.

24 | 현여황(玄與黃) : 《주례·고공기·화궤(考工記·畫繢)》「하늘을 현이라 하고 땅을 황이라 하며 …… 현과 황을 순차적으로 배열한다.」(天謂之玄, 地謂之黃……玄與黃相次也)

巁身辱國甘披猖[25]
멸 신 욕 국 감 피 창

몸 욕되게 하고 나라 욕보이면서
창피함 달가이 여기네.

其間豈無季子賢[26]
기 한 기 무 계 자 현

그 사이 어찌 없었겠는가?
계찰과 같은 현명한 이,

遂以濁河溷清漳[27]
수 이 탁 하 혼 청 장

마침내 탁한 황하로
맑은 장수 흐리었네.

男兒大節自不撓
남 아 대 절 자 불 요

남아의 큰 절개
스스로 구부리지 않고,

鼠輩微奸須峻防
서 배 미 간 수 준 방

쥐 같은 무리 숨은 간신
모름지기 준엄하게 막아야 하네.

宓也嶄然出頭角[28]
복 야 참 연 출 두 각

복이는 우뚝하게
두각 드러내는데,

要堅志氣艱難嘗
요 견 지 기 간 난 상

뜻과 기개 굳게 하려고
어려움 맛보려 한다네.

25 | 멸(巁) : 멸(蔑)과 같은 뜻.
피창(披猖) : 곧 창피(猖披)와 같은 말인데 운자를 고려해서 이렇게 썼다.

26 | 계자(季子) : 춘추시대 오나라의 어진 사신 계찰(季札). 훌륭한 인품과 풍부한 학식으로 여러 나라에서 존경을 한몸에 받았다.

27 | 탁하혼청장(濁河溷清漳) : 송나라 황정견(黃庭堅)의 〈같은 운자를 써서 화보의 노천수 시에 답하다(次韻答和甫盧泉水)〉 「동쪽에 탁한 황하 있고 서쪽에 맑은 장수 있는데, 어찌하여 머리 긁으며 노천 생각하는가?」(東有濁河西清漳, 胡為搔頭盧泉思)

28 | 복(宓) : 온계의 장남 이복(李宓)을 말한다. 이때 부친인 온계를 수행하여 연경으로 가게 되었기 때문에 언급하였다.

辛甥小道亦可觀[29] 신 생 소 도 역 가 관	생질 신의 작은 도 또한 볼 만하고,
朴郞絶藝誇穿楊[30] 박 랑 절 예 과 천 양	박서방 빼어난 재주 버들잎 꿰뚫음 자랑하네.
去時朱光遍炎宇[31] 거 시 주 광 편 염 우	떠날 때는 붉은 해 여름 하늘에 이글거리는데,
歸來白雪欺行裝[32] 귀 래 백 설 기 행 장	돌아올 때는 흰 눈 행장을 덮으리라.

29 | 신생(辛甥) : 퇴계의 〈선부군행장초기(先府君行狀草記)〉(권49)에 의하면 퇴계의 누님은 신담(辛聃)에게 시집가서 아들 신홍조(辛弘祚)를 낳았다고 하였다. 온계와 퇴계의 생질인 신홍조가 이복, 박세현과 함께 배행한 것이다.

소도(小道) : 예악과 정교(政敎) 이외의 기예(技藝). 곧 붓글씨며 그림, 살림살이 같은 것을 말한다.

30 | 박랑(朴郞) : 《고증》「곧 박세현(朴世賢: 1521~1594)이다.」(卽朴世賢) 박세현은 퇴계의 6번째 형인 찰방(察訪) 이징(李澄)의 둘째 사위로 퇴계와 온계에게는 질서(姪壻)가 된다. 자는 공보(公輔)이며, 무과에 올라 병사(兵使)를 지냈다. 무관으로 온계를 배행하였다. 〈선부군행장초기〉 참고.

과천양(誇穿楊) : 《전국책·서주책(西周策)》「초나라에 양유기라는 사람이 있었는데, 활을 잘 쏘아서 버들잎에서 떨어져 백보나 되는 곳에서도 활을 쏘면 백 번을 쏘아 백 번을 맞혔다.」(楚有養由基者, 善射, 去柳葉者, 百步而射之, 百發百中) 당나라 두보의 〈취하여 부르는 노래(醉歌行)〉「옛날 버들잎 뚫었음 진실로 스스로 아나니, 잠깐 서리에 엎어지는 발굽은 잘못 아니라네.」(舊穿楊葉眞自知, 暫蹶霜蹄未爲失)

31 | 주광편염우(朱光徧炎宇) : 주광은 해이고, 염천은 한여름의 하늘이다. 주자의 〈서재에 거처하자니 느낌이 일어(齋居感興)〉 제18수「붉은 빛 뜨거운 하늘에 두루 미치고, 약한 음기 깊은 못에 아득하네.」(朱光徧炎宇, 微陰眇重淵)

32 | 주광~기행장(朱光~欺行裝) : 《온계선생일고(溫溪先生逸稿)》의 〈연보〉에 의하면 온계는 한여름인 음력 5월에 연경으로 떠나 10월에 복명하였다.

將神莫受寒暑侵[33]
장 신 막 수 한 서 침

정신 부지하시어 추위와 더위
침탈 받지 않도록 하시고,

訪古益發磊磈腸
방 고 익 발 뢰 외 장

옛 것 찾으시면 더욱
평범하지 않은 마음 발하시길.

嗟我區區百無用
차 아 구 구 백 무 용

아! 나 구구하여
아무 쓸모 없으니,

生涯長付養病坊[34]
생 애 장 부 양 병 방

제 생애 내내
양병방에 몸 붙이고 있습니다.

離筵一篇意不盡
리 연 일 편 의 부 진

이별의 자리에서 시 한편
뜻 다 나타내지 못하나니,

恨未決起參翶翔[35]
한 미 결 기 참 고 상

한스럽구나! 힘껏 날아올라
멀리 가심에 함께 하지 못함.

33 | 장(將) : 여러 가지 뜻이 있는데 여기서는 부지하다, 공양하다 등의 뜻으로 쓰였다. 막수한서침(莫受寒暑侵) : 당나라 소영사(蕭穎士)의 〈우러러 위사업에게 답하다(仰答韋司業)〉 제2수 「홀로 곧고 흰 바탕 안고서, 추위와 더위에 침탈받지 않는다네.」(獨抱貞素質, 不爲寒暑侵)

34 | 양병방(養病坊) : 당(唐)나라 개원(開元) 연간에 관부(官府)에서 설치하고 승려들에게 경영을 맡긴 유리걸식하거나 환자들을 수용하는 장소. 여기서는 병치레하는 곳이라는 뜻으로 쓰였다.

35 | 결기(決起) : 힘껏. 《장자·자유롭게 노님(逍遙遊)》 「우리는 있는 힘을 다하여 날아올라도 다목나무나 느릅나무가지에 머물 뿐이며, 때로는 거기에도 이르지 못하여 땅바닥에 내팽개쳐질 따름이다.」(我決起而飛, 槍楡枋而上, 時則不至而控於地而已矣)

去年秋, 吾兄弟同受由, 埽墳于禮安, 臨發兄因事停行旆, 滉往還. 兄更以今春謀行, 而弟亦有外舅之喪[36], 將歸葬于安東. 庶可同時埽奠矣. 國恤[37]與詔使事, 相繼遷延, 而兄有此行, 弟又患病, 遂不果. 人事之不可料, 每如是, 因別撫事, 不勝感歎. 詩中略見, 以寓昔人風雨對牀之懷云[38]

지난해 가을 우리 형제가 함께 기회를 보아 예안에서 성묘를 하려고 했는데 떠날 즈음에 형님께서 일로 가는 길을 멈추고 나만 갔다 왔다. 형님은 다시 올봄에 갈 것을 계획하였는데 아우 또한 장인의 상을 당하여 안동으로 돌아가 장사를 지내려 하였으므로 함께 성묘를 할 수 있을 것 같았다. 국상과 중국의 조사가 오는 일이 잇달아 이어져 지연되고 형님은 이번 사행이 생기고 아우는 또한 병이 걱정되어 결국 이루어지지 않았다. 사람의 일을 헤아릴 수 없음이 매번 이와 같아 이별로 인하여 지난 일을 생각해보고 감탄을 이기지 못하였다. 시에서 대략 드러내 보여 옛 사람의 「비바람 치는 날 침상을 마주하는」 회포를 기탁한다

36 | 둘째 부인 쪽의 장인 권질(權礩)이 작고한 것은 이해 12월 2일이기 때문에 여기에서 이 말이 나오는 것은 편집상의 착오로 보인다. 다음에 연속되는 2구절과 같이 삭제하는 것이 맞다.《연표 I》484쪽 참조.

37 | 국휼(國恤)은 나라의 우환, 곧 국상(國喪)과 같은 말인데 중종이 승하한 것을 말한다.

38 | 풍우대상(風雨對牀) : 당나라 위응물(韋應物)의 〈전 진원 상에게 보임(示全眞元常)〉 「어찌 알았으리오, 눈보라 치는 밤에, 다시 여기서 침상을 마주하고 잘 줄을?」(寧知風雪夜, 復此對牀眠)

131. 觀音院避雨[1]_丙午

관음원에서 비를 피하다_ 병오년(명종1, 1546)

主屹山頭雲漠漠[2] 주 흘 산 두 운 막 막	주흘산 어귀에는 구름 빽빽하고,
觀音院裏雨浪浪[3] 관 음 원 리 우 랑 랑	관음원에는 비 주룩주룩.
却憐關嶺雖重蔽 각 련 관 령 수 중 폐	오히려 어여쁜 생각 드네, 관문 고개 비록 겹겹이 막혔어도,
不隔思君一寸腸 불 격 사 군 일 촌 장	임금님 생각하는 마음의 한 치의 간격도 없음이.

1 | 《고증》「관음원은 《지리지》에서 문경의 계립령 아래에 있다고 하였다.」(觀音院, 地志在聞慶鷄立嶺下) 계립령은 우리말로 겨릅재라고 한다. 원(院)은 공적인 임무를 띠고 지방에 파견되는 관리나 상인 등 공무 여행자에게 숙식 편의를 제공하던 공공 여관이다.

권오봉의 《대전》에서는 병오년 3월에 휴가를 얻어 영남으로 돌아올 때 조령에 와서 관음원에서 비를 피하고 용궁의 부취루(浮翠樓)로 간 것으로 보았다. 300쪽.

2 | 주흘(主屹) : 《고증》「문경현 북쪽에 있는 진산이다.」(在聞慶縣北, 卽鎭山)

산두운막막(山頭雲漠漠) : 송나라 왕안석(王安石)의 〈다시 남간루에 적다(再題南澗樓)〉「북산에 구름 빽빽하고, 남간에는 물 아득히 흐르네.」(北山雲漠漠, 南澗水悠悠)

3 | 관음~우랑랑(觀音~雨浪浪) : 송나라 소식의 〈빗속에 천축산의 영감관음원에서 놀다(雨中遊天竺靈感觀音院)〉「누에는 늙어가고 보리는 반은 누런데, 앞산과 뒷산에는 비 주룩주룩.」(蠶欲老, 麥半黃, 前山後山雨浪浪)

132. 雞聲[1]

닭소리

雞聲催起趁農蠶
계 성 최 기 진 농 잠

닭소리 기상 재촉하여
누에치기 서두르게 하고,

終歲無休婦共男
종 세 무 휴 부 공 남

일 년 내내 쉼 없기는
아녀자 사내와 같네.

獨我閒忙隨地換[2]
독 아 한 망 수 지 환

나만 한가로움과 바쁨
곳에 따라 바뀌어,

日高枕上憶朝參[3]
일 고 침 상 억 조 참

해 베개 위로 높이 솟으니 이른 새벽
조정에 나아갔던 일 생각나네.

1 | 계성(雞聲) : 46세 3~6월 사이에 지은 것으로 추정된다.《연표Ⅰ》544쪽.

2 | 한망(閒忙) : 당나라 원진(元稹)의 〈망천(輞川)〉「세속의 속박 일신의 속박 되니, 한가롭고 바쁨 자유롭지 못하네.」(世累為身累, 閒忙不自由)

3 | 조참(朝參) : 이른 새벽에 조종의 조회에 참석하는 것을 말한다. 당나라 두보(杜甫)의 〈거듭 하씨의 집에 들러(重過何氏)〉 제4수 「조정에 나아감을 게을리 함이 자못 이상하더니, 원래 야외의 정취에 미련을 둔 것 때문이라네.」(頗怪朝參懶, 應耽野趣長)

133~135. 四印居士盧仁父見訪, 用前韻[1]

사인거사 노인보의 방문을 받고. 앞 시의 각운자를 사용하여

133

楊柳春溪弄麴塵[2]
양 류 춘 계 롱 국 진

수양버들 봄 시내서
담황색 드리웠는데,

君來披豁見天眞
군 래 피 활 견 천 진

그대 오니 밝아져
천진함 드러내네.

林居意趣君休問
임 거 의 취 군 휴 문

숲에 사는 의취
그대 묻지 마오,

自是淸時隴畝人
자 시 청 시 롱 무 인

나름대로 맑은 세상의
초야에 묻혀 사는 사람이니.

1 | 사인거사(四印居士) : 노경린(盧慶麟: 1516~1568)의 호. 자는 인보(仁甫). 본관은 곡산(谷山)이며, 중종 34년(1539) 별시문과에 급제하여, 성균관학유를 시작으로 사헌부지평에 올랐으나 진복창(陳復昌)의 탄핵을 받아 성주목사 등으로 좌천되었다. 명종 12년(1557년) 율곡(栗谷) 이이(李珥)를 사위로 맞았다.
이 시는 47세 1월 그믐날 지은 것이다. 《대전》 314쪽.

2 | 국진(麴塵) : 누룩에서 생기는 균. 색이 먼지 같은 담황색을 띠기 때문에 담황색을 가리킨다. 또는 아황색(鵝黃色)이라고도 한다. 막 싹이 돋아나려는 버드나무가 이 색을 띠므로 버들가지를 가리키는 말로도 쓰인다. 당나라 양거원(楊巨源)의 〈버드나무 가지(楊柳枝)〉 「강가의 버드나무는 가닥가닥 담황색 띠었는데, 말 세워놓고 그대 의지해 한 가지 꺾는다네.」(江邊楊柳麴塵絲, 立馬憑君折一枝) 당나라 백거이(白居易)의 〈산석류를 원씨네 아홉 번째(元稹)에게 부쳐드림(山石榴寄元九)〉 「천 송이 꽃 만 잎이 한때에 새로우니, 예쁜 자주 빛과 풍성한 붉은 색에 담황색 선명하네.」(千芳萬葉一時新, 嫩紫殷紅鮮麴塵)

134

醞藉君同鄒律風[3]
온 자 군 동 추 율 풍

너그럽고 여유로움 그대
추연의 피리 바람과 같아,

能令寒谷變春融
능 령 한 곡 변 춘 융

추운 골짜기를 봄날
온화함으로 바꿀 수 있었다네.

更聞誦說崔文憲
갱 문 송 설 최 문 헌

다시 최문헌
외어서 칭송함 듣게 되었는데,

絶歎斯文昉海東
절 탄 사 문 방 해 동

사문 우리 해동에서
비롯됨 매우 감탄하였다네.

仁父, 海州人. 爲談崔文憲事, 文憲亦州人也[4]

인보는 본관이 해주로 최문헌의 일을 말해주었는데 문헌 역시 해주 사람이다

3 | 추율풍(鄒律風) : 율(律)은 여기서 피리의 뜻으로 쓰였다. 한나라 왕충(王充)의 《논형·정현편(論衡·定賢篇)》「연나라에 골짜기가 있는데 기운이 차가워서 오곡이 자라지 않았다. 추연이 피리를 불어 기운을 불러들이자 이미 차가워졌던 기운이 다시 따뜻해졌으며, 연나라는 기장을 심었다. 기장은 자라서 풍성하게 익었으며 지금까지도 서곡으로 불리고 있다.」(燕有谷, 氣寒, 不生五穀. 鄒衍吹律致氣, 旣寒更爲溫, 燕以種黍, 黍生豐熟, 到今名之曰黍谷)

4 | 최문헌(崔文憲) : 고려의 최충(崔沖: 984~1068)을 말한다. 본관 해주(海州)이며, 자는 호연(浩然)이고, 호는 성재(惺齋), 월포(月圃), 방회재(放晦齋)라 하였으며, 문헌(文憲)은 그의 시호이다. 목종(穆宗) 8년(1005)에 문과에 장원으로 급제해 우습유(右拾遺)에 올랐고, 우보궐(右輔闕), 기거사인(起居舍人), 중추직학사(中樞直學事)를 역임하였으며, 중서령에 임명되었다. 개인적으로도 인재양성에 힘써 구재학당(九齋學堂)을 설립하였는데 여기서 과거에 급제하는 생도가 많았다. 《고려사》에서는 이 때문에 해동공자(海東孔子)로 불렸다고 하였다. 사후 정종과 선종의 묘정에 배향되었으며, 문헌서원에 제향되었다.

135

寂寥林下邵杯盤
적 료 임 하 소 배 반

쓸쓸한 숲 아래
소옹의 술잔과 쟁반,

窮鬼何須欲去韓[5]
궁 귀 하 수 욕 거 한

가난 귀신 어찌 모름지기
한유 떠나려 하겠는가?

萬事人閒都信易
만 사 인 한 도 신 역

인간만사
모두 실로 바뀌리니,

一生隨處我生觀[6]
일 생 수 처 아 생 관

일생토록 곳에 따라
내 생 살피리라.

康節詩, 林下杯盤太寂寥云云[7], 是日乃正月晦日也

강절의 시에서는 「숲 아래 술잔과 쟁반 매우 쓸쓸한데 ……」라 하였다. 이날은 곧 정월 그믐날이다

5 | 궁귀~욕거한(窮鬼~欲去韓) : 당나라 한유(韓愈)는 궁귀(窮鬼)들을 쫓아내는 글인 〈궁귀를 떠나보내는 글(送窮文)〉을 지은 적이 있는데 그 가운데 「그대는 우리 이름과 우리가 하는 모든 일을 알고 우리를 쫓아 떠나게 한다. …… 천하에서 그대를 알아줌이 누가 나보다 낫겠는가? 내 비록 배척과 쫓김을 당하였으나 차마 그대를 멀리하지 못하겠다.」(子知我名, 凡我所爲, 驅我令去……天下知子, 誰過於予. 雖遭斥逐, 不忍子疏)는 말이 있다.

6 | 아생관(我生觀) : 「觀我生」이 되어야 하나 운자를 고려해서 이렇게 고쳤다. 《주역·바람과 땅은 관(風地觀)》의 밑에서 셋째 음효[六三]의 상사(象辭) 「내 생애를 관찰하여 나아가고 물러나리라.」(觀我生進退) 밑에서 다섯째 양효[九五]의 상사 「내 생애를 관찰하노니 군자면 허물이 없으리라.」(觀我生, 君子无咎)

7 | 강절(康節) : 북송오자(北宋五子) 가운데 한 사람인 소옹(邵雍)을 말한다. 강절은 그의 사시(私諡)이다. 인용 시는 제목이 〈배반음(盃盤吟)〉인데 그 첫 두 구절은 다음과 같다. 「숲 아래 술잔과 쟁반 매우 쓸쓸한데, 쓸쓸함 길이 오늘 아침만 같기를 바란다네.」(林下盃盤大寂寥, 寂寥長願似今朝) 배반은 술잔과 안주를 담아내는 쟁반이다.

136. 溪莊偶書[1]

계장에서 우연히 쓰다

爲卜幽栖地[2]
위 복 유 서 지

그윽히 깃들 땅 점쳐
마련하고자 하여,

先栽小圃蔬
선 재 소 포 소

먼저 작은 채마밭에
푸성귀 심었다네.

靑山當對戶[3]
청 산 당 대 호

푸른 산으로 마주한
지게문 삼아야 하고,

碧澗擬鳴除
벽 간 의 명 제

짙푸른 골짜기로 울리는
섬돌에 비겨야 하네.

1 | 계장은 퇴계의 시냇가에 있는 집을 말한다. 계장에 대한 상세한 설명은 《내집》 권1 85번 시 〈새벽에 시내 곁에 있는 집에 이르러 ……(晨至溪莊……)〉의 주 1)을 보기 바란다. 그 주석에서 권오봉은 「계장」(溪莊)을 하계로 가는 길목인 동암(東巖) 곁에 지은 양진암(養眞庵)이라고 보았으나, 정석태는 양진암을 짓기 전에 그 가까운 곳에서 임시로 거처하던 집을 「계장」이라 부르고 거기서 양진암을 지었다고 보았다.(《연표·1》 529쪽)

이 시는 46세 5월 이전에 지은 것으로 보인다.

2 | 유서지(幽栖地) : 주자의 〈인공산에 향을 태우면 안개가 생기고, 물을 부으면 폭포가 되다(假山焚香作煙雲掬水爲瀑布)〉 「아이들도 그윽이 깃드는 곳 알고서, 함께 남산이 남쪽과 더욱 가까움 가리키네.」(兒童也識幽棲地, 共指南山更近南) 서(棲)는 서(栖)와 같은 뜻의 이체자.

3 | 청산당대호(靑山當對戶) : 송나라 진기(陳起)의 〈눈 온 후(雪後)〉 「푸른 산 문과 창문 삼았더니, 눈 온 후에는 나의 것 아니라네.」(靑山當戶牖, 雪後非吾有)

廿載方爲社
입 재 방 위 사

스무 해 동안 바야흐로
이러한 곳 동아리 삼아왔으나,

三椽尙未廬[4]
삼 연 상 미 려

서까래 셋이나마 아직
오두막 이루지 못했다네.

但無違素志[5]
단 무 위 소 지

다만 평소의 뜻
어김만 없다면,

貧窶我焉如
빈 구 아 언 여

가난함이야
내 어쩌겠는가?

4 | 삼연(三椽) : 연은 서까래라는 뜻도 있지만 집의 칸 수를 나타내기도 한다. 삼연은 곧 삼간(三間)과 같은 말로 소박한 작은 집을 가리킨다.

5 | 무위소지(無違素志) : 진(晉)나라 도연명의 〈전원으로 돌아와 살다(歸園田居)〉 제3수 「옷 젖은 것 그리 아깝지 않으나, 다만 소원 어그러지지나 않게 하였으면.」(衣沾不足惜, 但使願無違)

137. 又

또 짓다

苦雨傷嘉穀[1] 고 우 상 가 곡	괴로운 장맛비 오곡 다치게 하는데,
端居養道心 단 거 양 도 심	일상생활 하면서 도심 기른다네.
晩雲生遠壑[2] 만 운 생 원 학	저녁 구름 먼 골짝에서 피고,
歸鳥傍深林[3] 귀 조 방 심 림	돌아가는 새는 깊은 숲 끼고 있네.

1 | 고우(苦雨) : 장마 같이 오랫동안 내려 재앙이 되는 비. 《좌전·소공(昭公) 4년》 「봄에는 차가운 바람이 불지 않고 가을에는 재앙이 될 (장맛)비가 내리지 않는다.」(春無淒風, 秋無苦雨) 진(晉)나라 두예(杜預)의 주(注) 「장맛비는 사람에게 근심과 고통이 된다.」(霖雨為人所患苦) 진(晉)나라 육기(陸機)의 〈상서랑 고언선에게 드림(贈尚書郎顧彦先)〉 「차가운 바람 철의 순서 거스르고, 궂은비는 결국 장마 되었다네.」(淒風迕時序, 苦雨遂成霖)

가곡(嘉穀) : 옛날에는 조[粟]를 가리키는 말이었으나 나중에는 오곡(五穀)을 총칭하는 말로 쓰이게 되었다. 《서경·여형(呂刑)》 「후직(后稷)이 씨 뿌리는 법을 널리 펴서 오곡을 농사지어 불어나게 하였습니다.」(稷降播種, 農殖嘉穀)

2 | 만운생원학(晩雲生遠壑) : 송나라 홍염(洪炎)의 〈10월 15일 산에서 내려다보니 구름이 산 사이에서 나왔다. 얼마 후 널리 퍼지더니 지척간에 바위와 골짝도 분간을 못하게 되어 장난삼아 짓다(十月十五日, 山中下視, 雲氣自山間出. 已而彌漫, 咫尺不辨巖谷, 戲成)〉 「구름 겹겹이 먼 골짝에서 생겨나고, 비구름은 평평한 내 가른다네.」(雲層生遠壑, 雨滃割平川)

3 | 만운~방심림(晩雲~傍深林) : 이 두 구절은 진나라 도연명의 〈돌아가자꾸나(歸去來辭)〉의 「구름은 무심결에 산굴에서 피어오르고, 새는 지쳐서 날다가 돌아오네.」(雲無心以出岫, 鳥倦飛而知還)라는 구절에서 뜻을 취한 것 같다.

隙地堪開徑[4] 극 지 감 개 경	자투리 땅 오솔길 열 만하고,
幽巖可散襟 유 암 가 산 금	그윽한 바위 흉금 풀어놓을 만하네.
手中烏竹杖 수 중 오 죽 장	손에 쥔 오죽 지팡이,
與我最知音[5] 여 아 최 지 음	나에게 가장 잘 알아주는 이 되었다네.

4 | 개경(開徑) : 경(徑)은 곧 삼경(三徑)으로 은자의 거처를 말한다. 남송 양만리(楊萬里)의 〈아홉 오솔길(三三徑)〉「세 오솔길 처음 연 이는 장후고, 두 번째 연 이는 도연명이라네.」(三徑初開是蔣卿, 再開三徑是淵明)

5 | 지음(知音) : 마음을 알아주는 참된 친구를 말한다. 백아와 종자기의 고사에서 나온 말. 위《내집》권2 48번 시의 주 6) 절현(絶絃)을 보라.

138. 東巖言志[1]

동쪽 바위 곁의 집에서 뜻을 읊다

剔蔚搜奇得古巖 척 울 수 기 득 고 암	무성한 수풀 베어 기이함 찾아 옛 바위 얻어,
幽居從此更非凡 유 거 종 차 경 비 범	그윽이 거처함 이제부터 더욱 범상치 않으리.
休論費力開堂宇 휴 론 비 력 개 당 우	힘 들여가며 집 열었노라 따지지 말게나,
且待成陰植檜杉 차 대 성 음 식 회 삼	잠깐 있다가 그늘 이루면 노송나무 삼나무 심으리라.
已著幼輿安用畫[2] 이 저 유 여 안 용 화	이미 유여의 모습 드러내었으니 그림 어디다 쓸 것이며,

1 | 《내집》 권1에 같은 제목의 시(89번 시)가 수록되어 있다. 함께 대조하여 보기 바란다. 이 시는 46세 때 5~6월 사이에 양진암을 짓기 시작하면서 지은 것이다.

2 | 유여안용화(幼輿安用畫) : 《고증》 「『화(畵)』는 『화상(畵像)』이다.」(畵, 畵像) 유여(幼輿)는 진(晉)나라 사곤(謝鯤)의 자이다. 남조 송나라 유의경(劉義慶)의 《세상에 유행하는 새로운 이야기·정밀한 솜씨(世說新語·巧藝)》 「고개지(顧愷之)가 바위 사이에 있는 사곤을 그렸는데 사람들이 그 이유를 묻자 고개지는 다음과 같이 말하였다. 『사곤이 「한 언덕에서 은거하고 한 골짜기에서 낚시하는 것은 그 사람[庾亮]보다 낫다고 스스로 생각합니다.」라고 하였으니 이 사람을 언덕과 골짜기 사이에 두고 그리는 것이 마땅하지요.』」(顧長康畵謝幼輿在巖石裏. 人問其所以? 顧曰, 謝云一丘一壑, 自謂過之. 此子宜置丘壑中)

可藏商浩不應饞[3]
가 장 상 호 불 응 참

상산사호 숨을 만하니
재물 탐하지 않으리라.

天開眞樂無涯地
천 개 진 락 무 애 지

하늘 참 즐거움 열어
땅 끝이 없고,

築室優游思莫緘[4]
축 실 우 유 사 막 함

집 지어 유유자적하니
생각 봉하지 말라.

邵康節詩, 築此巖邊小書室, 樂吾眞樂樂無涯[5]

소강절의 시에 「이 바위 곁에 작은 서실 짓고, 나의 참된 즐거움 즐기니 즐거움 끝이 없다네」라는 구절이 있다

3 | 상호(商浩) : 《고증》 「아마도 (西漢 초기의 네 은사인) 상산사호를 가리키는 것 같으나 『호(皓)』자가 『浩』로 되어 있어 의심스럽다.」(恐指商山四皓, 而皓作浩, 可疑)

4 | 사자함(思莫緘) : 당나라 한유(韓愈)의 〈(刑部의) 사문낭중(郎中)으로 노씨댁의 넷째이신 노정(盧汀) 형, 자(字) 운부 나으리의 가을을 바라보다라는 시에 답하다(酬司門盧四兄雲夫院長望秋作)〉 「장안의 곡강의 연꽃 10리나 덮고 있으니, 강호의 풍경 눈앞에 생겨나니 벼슬 그만두고 돌아가고 싶은 생각 봉쇄하지 못하겠네.」(曲江荷花盖十里, 江湖生目思莫緘)

5 | 인용된 소옹의 시는 《격양집(擊壤集)》 권5에 수록되어 있으며 제목은 〈14일 복창현 관청의 동헌에 지어남기다(十四日留題福昌縣宇之東軒)〉이다. 인용된 구절은 《격양집》 지금 판본에는 「就此巖邊宜築室, 樂吾真樂樂無涯」으로 되어 있다.

139. 觀物[1]

사물을 관조하다

天理生生未可名[2] 천 리 생 생 미 가 명	하늘의 이치 생기고 또 생겨 뭐라 이름할 수 없는데,
幽居觀物樂襟靈 유 거 관 물 락 금 령	그윽이 거처하며 사물 관조하니 마음 속 즐겁다네.

1 | 관물(觀物) : 46세 때 계장(溪莊)에 들어와서 지은 시이다. 《연표 I》 530쪽.

2 | 천리생생(天理生生) : 생생(生生)은 《주역·계사(繫辭)》에서 나온 말이다. 「생하고 또 생하는 것을 역이라고 한다.」(生生之謂易)라 하였다. 당나라 공영달(孔穎達)의 주석[疏] 「생생은 끊이지 않는다는 말이다. 음양이 전변하여 나중에 생겨난 것이 앞에 생겨난 것의 다음에 오게 되는데 이렇게 만물이 항상 생겨나는 것을 역이라고 한다.」(生生不絶之辭. 陰陽變轉, 後生次於前生, 是萬物恒生謂之易也) 주자의 〈임희지를 전송하다(送林熙之)〉 제3수 「천리는 끊임없이 생기는 것 본래 끝이 없으니, 지각으로부터 막힘없이 흘러 통함 체험하여야 하네.」(天理生生本不窮, 要從知覺驗流通)

請君來看東流水[3]
청 군 래 간 동 류 수

청컨대 그대 와서 보게나,
물 동쪽으로 흘러,

晝夜如斯不暫停[4]
주 야 여 사 불 잠 정

밤낮으로 이와 같이
잠시도 멈추지 않는구나.

3 | 청군~동류수(請君~東流水) : 당나라 이백의 〈금릉의 술집에서 남기고 떠나다(金陵酒肆留別)〉「청컨대 그대 동으로 흐르는 물 가지고 물어보게나, 이별의 뜻 그것과 어느 것이 더 긴 지?」(請君問取東流水, 別意與之誰短長) 중국은 지형이 서쪽이 높고 동쪽이 낮아 대부분의 하천이 동쪽으로 흘러서 이렇게 말하였다. 한번 가면 다시 돌아오지 않는다는 것을 의미한다.

4 | 주야여사(晝夜如斯) : 《논어·선생님은 드물게(子罕)》「공자께서 시냇가에 계시면서 말씀하셨다. 『(흘러)간다는 것이 이와 같구나. 밤낮을 그치지 않는도다.』」(子在川上曰, 逝者如斯夫, 不舍晝夜)

동류~부잠정(東流~不暫定) : 송나라 구양수(歐陽脩)의 〈황우협의 사당(黃牛峽祠)〉「강물 동쪽으로 흘러 잠시도 쉬지 않는데, 황우협은 천고에 오래도록 예와 같네.」(江水東流不暫停, 黃牛千古長如故)

140. 次韻黃仲擧見寄[1]

황중거가 부쳐온 시의 각운자를 써서 짓다

偶來坐溪陰[2]
우 래 좌 계 음

우연히 와서
시내 남쪽에 앉았는데,

詩至一長吟
시 지 일 장 음

그대 지은 시 이르러
한번 길게 읊어보네.

我病君亦病
아 병 군 역 병

나 병들었는데
그대도 병들었으니,

奈此碧山岑
내 차 벽 산 잠

이 짙푸른 산봉우리들
어찌 다 감당하겠는가?

1 | 황중거(黃仲擧) : 금계(錦溪) 황준량(黃俊良: 1517~1663)의 자. 황준량에 대해서는《내집》권1 104번 시의 주 1)을 보라. 지금 전하는《금계집》에는 같은 운자를 써서 지은 시가 보이지 않는다. 이 시도 앞의 시와 같이 계장에 돌아온 후에 지은 것이다. 위와 같음.

2 | 계음(溪陰) : 퇴계의 남쪽으로 곧 동암이 있는 하계를 말한다.

溪鳥自相樂 계 조 자 상 락	시내의 새 저희들끼리 서로 즐거워하고,
溪雲本無心[3] 계 운 본 무 심	시내의 구름은 본래 무심하다네.
安得如二物 안 득 여 이 물	어찌 하면 새와 구름처럼,
終年保幽襟 종 년 보 유 금	한 생애 끝까지 그윽한 흉회 보존할 수 있겠는가?

時仲擧, 與重甫約同遊淸凉而不果[4]

이때 중거는 중보와 함께 청량산을 유람하기로 약속하였으나 실행하지 못하였다

3 | 계운본무심(溪雲本無心) : 당나라 유장경(劉長卿)의 〈(四明山의) 사창암(四窗巖)에서 놀다(游四窗)〉「흰 구름 본래 무심하여, 아스라이 그윽하고 고독함 짝한다네.」(白雲本無心, 悠然伴幽獨) 여기서 「무심」(無心)이라는 말은 무관심하다는 뜻이 아니고 속된 관심을 초월하였다는 뜻이다.

4 | 중보(重甫) : 소고(嘯皐) 박승임(朴承任: 1517~1586)의 자. 박승임에 대해서는 《별집》 52번 시의 주 1)을 보라.

141. 修泉[1]

샘을 치다

昨日修泉也潔淸
작 일 수 천 야 결 청

어제 샘 쳐서
　깨끗하고 맑았는데,

今朝一半見泥生
금 조 일 반 견 니 생

오늘 아침에 반은
　흙탕물 이는구나.

始知澈淨由人力
시 지 철 정 유 인 력

맑고 깨끗함도 사람
　힘에 달렸음 비로소 알겠으니,

莫遣治功一日停
막 견 치 공 일 일 정

공 들이기 하루도
　멈추지 말게 해야지.

1 | 수천(修泉) : 이 시는 46세 5월에서 9월 9일 전까지의 사이에 지은 것으로 보는데,(위와 같음, 554쪽 참조) 이때 양진암을 짓고 있었으므로 거기에 사용할 샘을 파서 쳤다고 볼 수 있다.

142. 修溪[1]

시내를 치다

浩刦溪中亂石稠
호 겁 계 중 란 석 조

오래도록 시내에
어지러운 돌 빽빽하게 박혀 있어,

我求遷盡看平流
아 구 천 진 간 평 류

내 다 옮기어 평탄한
흐름 보고자 하네.

但令一段精誠在
단 령 일 단 정 성 재

다만 조금의
정성이라도 있다면,

寧見愚公志未酬[2]
녕 견 우 공 지 미 수

어찌 우공의 뜻
보답 받지 못하리?

1 | 수계(修溪) : 바로 앞의 시 다음에 지은 것으로 본다.

2 | 우공(愚公) : 《열자·탕임금이 묻기를(列子·湯問)》에 나오는 우언. 《내집》 권2 107번 시의 주 44)를 보라.

143. 九日梳髮[1]

구월 구일에 머리를 빗다

甕牖能生斗室明[2]
옹 유 능 생 두 실 명

옹기 창에도 좁아빠진
방에 빛 생길 수 있고,

千梳稀髮一簪輕[3]
천 소 희 발 일 잠 경

성근 머리카락 천 번 빗질하니
머리 꽂이 하나 가볍네.

柴扉寂歷無人到
시 비 적 력 무 인 도

사립문 쓸쓸하여
이르는 사람 없어,

臥聽黃鸝百囀聲[4]
와 청 황 리 백 전 성

누워서 꾀꼬리 온갖
소리로 지저귐 듣고 있다네.

1 | 46세 9월 9일에 지은 것으로 본다.

2 | 옹유(甕牖) : 부서진 옹기로 만든 창문으로, 빈한한 집을 가리킨다. 《예기·선비의 행실(儒行)》 「선비는 1묘의 담장과 사방 1도가 되는 방이 있는데, 대를 쪼개어 만든 문을 달고 문옆에는 작은 문을 내었으며, 쑥대로 엮은 지게문에 옹기구멍으로 낸 들창을 내었다.」(儒有一畝之宮, 環堵之室, 篳門圭窬, 蓬戶甕牖)
두실(斗室) : 협소한 방.

3 | 천소희발(千梳稀髮) : 송나라 소식의 〈아우인 자유의 목욕을 끝내다라는 시의 각운자를 써서 짓다(次韻子由浴罷)〉 「머리 정리하고자 말끔하게 여러 번 빗질하고, 바람에 말리니 더운 물에 머리 감는 것보다 낫다네.」(理髮千梳淨, 風晞勝湯沐)

4 | 황리백전(黃鸝百囀) : 송나라 왕안석(王安石)의 〈홀로 누워 있다(獨臥)〉 제2수 「온갖 소리로 지저귀는 꾀꼬리 보려고 하여도 보이지 않는데, 해당화는 수도 없이 담 어귀로 나와 있네.」(百囀黃鸝看不見, 海棠無數出牆頭)

144. 絶句[1]

절구

坐睡茅齋晝揜關[2]
좌 수 모 재 주 엄 관

띠집에 앉아 조느라
낮에도 문 닫아거니,

翛然無夢到槐安[3]
소 연 무 몽 도 괴 안

훌쩍 꿈도 꾸지 않았는데
괴안국에 이르렀네.

覺來忽得跫然喜[4]
각 래 홀 득 공 연 희

깨어보니 별안간
발자국 소리에 기뻐,

疏飯藜羹意自閒
소 반 려 갱 의 자 한

거친 밥에 명아주 국에도
뜻 저절로 한가롭네.

1 | 46세 9월 9일 이후에 지은 것으로 본다.

2 | 주엄관(晝揜關) : 엄(揜)은 「掩」과 같은 뜻의 이체자. 주자의 〈오공제에게 부치고 아울러 이백간에게 띄움(寄吳公濟兼簡李伯諫)〉 제2수 「세 오솔길 이끼에 끼고 낮에도 문 닫혔으니, 그대 와서 도 물었으나 오히려 헛되이 돌아가네.」(三徑莓苔晝掩關, 君來問道却空還)

3 | 도괴안(到槐安) : 괴안은 곧 괴안국(槐安國)으로, 꿈세계를 말한다. 당나라 이공좌(李公佐)의 〈남가태수전(南柯太守傳)〉에서 나온 말로 남가일몽(南柯一夢), 일장춘몽(一場春夢)을 가리키는 말이다. 《내집》 권1 39번 시의 주 5) 괴혈몽(槐穴夢) 조를 참고할 것. 송나라 범성대(范成大)의 〈종위열의 번악이라는 시의 각운자를 써서 짓다(次韻宗偉閱番樂)〉 「남은 돈 모두 보내 상락주 부탁하였으니, 짧은 꿈 따라 괴안국으로 가지 말게나.」(盡遣餘錢付桑落, 莫隨短夢到槐安)

4 | 공연희(跫然喜) : 《장자·서무귀가(徐无鬼)》 「저 인적 드문 황량한 고장으로 도망간 사람은 명아주 풀이 우거져 족제비 다니는 길이 가려진 곳에서 서성거릴 때, 사람의 발소리만 들어도 기쁘기 마련입니다.」(夫逃虛空者, 藜藋柱乎鼪鼬之逕, 踉位其空, 聞人足音跫然而喜矣)

145. 次韻答季珍[1]

같은 각운자를 써서 지어 계진에게 답하다

作別已三歲[2] 작 별 이 삼 세	작별한 지 이미 3년인데,
秋風又颯如[3] 추 풍 우 삽 여	가을바람 또 쏴아 하고 부는구려.
君今返京國 군 금 반 경 국	그대는 지금 서울로 돌아갔으나,
我本愛林居 아 본 애 림 거	나는 본래 숲에서 사는 것 사랑하였다오.
夢想衰猶甚 몽 상 쇠 유 심	꿈속의 생각 쇠함 오히려 심한데,
交情病豈疎 교 정 병 기 소	정 나눔 병 되었으니 어찌 소홀하겠소?
關河數千里 관 하 수 천 리	관문과 강 수천 리인데,
賴有一封書 뇌 유 일 봉 서	한 통 편지에 의지한다오.

1 | 계진(季珍)은 풍영정(風詠亭) 김언거(金彦琚)의 자. 김언거에 대해서는 《내집》 권1 163번 시의 주 1)을 보라. 이 시는 바로 앞의 〈절구〉 다음에 지은 것으로 본다.

2 | 작별이삼세(作別已三歲) : 당나라 한유(韓愈)의 〈관직에 임명되어 대궐로 가는 길에 강주에 이르러 대부인 이정(李程)에게 부치다(除官赴闕至江州寄鄂岳李大夫)〉 「헤어진 지 이미 3년째인데, 간절히 바라나 길이 아득하네.」(別來已三歲, 望望長迢遞)

3 | 삽여(颯如) : 삽(颯)은 바람이 부는 소리를 말한다. 여(如)는 부사형 어미이다. 곧 삽연(颯然), 삽언(颯焉), 삽이(颯爾)와 같은 말이며, 바람이 부는 소리를 나타내는 의성어이다.

146. 養眞庵, 得吳仁遠書, 有養眞字, 因寄一絶[1]

양진암에서 오인원의 편지를 받았는데 「양진」이라는 두 글자가 있으므로 이에 절구 한 수를 지어 부친다

草草開庵號養眞 초 초 개 암 호 양 진	보잘 것 없게 암자 하나 열었는데 양진이라 불러주니,
依山臨水足頤神[2] 의 산 림 수 족 이 신	산에 기대고 물 굽어봐 정신 기를 만하다네.
故人千里如相識[3] 고 인 천 리 여 상 식	옛 벗 천리 먼 곳에서 나를 알아주는 것 같아,
書面先題兩字新 서 면 선 제 량 자 신	편지의 첫 머리에 적은 「양진」 두 글자 새롭게 보이네.

1 | 오인원(吳仁遠) : 죽오(竹塢) 오언의(吳彦毅: ?~?)의 자이며, 퇴계의 종자형. 오언의에 대해서는 《풀이6》(별집) 44번 시의 주 1)을 보라. 이 시는 46세 11월에 양진암이 완성된 바로 뒤인 11월 이후 12월 사이에 지은 것으로 본다. 위와 같음. 541쪽 참조.

2 | 의산임수(依山臨水) : 배산임수와 같은 말. 송나라 육유(陸游)의 〈경중의 옛 오두막을 그리워하다(懷鏡中故廬)〉 「물 굽어보고 산 등지어 우연히 집 차지했는데, 몇 칸 띠집 반은 기우뚱하였다네.」(臨水依山偶占家, 數間茆屋半欹斜)

3 | 고인천리(故人千里) : 주자의 〈임택지에게 부치다(寄林擇之)〉 「옛 벗 천리 먼 곳에서 편지 부쳐 와, 세 번을 다시 읽었더니 속세의 마음 어느덧 활짝 열렸다네.」(故人千里寄書來, 三復塵襟頓豁開)

147. 去冬無雪而雨. 立春日寒甚, 書事_丁未

지난해 겨울에는 눈이 내리지 않고 비가 왔다. 입춘 날에 몹시 추워서 그날 일을 적다_ 정미년(1547)

無雪經冬雨臘天[1]
무 설 경 동 우 납 천

눈 없이 겨울 지나더니
  납일에는 비까지 내려,

新正何事始冰堅
신 정 하 사 시 빙 견

새해 정월에 무슨 일로
  얼음 꽁꽁 얼기 시작하는가?

孤衾到曉偏知冷[2]
고 금 도 효 편 지 랭

외로운 이불 새벽되니
  다만 차가움만 알겠고,

百物迎春未放姸[3]
백 물 영 춘 미 방 연

온갖 사물 봄 맞으나
  아직 예쁘게 활짝 피지는 않았네.

1 | 무설경동(無雪經冬) : 송나라 소철(蘇轍)의 〈봄에 우레가 치지 않다(春無雷)〉「겨울 지나며 눈 내리지 않아도 보리 죽지 않았는데, 가을비 너무 많이 내려 땅 깊이 스며들었기 때문이라네.」(經冬無雪麥不死, 秋雨過多深入土)

2 | 고금도효(孤衾到曉) : 송나라 조장경(趙長卿)의 사(詞) 〈청행아(青杏兒)〉「홀로 잠들어 외로이 이불 덮고 뒤척이며, 잠 못 이루고 새벽 되었네.」(孤衾展轉, 無眠到曉)

3 | 백물영춘(百物迎春) : 송나라 대복고(戴復古)의 〈섣달 그믐날(除夜)〉「만물 봄 맞으며 영성하던 섣달 보내니, 한 해 마무리 이날 밤에 있다네.」(萬物迎春送殘臘, 一年結局在今宵)

미방연(未放姸) : 당나라 이중(李中)의 〈이른 봄(早春)〉「한 가지 부드러운 바람 이르렀는데도, 온갖 꽃 아직 활짝 곱게 피지 않았다네.」(一種和風至, 千花未放姸)

臥疾漳濱粗償債[4]
와 질 장 빈 조 상 채

장수 가에 병져 누우니 거칠게나마 나라의
은혜에 진 빚 갚기에 모자람 많지만,

卜居瀼岸且隨緣[5]
복 거 양 안 차 수 연

양계 기슭에 살 곳 정하니
또한 인연 따랐다네.

何當共結金蘭友[6]
하 당 공 결 금 란 우

어떻게 하면 친구들과 함께
금란지우 맺을 수 있을까?

討論遺經畢暮年[7]
토 론 유 경 필 모 년

전해온 경서나 토론하면서
늘그막 마치려 하네.

4 | 와질장빈(臥疾漳濱) : 장(漳)은 강 이름으로 지금의 복건성에 있다. 삼국시대 위(魏)나라 유정(劉楨)의 〈오관중랑장께 드림(贈五官中郎將)〉 제2수 「나는 고질병이 깊이 들어, 맑은 장강 곁에 몸 숨겼다네.」(余嬰沉痼疾, 竄身清漳濱)

5 | 복거양안(卜居瀼岸) : 양(瀼)은 하천의 이름인데, 기주(夔州)에 있으며, 《명일통지》에 의하면 대양수(大瀼水)와 동양수(東瀼水)가 있다. 여기서는 그냥 물이라는 의미로 쓰였다. 당나라 두보의 〈기주의 노래. 절구 10수(夔州歌, 十絶句)〉 제5수 「양수의 동쪽과 양수의 서쪽에 집 1만 채 있고, 강의 북쪽과 강의 남쪽에는 봄꽃과 겨울 꽃 피어 있네.」(瀼東瀼西一萬家, 江北江南春冬花) 손씨(孫氏)의 주석 「기에는 시냇물이 있는데 산골짜기 사이에서 나오는 것을 양계라고 한다.」(夔有澗水, 出於山谷之間, 謂之瀼溪) 송나라 소식(蘇軾)의 〈장산인을 찾았다가 산자와 중자 운을 얻어서 시를 짓다(訪張山人得山中字)〉 제2수 「길 잃어 산 등 향하고, 사람은 양계의 서쪽과 동쪽에 있네.」(路迷山向背, 人在瀼西東)

6 | 금란우(金蘭友) : 《주역·계사 상(繫辭上)》 「두 사람이 마음을 함께 하면 그 날카로움은 쇠를 끊고, 마음을 함께하여 한 말은 그 향기가 난초와 같다.」(二人同心, 其利斷金, 同心之言, 其臭如蘭) 남조 송나라 유의경의 《세설신어·현명하고 아름다운 여인(世說新語·賢媛)》 「산도(山濤)는 혜강(嵇康), 완적(阮籍)과 한번 대면하고는 쇠라도 끊을 듯하고 난초향기라도 날만한 서약을 맺었다.」(山公與嵇阮一面, 契若金蘭)

7 | 유경(遺經) : 옛날부터 전해 내려온 경서. 당나라 한유(韓愈)의 〈노동에게 부침(寄盧仝)〉 「《춘추》의 세 주석서 묶어 다락 높이 던져두고, 유독 《춘추》의 본문만 안고서 한결같이 연구하네.」(春秋三傳束高閣, 獨抱遺經究終始)

148. 人日[1]

인일에

人日無人叩我廬
인 일 무 인 고 아 려

인일에 내 오두막
두드리는 사람 아무도 없어,

閉門且讀古人書[2]
폐 문 차 독 고 인 서

문 닫고 잠시 옛 사람들
책이나 읽으려 하네.

羸形豈合嬰塵累
이 형 기 합 영 진 루

파리한 몸 어찌
속세에 얽매여 듦 합당할까?

褊性從來愛靜居[3]
편 성 종 래 애 정 거

호졸은 성격 예로부터
조용히 거처함 사랑하였다네.

1 | 인일(人日)은 정월 초이렛날로 절일(節日)의 하나. 47세(1547) 때 지은 것이다.(권오봉 《대전》 317쪽)

2 | 차독고인서(且讀古人書) : 당나라 한유(韓愈)의 〈맹교(孟郊) 선생을 읊은 시(孟生詩)〉 「일찍이 고인들의 책 읽으면서, 하시는 말씀 예와 지금 같다고 평하셨네.」(嘗讀古人書, 謂言古猶今)

3 | 편성(褊性) : 당나라 두보의 〈사람을 두려워하다(畏人)〉 「사람 두려워하여 작은 집 지으니, 호졸은 성격 그윽이 깃들기 알맞네.」(畏人成小築, 褊性合幽棲)

雀噪林間烟漠漠
작 조 림 한 연 막 막

참새는 숲속에서 재잘재잘
안개는 모락모락,

牛眠籬下日舒舒
우 면 리 하 일 서 서

소는 울타리 밑에 잠들어 있는데
해는 뉘엿뉘엿.

敢論志業非愚分
감 론 지 업 비 우 분

감히 지향과 사업 논함
어리석은 분수에 맞지 않고,

離索長憂惑未袪[4]
리 색 장 우 혹 미 거

떨어져 사니 오래도록 근심되네,
의혹 떨쳐내지 못할까.

4 | 이삭(離索) : 이군삭거(離群索居)를 말한다. 헤어져 삶, 또는 홀로 쓸쓸히 삶을 말한다. 《예기·단궁(檀弓) 상》「자하가 아들을 잃고 …… 말하길…… 『내가 무리를 떠나 흩어져 쓸쓸히 산 지가 또한 이미 오래되었다.』」(子夏喪其子……曰……吾離群而索居亦已久矣) 정현(鄭玄)은 주석을 달고 「『군』은 동문수학한 친구들을 말하는 것이며, 『삭』은 흩어진다는 것과 같다.」(群謂同門朋友也, 索猶散也)라 하였다.

149. 聾巖先生約於山中相見, 往候未至, 遂下山, 至魚箭川上[1]

농암선생께서 산중에서 나를 만나기로 약속하였는데 가서 살펴보니 이르시지 않아 마침내 산을 내려가 어전천 가에 이르다

袖拂輕嵐滴翠寒[2] 수 불 경 람 적 취 한	옷소매 가벼운 이내에 떠니 차가운 푸르름 듣는 듯하고,
芒鞵苔徑踏潺湲[3] 망 혜 태 경 답 잔 원	짚신 이끼 낀 오솔길 걸으니 물 졸졸 흐르네.

1 | 이 시는 47세 3월에 지은 것으로 본다.(정석태 《연표·1》 551쪽)

2 | 경람적취한(輕嵐滴翠寒) : 송나라 장열(張嵲)의 〈왕득지의 정명원(淨明院)에 놀면서 이안재(易安齋)에 적다라는 시의 각운자를 써서 짓다(次韻王得之遊净明, 題易安)〉 「온 뜰 가득 이내 빛 차가운 짙푸름 듣는 듯하고, 호수 바라보니 13칸도 부럽지 않네.」(滿院嵐光滴翠寒, 望湖莫羨十三間) 《내집》 권2 137번 시 〈김언거(金彦琚)에게 답하다(答季珍)〉에 「시냇가 나무에 가을 돌아오니 시원한 바람소리 나고, 산의 집에 비 지나가니 푸르스름한 안개 기운 듣네.」(秋回澗樹生凉籟, 雨過山堂滴翠嵐)라는 구절이 있다.

3 | 망혜태경(芒鞵苔徑) : 송나라 육유(陸游)의 〈삼유동 앞 바위 아래의 작은 못은 물이 아주 기가 차서 길어다가 차를 끓였다(三游洞前巖下小潭, 水甚奇取以煎茶)〉 「이끼 낀 오솔길에 짚신 미끄러움 아랑곳 않고, 못 가에 애오라지 접는 의자 의거하네.」(苔徑芒鞵滑不妨, 潭邊聊得據胡床)

日斜未遇芝仙伯[4]
일 사 미 우 지 선 백

해 기울어도 영지산의
큰 신선 우두머리 만나지 못하여,

行盡山閒抵水干[5]
행 진 산 간 저 수 간

산 사이 다 내려와서
물가에 이르렀네.

4 | 지선백(芝仙伯) : 지(芝)는 영지산(靈芝山)을 가리키고, 선백(仙伯)은 신선의 우두머리라는 뜻인데 농암을 가리켜 한 말이다. 원래 퇴계가 영지산인이라는 호를 썼었는데 농암이 편지와 시로 청하여 양보한 적이 있다. 《내집》 권1 45번 시 <삼가 농암 이선생의 「영지정사시」에 화답하여(奉酬聾巖李先生靈芝精舍詩)>를 참고하기 바란다. 선백에 대해서는 같은 권 154번 시의 주 3)을 보기 바란다.

5 | 저수간(抵水干) : 저(抵)는 이르다, 도달하다의 뜻이다. 간(干)은 여기서 물가라는 뜻으로 쓰였다. 《시경·위(魏)나라의 민요·박달나무를 벰(伐檀)》「쾅쾅, 박달나무를 벰이여! 황하수의 물가에다 버려두었구나!」(坎坎伐檀兮, 寘之河之干兮) 주자의 주석 「간은 물가이다.」(干, 厓也)

150. 又賦寄黃仲擧·李大用, 是日兩君陪來[1]

다시 읊어서 황중거와 이대용에게 부치다. 이날 두 사람이 모시고 오다

病起能穿屐[2] 병 기 능 천 극	병에서 일어나 나막신 신을 수 있어,
荒尋遂度岑 황 심 수 도 잠	거친 곳 찾아 마침내 봉우리 넘었다네.
有時休石上 유 시 휴 석 상	이따금 돌 위에서 쉬기도 하고,
隨意坐松陰[3] 수 의 좌 송 음	뜻 내키는 대로 소나무 그늘에 앉기도 하네.

1 | 대용(大用) : 매암(梅巖) 이숙량(李叔樑: 1519~1592)의 자임)의 자(字). 농암의 다섯째 아들. 이숙량에 대해서는《내집》권2 81번 시의 주 1)을 보라. 이 시도 역시 47세 3월에 지은 것이나 바로 앞 시보다는 며칠 뒤에 쓴 것이다. 위와 같음. 551쪽.

2 | 천극(穿屐) : 나막신을 신음. 여기서 나막신은 요즘의 등산화와 같이 등산할 때 신는 신발을 말한다. 권2 218번 시의 주 2)를 참조하라.

3 | 좌송음(坐松陰) : 송나라 소옹(邵雍)의 〈원익스님의 시권을 돌려주다(還圓益上人詩卷)〉「한가로이 가다가 한가로이 소나무 그늘 아래 앉아서, 눈 밝음 믿고 오래도록 남 비웃겠지.」(閑行閑坐松陰下, 應恃眼明長笑人)

擬問屛庵址[4]
의 문 병 암 지

병암 터
　물으려는데,

相迎箭水潯
상 영 전 수 심

발담 물가에서
　서로 맞는다네.

淸泠一勺飮
청 령 일 작 음

물 한 바가지 마시니
　맑고 시원하니,

何用酒杯深[5]
하 용 주 배 심

술잔 깊음
　무슨 소용 있겠는가?

僕以病戒飮, 惟飮水. 仲擧云, 周景遊來此[6], 輒飮水數瓢曰, 此淸泠之水, 何可不飮耶. 俗謂魚梁爲箭

나는 병으로 술 마시는 것을 경계하여 다만 물만 마셨다. 중거가 말하기를 「주경유가 이곳에 놀러 와서 문득 물을 여러 바가지 마시고는 말하기를 『이 맑고 시원한 물을 마시지 않을 수 있겠는가?』라 했습니다.」라 하였다. 속칭 발담을 살이라 한다

4 | 병암(屛庵) : 이숙량이 다른 호로 삼기도 하였다.

5 | 주배심(酒杯深) : 송나라 소식의 〈9월 9일 중양절에 도려를 찾아 이르렀다가 마침내 작은 배를 띄워 근사원에 이르다(九日, 尋臻闍黎, 遂泛小舟至勤師院)〉「흰 머리 세월에 침탈당함 오래도록 싫어하고, 병든 눈동자 덩달아 술잔 깊음 두려워하네.」(白髮長嫌歲月侵, 病眸兼怕酒杯深)

6 | 주경유(周景遊) : 신재(愼齋) 주세붕(周世鵬: 1595~1554)의 자. 주세붕에 대해서는 《내집》 권1 156번 시의 주 1)을 보라.

151. 次汾川續九老會韻[1]

부내의 속구로회 시의 각운자를 써서 짓다

五百年纔八十年[2]
오 백 년 재 팔 십 년

5백 년을 한계절로 삼기도 한다는데
겨우 80년인데,

鄕耄高會慶追前
향 모 고 회 경 추 전

향리의 늙은이 고상한 모임
전날 일 좇음 경하하네.

1 | 원주에 의하면 이중량이 원운시를 지었다. 《농암집》 권1에는 농암의 차운시와 이중량의 원운시, 이외에 퇴계의 이 차운시와 이문량, 황준량의 차운시도 함께 수록하였다. 아울러 부록 권2에도 이 시에 차운한 시 4수를 수록하였다. 《농암집선생연보》 권1 정미년(1547, 농암 81세) 조 「9월 중양절 날 분황하고 신주의 글자를 고쳐 썼으며 구로회를 이어서 성사시켰다. 선생은 인조 조에 자헌대부로 특진하여 3대에 걸쳐 추은하였으나 얼마 있지 않아 국상을 당하여 분황의 의식을 거행하지 못하였다. 이때에 이르러 국상이 끝나자 비로소 사당에 고하고 신주의 글자를 고쳐 썼으며 이어 편지로 동향의 늙은이들 가운데 동료들을 청하여 구로회를 신설하였다. 당시 선생의 아들 중량이 영천 군수로 제수품 및 잔치 도구를 대어 계사년의 모임을 좇아 잇고 시를 바쳐 기리고 축수하였다. 선생께서 차운하고 선생의 맏이 문량 및 퇴계·금계가 이어서 그 시에 화답하였다.」(九月重陽日, 焚黃改題, 續成九老會. 先生在仁廟朝, 特陞資憲, 追恩三世, 而未幾遭國恤, 未擧燎黃之儀. 至是國服旣除, 始告廟改題, 因簡請鄕老之同儕者設九老會. 時先生子仲樑以永川守, 供祭需及宴具, 追續癸巳會, 呈詩頌禱. 先生次之, 先生長胤文樑及退溪·錦溪續和之)

2 | 오백년(五百年) : 《장자·자유롭게 노님(逍遙遊)》 「초나라 남쪽에 명령이라는 것이 있는데 오백년을 봄으로 삼고 오백년을 가을로 삼는다.」(楚之南有冥靈者, 以五百歲爲春, 五百歲爲秋)

팔십년(八十年) : 농암이 이 해에 81세였으므로 이렇게 말하였다.

萊衣昔奉靈椿樹[3]
래 의 석 봉 령 춘 수

노래자 옷 입고 옛날에
명령(冥靈)과 대춘나무 받들었는데,

毛檄今供不老仙[4]
모 격 금 공 불 로 선

깃털 조서 내려 지금
늙지 않는 신선 공양한다네.

3 | 내의(萊衣) : 노래자의 옷. 옛날 중국의 노래자(老萊子)는 효성이 지극하여 나이 70이 훨씬 넘어서도 양친을 봉양하면서 그들을 즐겁게 하여 드리기 위하여 어린이와 같은 장난을 하고 오색이 영롱한 색동옷을 입고 춤을 추었다. 당나라 이백의 〈역양의 저사 마님께 드림. 당시 이분은 어린애 춤을 추었기에 이 시를 지었다(贈歷陽褚司馬. 是此公爲稚子舞, 故作是詩也)〉「먼저 어린애와 같이 춤을 추고, 다시금 노래자의 옷 입었다네.」(先同稚子舞, 更著老萊衣) 청나라 왕기(王琦)의 주석「《여러 선비들의 전기》 노래자는 효성스럽게 양친을 봉양하였는데 나이 70이 다 되도록 어린애와 같이 스스로 즐거이 오색 무늬의 옷을 입었다.」(列士傳. 老萊子孝養二親, 行年七十, 嬰兒自娛, 著五色采衣)

영춘(靈椿) : 오래 산다고 알려진 전설상의 나무 명령(冥靈)과 대춘(大椿). 《장자·자유롭게 노님(逍遙遊)》「상고시대에 대춘이라는 나무가 있었는데 8천 년을 봄으로 삼고 8천 년을 가을로 삼았다.」(上古有大椿者, 以八千歲爲春, 八千歲爲秋) 명령은 위 주 2)에 나오며,《장자》의 이 구절은 바로 그 다음에 이어서 나오는 구절이다.

4 | 내의~모격(萊衣~毛檄) : 모격(毛檄)은 우격(羽檄)이라고도 한다. 긴급한 일이 있을 때는 위쪽에 깃털을 꽂았기 때문에 이렇게 부른다. 주로 징병 등 긴급한 문서 등을 나타낼 때 쓰이는 말이나, 여기서는 조서(詔書)라는 뜻으로 쓰였다. 상세한 것은《내집》권5 56번 시의 주 2)를 보라.《고증》「(이현보의)《농암집(聾巖集)》권1 〈부내의 속구로회 시의 각운자를 써서 짓다(次汾川續九老會)〉 서(序)에『계사년(1533)의 구로회는 아버님을 위해서 연 것이다.』라고 하였는데, 그 때 공(이현보)의 둘째 아들인 이중량(李公幹)이 영천(永川) 군수를 지냈다.」(聾巖集原韻序, 癸巳之會, 爲椿府設也. 時公之子仲梁, 爲永陽宰)

불로선(不老仙) : 늙지 않는 신선. 장수하는 사람을 가리키는 말로 주로 축수하는 시에 쓰는 표현이다. 주자의 〈어머니의 생신날 축수를 드리다(壽母生朝)〉 제6수「어리석은 아들 나이 서른여섯인데 지금 어떠한가? 서하의 늙지 않는 신선 부끄러울 따름이라네.」(癡兒六六今如許, 慙愧西河不老仙)

闔境儘餐潭菊露[5]
합 경 진 찬 담 국 로

온 고을에서는 다 먹으리,
연못의 국화이슬

全家應飮井砂泉[6]
전 가 응 음 정 사 천

온 집안에서 마시리라,
우물의 단사 샘물을.

和詩獨抱無涯感
화 시 독 포 무 애 감

시에 화답하며 홀로
끝없는 감회 안고 있으니,

奇事何妨萬口傳
기 사 하 방 만 구 전

기이한 일 어찌 아랑곳하겠는가?
모든 사람의 입에 전하여지는 것.

知事致政, 相公閤下, 會鄕老七十以上十人, 以續癸巳九老之會. 仲胤永川倅公幹氏, 旣以專城之奉. 來設壽筵, 作詩頌禱, 拳拳愛敬之意, 溢於言表. 不肖無狀, 夙抱皐魚之悲, 捧詩誦詠之餘, 不勝感歎, 謹奉和再拜呈上, 非敢言詩, 庶爲屬和者先驅, 以廣盛事云

지사께서 정치에서 물러나시고 상공 합하께서 고을의 노인으로 나이가 70세 이상인 사람 10명을 모아서 계사년(1533)에 있은 구로회를 이으셨다. 중윤인 영천 원님 공간씨가 이미 온 고을을 가지고 받들었다. 와서 수연을 베풀고 시를 지어 송축하고 빌었는데 정성스럽고 경애하는 뜻이 말 바깥까지 흘러 넘쳤다. 못난 나는 유례없이 일찍부터 고어가 부모를 잃은 슬픔을 안았던 지라 시를 받들어 외고 읊던 끝에 감탄을 이기지 못하여 삼가 받들어 화답하여 두 번 절하고 올리

5 | 합경(闔境) : 경계 이내의 모든 곳. 전국을 나타내기도 한다.
담국로(潭菊露) : 《고증》 「《풍속통》 남양 역현 감곡 가운데 있는 못물이 달았다. 못 위에 커다란 국화가 있었는데, 물 속으로 떨어졌다. 골짜기 가운데 스무 집이 이 물을 쳐다보며 마셨다. (이 물을 마신 사람들이) 오래 살면 백 삼십 살이요, 보통은 백여 살이었고, 칠팔십 살은 요절이라고 하였다.」(風俗通. 南陽酈縣甘谷中潭水甘, 上有大菊落水中, 谷中二十家, 仰飮此水, 上壽百三十, 中百餘, 七八十爲夭) 《예문유취(藝文類聚)》 권81에 보인다.

6 | 정사천(井砂泉) : 《내집》 권1의 97번 시 〈단사벽(丹砂壁)〉의 주 19) 장사(藏砂)를 참고하여 보라.

니 감히 시를 말하는 것이 아니라 이어서 화답하는 자의 선구가 되어 성대한 일을 널리 알리게 되기를 바란다고 하겠다

【원운시】

이중량(李仲樑)

香山高會幾多年	향산의 고아한 모임 얼마나 오래 되었는가?
復覩汾陽十載前	부내 남쪽에서 10여 년 전에 다시 보았다네.
更此良辰添一幸	다시 이 좋은 때 한 가지 다행 더하는데,
當時老子押群仙	당시에 노자 뭇 신선 눌렀다네.
婆娑皓髮欺秋月	너울너울 흰 백발 가을 달인 듯 속이고,
瀲灩芳樽徹酒泉	찰랑찰랑 향기로운 술잔 솟아나는 샘을 다 마르게 하였다네.
再世傍觀柯已爛	양대 곁에서 지켜보자니 도끼자루 이미 썩었는데,
好將奇事外人傳	기이한 일 바깥사람들에게 잘 전하여 보세.

家君於癸巳秋, 以玉堂學士, 受暇下來. 爲王父邀鄕中年七十以上士族人, 作九老會. 厥後耆舊皆逝, 當時參會之人, 只有一員. 家君自壬寅秋, 致仕居閒. 今秋重陽日, 又邀七十以上之人, 續作其會, 家君居第二焉. 蓋人生七十, 古稱稀有, 而一家之內, 世設此會, 一家之盛事也. 十室之邑, 多至九人, 十餘年之間, 再選而不匱, 一鄕之盛事也. 汾川一曲, 屢見此事, 不覺感歎之至, 用此長律, 頌而禱云. 仲樑

가군께서 계사년(1533) 가을에 옥당의 학사로 휴가를 받아 내려오셨다. 조부를 위해 향리의 70세 이상 되는 사족의 인사를 청하여 구로회를 만드셨다. 그 후 어르신들은 오래 전에 모두 떠나시고 당시 구로회에 참석했던 사람으로는 단 한 사람만 살아 있다. 가군께서는 임인년(1542) 가을부터 벼슬을 그만두고 한가로이 거처하셨다. 올 가을 중양절날 또한 70세 이상 된 사람들을 청하여 그 모임을 이어 만드셨는데 가군께서는 그 가운데 두 번째였다. 대체로 사람이 나서 70세를 사는 것은 예로부터 드문 일이라고 하는데 한 집안에서 대대로 이 모임을 베푸니 한 집안의 성대한 일이다. 10집에 사는 마을에 많게는 9명이 이르니 10여 년 사이에 다시 가려 뽑았는데도 모자라지 않으니 한 고을의 성대한 일이다. 부내 한 구비에 이런 일이 자주 보이니 부지불식중에 감탄하여 이 긴 율시로 찬송하고 기도한다. 중량

152~153. 次韻[1]

같은 각운자를 써서 짓다

152

疾風驅雨望中橫 질 풍 구 우 망 중 횡	빠른 바람이 비 몰아 바라보는 가운데 비끼고,
頃刻雲收列綵屛 경 각 운 수 열 채 병	잠깐 사이에 구름 걷히더니 비단 병풍 늘어놓았네.
忽有瓊章來入眼[2] 홀 유 경 장 래 입 안	별안간 옥 같은 글 와서 눈에 드는데,
水聲山色助餘淸[3] 수 성 산 색 조 여 청	물 소리며 산의 경치 남은 맑음 돕는다네.

右卽景敍意

위는 눈앞에 보이는 경치에서 뜻을 펴내다

1 | 원주에 의하면 농암과 관련이 있는 것 같기는 한데 누구의 시에 차운한 것인지는 알 수 없다.

2 | 경장(瓊章) : 남의 시문을 아름답게 부르는 말.

3 | 수성산색(水聲山色) : 송나라 소옹(邵雍)의 〈수안의 서쪽 절에 묵다(宿壽安西寺)〉「대나무 빛은 산의 색과 엇섞이고, 소나무 소리는 물소리 어지럽히네.」(竹色交山色, 松聲亂水聲)

153

躑躅偏承顧眄榮 척 촉 편 승 고 면 영	철쭉 오로지 이었다네, 오른쪽 왼쪽으로 돌아봐 주시는 영광을,
小園深處得栽成 소 원 심 처 득 재 성	작은 동산 깊은 곳에 심겨지게 되었으면서도.
含情日日如相待 함 정 일 일 여 상 대	정 머금고 날이면 날마다 마치 상공님 기다리는 듯하여,
春去猶能照眼明[4] 춘 거 유 능 조 안 명	봄 떠나도 오히려 눈에 밝게 비출 수 있다네.

右躑躅移栽日, 相公適臨爲花之幸, 故此句專及之

위는 철쭉을 옮겨 심는 날 상공께서 마침 왕림하시어 꽃에게는 다행이었으므로 이 구절에서 전적으로 언급하였다

4 | 조안명(照眼明) : 송나라 육유(陸游)의 〈늦봄에 귀당에서 있었던 일을 적다(暮春龜堂即事)〉 제2수 「철쭉꽃 피어 눈에 밝게 비추는데, 느리게 등나무 지팡이 짚고 회랑 돌아간다네.」(躑躅花開照眼明, 緩扶藤杖繞廊行)

154. 辛卯秋, 龜巖黃敬甫赴燕京, 余有詩一首贈別, 至今十有七年, 而余被召, 道經龜城, 敬甫出詩示之, 且次韻見贈, 余亦和之[1]

신묘년(1531) 가을에 구암 황경보가 연경으로 가게 되어 내가 시를 한 수 지어 이별하여 보내 보내주었는데 지금 17년이 되었으며 내가 나라의 부름을 받아 가는 길에 영주를 경유하게 되자 경보가 시를 꺼내어 보여주었고, 또한 같은 각 운자를 써서 시를 지어 보내와 나도 거기에 화답한다

握手重看月一周 악 수 중 간 월 일 주	손 잡고 다시 만나니 한 달이 지났는데,
龜溪樓上菊殘秋[2] 구 계 루 상 국 잔 추	구계루 위에는 국화 시드는 가을철 되었다네.

1 | 황경보(黃敬甫) : 구암(龜巖) 황효공(黃孝恭: 1496년~1553년)의 자. 황효공에 대하여서는 《내집》 권1 84번 시의 주 1)을 보라.
피소(被召) : 《퇴계선생연보》 권1 「정미년(명종 2, 1547) 8월에 홍문관의 응교에 임명되어 왕의 부름을 받았다.」(丁未八月, 以應教被召)
황효공이 연경에 갈 때 퇴계가 지어준 시는 문집에 보이지 않는다. 권오봉은 《대전》에서 이 시를 47세에 지은 것으로 편년하였으나, 제목에 나오는 말을 가지고 계산하면 48세 때 지은 것이 되어야 한다. 《연표·1》(565쪽)에 의하면 47세 되던 해 9월 20일경에 서울로 올라간 것으로 되어 있고, 그보다 앞서서 46세와 47세 사이에는 상당 기간 고향에 머물러 있기도 하였으니 9월에 상경하는 도중에 구암에 들러 황경보를 만났으며, 이 시의 서두의 문구로 보아 그보다 한 달 전쯤에도 그를 한번 만난 일이 있었던 것 같다. 그리고 이 시를 지어 보낸 것은 그 다음 해로 보아야 할 것 같다.

2 | 국잔추(菊殘秋) : 주자의 〈여계극의 동당구영 시의 각운자를 써서 짓다·귤나무 제방(次呂季克東堂九詠·橘堤)〉 「연꽃 다 지고 국화 스러져 가을도 시들어 가는데, 한 해 중에서 아름다운 곳 눈으로 들어오네.荷盡菊殘秋欲老, 一年佳處眼中來)

社樗未必思充棟[3]
사 저 미 필 사 충 동

쓸모없는 사당의 가죽나무 같은 나는
반드시 용마루 가득 채울 저술
생각도 못할 것이나,

海蚌何須願綴旒[4]
해 방 하 수 원 철 류

그대 같은 진주조개 어찌 모름지기
늘어진 깃발에 묶이기를 바라겠는가?

萬事已妨雲外想
만 사 이 방 운 외 상

만사 이미 구름
바깥에서 노닐 생각에 방해 되니

3 | 사저(社樗) : 저(樗)는 력(櫟)이 되어야 할 것 같다. 《장자·인간세(人間世)》「장석이 제나라에 가다가 곡원에 이르러 사당 안에 있는 신목(神木)인 상수리나무를 보았는데 그 크기는 수천 마리의 소를 가릴 만했다. ……장석은 거들떠보지도 않고 끝내 멈추지도 않았다. …… 장석이 말했다.『쓸모없는 나무다. …… 이건 재목이 되지 못하는 나무다. 아무 쓸모가 없으니까 이렇게 오래 살 수가 있다.』」(匠石之齊, 至乎曲轅, 見櫟社樹, 其大蔽數千牛……匠伯不顧, 遂行不輟……匠石曰, 散木也……是不材之木也. 無所可用, 故能若是之數)
충동(充棟) : 곧 한우충동(汗牛充棟)을 말한다. 책을 지은 것이 매우 많음을 말한다. 당나라 유종원(柳宗元)의 〈육문통 선생의 묘표(陸文通先生墓表)〉「그가 지은 책은 쌓아두면 용마루와 집을 가득 채우며 가지고 나가면 소와 말이 땀을 뻘뻘 흘릴 정도로 많습니다.」(其為書, 處則充棟宇, 出則汗牛馬) 이 구절은 퇴계 자신은 책을 지을 재주가 없다는 것을 겸양적으로 표현한 것이다.

4 | 해방~철류(海蚌~綴旒) : 《시경·상송·장발(商頌·長發)》「(상나라 타왕은) 작은 옥과 큰 옥을 받아 천자가 되시어, 제후국의 아래로 드리워진 깃발을 묶듯이 마음을 천자를 향하여 묶도록 하셨네.」(受小球大球, 為下國綴旒) 주자의 주석「정씨는 말하였다.『소구는 진규(사방의 鎭山을 새겨놓은 홀)로 한 자 두 치이다. 대구는 대규로 석 자이다. 모두 천자가 잡는 것이다. ……철은 결과 같다. 류는 기가 아래로 드리워져 있는 것이다.」(鄭氏曰, 小球, 鎮圭, 尺有二寸. 大球, 大圭, 三尺也. 皆天子之所執也……綴, 猶結也. 旒, 旗之垂者也)

一罇難解客中愁
일 준 난 해 객 중 수

한 주전자의 술로는 풀기 어렵다네,
나그네 살이 근심을.

魚肥稻熟江村樂[5]
어 비 도 숙 강 촌 락

물고기 살지고 벼 익으니
강가 마을 즐거울 것이니,

輸與君閒臥僻陬
수 여 군 한 와 벽 추

그대 한가로이 지냄엔 이길 도리 없구나!
시골 구석에 누워 있음을 생각하니.

5 | 어비도숙(魚肥稻熟) : 송나라 소식(蘇軾)의 〈신식을 지나면서 이 고장 사람인 임사중에게 남겨 보이게 하다(過新息留示鄕人任師中)〉「괴이하네 그대 곧장 고향 잊음이, 벼 익고 물고기 살져 실로 맑고 아름답다네.」(怪君便爾忘故鄕, 稻熟魚肥信淸美)

155~161. 臘月二十日, 景淸兄將行, 風雨盡日, 仍出安西客舍夜話, 及涵虛堂話別詩七首, 謹次韻, 敍感[1]

선달 20일 경청 형이 떠나려는데 온종일 비바람이 쳤다. 이에 (경청 형의) 「안서의 객사에서 밤에 이야기하다」 및 「함허당에서 이야기 한다」는 등 이별시 7수를 꺼내어 보이시기에 삼가 같은 각운자를 써서 지어 느낌을 서술한다

155

安西城裏月周天 안 서 성 리 월 주 천	안서성에서 한 달을 지내다가 떠나니,
應似飛鴻踏雪連[2] 응 사 비 홍 답 설 련	꼭 나는 기러기 잠깐 눈 이곳저곳에 이어짐과 같으리.

1 | 경청(景淸) : 퇴계의 다섯째 형인 신야(莘野) 이징(李澄)의 자이다.

안서(安西) : 해주(海州)의 옛 지명. 이때 (1547) 온계가 황해도 관찰사로 있었기 때문에 다섯째 형이 거기에 갔다가 고향으로 돌아가는 길에 퇴계가 있는 서울에 잠시 들른 것이다.

함허당(涵虛堂) : 해주의 객관(客館) 이름.

2 | 응사~답설련(應似~踏雪連) : 송나라 소식(蘇軾)의 〈자유의 민지에서 옛날을 회상하며라는 시에 화답하여(和子由澠池懷舊)〉 「사람 살아가며 곳곳에 이르는 것이 무엇과 같은지 아는가? 하늘 날던 큰기러기 눈 위에 잠깐 내려 선 것과 꼭 같다네. 진흙 위에 어쩌다 발자국 남긴 뒤에, 기러기 하늘 날 때 어찌 동쪽 서쪽을 생각하고 날리?」(人生到處知何似, 應似飛鴻蹈雪泥. 泥上偶然留指爪, 鴻飛那復計東西)

去住更分千里影
거 주 갱 분 천 리 영

떠나고 머묾 다시
천리 사이에 그림자 나누게 되니,

從知心事兩茫然
종 지 심 사 양 망 연

이로부터 마음속으로 생각하는 일과 생각
두 사람 다 멍하여졌음 알겠네.

156

天涯離抱故難强
천 애 리 포 고 난 강

하늘 끝에서 이별의 회포
실로 견뎌내기 어려운데,

此別還經幾燠凉[3]
차 별 환 경 기 욱 량

이 이별 또한
몇 번이나 더위와 추위 지나게 될런지?

卻到漢城同旅榻
각 도 한 성 동 려 탑

도리어 한양에 이르러
객지의 걸상 함께 하고보니,

愁陰三日助凄傷[4]
수 음 삼 일 조 처 상

사흘간 흐리고 흙비 오니
슬픔만 더하게 하네.

157

風雨聲中住別期[5]
풍 우 성 중 주 별 기

비바람 소리 가운데
헤어질 말미 멈추었으나,

3 | 욱량(燠凉) : 일반적으로 양욱(凉燠)이라는 말을 더 많이 쓰는데 여기서는 운자를 고려하여 이렇게 쓴 것이다.

4 | 수음(愁陰) : 음매(陰霾), 곧 음산한 흙비와 같은 뜻.

5 | 풍우~별기(風雨~別期) : 송나라 소식의 〈자유가 남도로 부임하려 하여 나와 소요당에서 만나 묵으며 절구 두 수를 지었다. ……(子由將赴南都, 與余會宿於逍遙堂, 作兩絶句……)〉「이별의 기한 점점 가까워진다는 말 차마 들을 수 없는데, 비바람 쏴쏴 하니 이미 넋 끊어졌다네.」(別期漸近不堪聞, 風雨蕭蕭已斷魂)

黯然相對念行時
암 연 상 대 념 행 시

슬피 마주하며
헤어져 갈 때 걱정한다네.

鄕關此隔猶千里[6]
향 관 차 격 유 천 리

고향은 이곳에서
천리나 떨어졌는데,

跋涉何如馬僕疲[7]
발 섭 하 여 마 복 피

산 넘고 물 건넘에
말과 종 얼마나 피로하리?

158

客中離別已悽然
객 중 이 별 이 처 연

객지에서의 이별
이미 구슬픈데,

病裏思鄕覺又偏
병 리 사 향 각 우 편

병중의 고향 생각
깨고나면 더 각별하네.

牕外雨聲工碎恨
창 외 우 성 공 쇄 한

창밖의 빗소리
교묘하게 원한 깨뜨리지만,

自然霜雪點頭邊
자 연 상 설 점 두 변

자연스레 생겨난 서리와 눈
머리 곁에 점점이 보이네.

6 | 향관(鄕關) : 고향과 같은 말.

7 | 발섭(跋涉) : 발섭산천(跋涉山川) 곧 산길을 걷고 물을 건너는 것을 말한다. 여정이 어려움을 비유하는 말이다. 《시경·용(鄘)나라의 민요·말을 달림(載馳)》「대부들이 산 넘고 물 건너 좇아오니, 내 마음 근심스럽네.」(大夫跋涉, 我心則憂) 주자의 주석 「풀 섶을 가는 것을 발이라 하고 물길을 가는 것을 섭이라 한다.」(草行曰跋, 水行曰涉)

159

苦雨盲風歲欲闌[8]
고 우 맹 풍 세 욕 란

궂은 비 빠른 바람
한 해 다하려 하는데,

鴒原情緒太多端[9]
영 원 정 서 태 다 단

형제간의 어려운 정서
매우 복잡다단하다네.

凶年故國多窮餓[10]
흉 년 고 국 다 궁 아

흉년이라 고향에
궁하고 굶주림 많은데,

河潤無由但眼潸[11]
하 윤 무 유 단 안 산

황하 같은 은택 생길 일 없어
다만 눈물만 흐르게 하네.

160

身外榮枯竟何有
신 외 영 고 경 하 유

신체 바깥의 영광
결국 무슨 소용 있겠는가?

世間歧路恐終迷
세 한 기 로 공 종 미

세상의 갈림길에서
끝내 길 잃을까 걱정될 뿐이네.

8 | **맹풍(盲風)** : 곧 질풍(疾風)을 말한다. 《예기·월별 정령(月令)》「【음력 8월】 질풍이 이르고 기러기가 날아오며 제비는 돌아가고 새들은 먹이를 저장한다.」(仲秋之月. 盲風至, 鴻雁來, 玄鳥歸, 群鳥養羞) 한나라 정현(鄭玄)의 주석 「맹풍은 질풍이다.」(盲風, 疾風也) 당나라 공영달의 주석에서 인용한 황씨(皇氏)의 말 「진나라 사람들은 질풍을 맹풍이라 하였다.」(秦人謂疾風為盲風)

9 | **영원(鴒原)** : 곧 척령재원(鶺鴒在原)을 말한다. 형제가 급한 일이나 어려운 일을 당하여 서로 돕는다는 비유로 쓰임. 자세한 것은 《별집》 33번 시의 주 4)를 보라.

10 | **고국(故國)** : 고향이라는 말과 같다.

11 | **하윤(河润)** : 은택이 사람에게 미침이 황하가 땅을 윤택하게 해줌과 같다는 말이다. 《장자·열어구(列禦寇)》「황하가 9리를 윤택하게 하듯이 은택이 삼족에까지 미쳤다.」(河潤九里, 澤及三族)

那堪更遣萍蓬跡
나 감 갱 견 평 봉 적

어찌 다시 부평초로 쑥대 같은 자취로 세월만 보내는 일 감당할 수 있겠는가?

一逐東歸一在西
일 축 동 귀 일 재 서

형님은 동쪽으로 돌아가고 나는 서울에 남이 있게 되었다네.

161

逍遙風雨兩蘇公[12]
소 요 풍 우 양 소 공

소요당에 비바람 칠 때 두 소공,

黃髮青山宿願同[13]
황 발 청 산 숙 원 동

누런 머리 청산에 비칠 오랜 소원 같았다네.

12 | **소요~양소공(逍遙~兩蘇公)** : 양소공은 소식과 소철 형제를 말한다. 송나라 소철(蘇轍)이 형인 소식과 헤어지면서 〈소요당에서 만나 묵다(逍遙堂會宿)〉라는 시를 지었는데, 그 시의 서문에서 당나라 위응물(韋應物)의 시를 인용하여 「어찌 알았으리오, 비바람 치는 이 밤에, 다시 여기서 침상 마주하고 잘 줄을?」(安知風雨夜, 復此對床眠)이라 하였다. 인용된 위응물의 시 제목은 〈전진원 상에게 보이다(示全真元常)〉이며 앞 구절은 《위소주집(韋蘇州集)》(권3)에는 「寧知風雪夜」로 되어 있다. (앞 131번 시의 주 36)에서도 이미 인용) 소철의 〈소요당에서 만나 묵다〉는 《별집》 33~34번 시의 원운시를 보라.

13 | **황발청산(黃髮青山)** : 송나라 소식의 〈곽희가 그린 가을 산수(山水)가 평원(平遠)함을 이루어 천기(天機)가 감돎을 읊다(郭熙畫秋山平遠)〉 「내 문로공(文潞公: 언박) 따라 노닐기를 십 년을 하루처럼 하였더니, 청산에 (공의) 누런 머리 비침도 깨닫지 못했네.」(我從公游如一日, 不覺青山映黃髮) 또 같은 사람의 〈올 정월 14일 아우인 자유와 진주에서 헤어지다. ……(今年正月十四日, 與子由別於陳州……)〉 「조만간 푸른 산에 누런 머리 비칠 텐데, 서로 세상만사 잠시 제쳐두고 만나보세.」(早晚青山映黃髮, 相看萬事一時休)

此志未酬眞可惜
차 지 미 수 진 가 석

이 뜻 아직 이루어내지 못함
정말 안타까워 할 만하여,

令人長憶畝南東[14]
영 인 장 억 무 남 동

사람으로 하여금 길이
이랑 동남쪽 생각하게 하네.

14 | 무남동(畝南東) : 《시경·소아·실로 남산은(信南山)》「내 큰 경계 내고 작은 길 내니, 이랑을 남으로도 내고 동으로도 내네.」(我疆我理, 南東其畝) 주자의 주석 「그 땅의 형세와 물의 형세의 마땅함을 따라 이랑을 남으로도 내고 혹은 이랑을 동으로도 내는 것이다.」(順其地勢水勢之所宜, 或南其畝, 或東其畝也)
《온계선생일고(溫溪先生逸稿)》에는 퇴계가 지은 차운시를 부기하여 두었는데 부기한 시의 마지막에 다음과 같은 발문이 붙어 있다. 「형제가 오랫동안 만나지 못한 것은 바로 사방으로 외지에서 벼슬살이를 하기 때문이다. 비록 사람의 일이 면하지 못하는 것이 또한 고인이 깊이 탄식한 것이므로 동파 늙은이는 자유에게 보낸 시에서 『함께 새해가 되어도 서로 만나지 못하는 것은, 이 몸이 고향으로 돌아가지 못하기 때문이리라』라 하였지만 두 소씨 형제는 끝내 이 약속을 이루지 못하였으니 안타까워할 만하다. 마지막 시에서 이 뜻을 말하려 하였지만 말이 미진한 것이 있어 발문에서 말한다.」(兄弟久不相見, 正緣遊宦四方之故. 雖人事之所不免, 亦古人所深歎, 故坡翁贈子由詩, 等是新年不相見, 此身應坐不歸田, 然兩蘇終未遂此約, 爲可惜也. 末篇欲述此意, 而辭有所未達, 故跋云) 인용한 소식의 시는 〈자유의 섣달 그믐날과 정월 초하룻날 성에서 숙직하며 치재를 올리다라는 시에 화답하다(和子由除夜元日省宿致齋)〉의 첫째 시이며, 《동파집》에는 「不相見」이 「未相見」으로 되어 있다.

【원운시】

安西客舍, 與弟景淸夜話. 二首[15]

안서의 객사에서 아우 경청과 밤에 이야기하다. 두 수

蒼茫歲暮海西天	총망하여라, 세밑에 바다 서쪽 하늘에서,
迢遰關山雪又連	고향 산천 아득히 멀고 눈 또한 이어지네.
此夜對牀眞邂逅	오늘 밤 침상 마주하니 정말로 우연히 만난 것이라,
喜懽之外更凄然	기뻐하는 외에 또한 처연하다네.
不到桑鄕六載強	고향에 이르지 못한 지 여섯 해는 되는 것 같은데,
田園無主想荒涼	전원에 주인 없으니 생각건대 황량해졌으리.
況逢今歲多淋潦	하물며 올해 장맛비 잦아서,
漂蕩聞來益可傷	농작물 떠돌아다닌다는 말 들려오니 더욱 슬퍼할 만하네.

15 | 앞의 두 수와 뒤의 다섯 수로 된 일련시는 모두 《온계선생일고》 권1에 나란히 수록되어 있다.

涵虛堂, 與景淸夜話. 五首

함허당에서 경청과 밤에 이야기하다. 다섯 수

殊方相見豈前期	이역에서 서로 만나니 어찌 앞날 기약하리오?
朔雪窮陰歲暮時	북쪽에서 눈 오고 날씨도 음침한 세모 때라네.
涼夜對牀情話久	서늘한 밤에 침상 마주하고 정담 오래 하는데,
燭盡更僕不知疲	촛불 다하여 바꾸는 종 피로함 알지 못하네.
風日凄凄氣慘然	바람과 해 쓸쓸하고 기운 비참한데,
別懷覊思我應偏	이별 생각 나그네 마음 내 마땅히 치우치리.
一年飄泊天西角	일년 내내 하늘 서쪽 모퉁이 떠돌아 다니니,
千里鄕關鶻沒邊	천리밖 고향땅은 한쪽으로 빠졌다네.
斗轉參橫夜向闌	북두성 돌고 삼성 비껴 밤 다 되어가니,
曲終歌闋酒瓓珊	곡조 다되고 노래 끝나니 술자리도 흐지부지.
相思此後惟憑夢	그리운 마음 이 이후로 오직 꿈에만 의존하리니,

不耐同垂別淚澘

함께 이별의 눈물
줄줄 흘림 견디지 못하리.

酒杯誰道寬心物

술잔 두고 누가 말하였는가?
마음 너그럽게 해주는 것이라고,

離思撩人覺兩迷

이별의 생각 사람 움직여
깨니 둘 다 흐릿하네.

忽憶明朝離別處

별안간 내일 아침
이별할 곳 생각하니,

海州西是鄭州西

해주의 서쪽이
바로 정주의 서쪽이라네.

回鞭季子行當見

말 돌리어 돌아가는 막내 아우는
가면 보게 될 텐데,

苦憶情懷不語同

괴로운 추억과 정다운 마음
함께 이야기할 수 없네.

舊約逍遙在何日

옛날 마음껏 놀자던 약속
어느 날이 될 것인가?

相望落落各西東

서로 바라보나 외롭고 외로이
각각 서쪽과 동쪽에 있게 되리.

162. 路上次士推韻[1]_時赴丹陽

길에서 사추가 지은 시의 각운자를 써서 짓다_ 당시 단양으로 부임하였다

曠野山銜月[2] 광 야 산 함 월	넓은 들판에는 산이 달 머금고 있고,
長途馬蹶泥 장 도 마 궐 니	먼 길에 말 진흙에 넘어졌네.
渡江回我首 도 강 회 아 수	강 건너며 내 머리 돌려보니,
京闕意都迷 경 궐 의 도 미	서울의 궁궐 생각하나 도무지 아득하다네.

1 | 윤사추(尹士推) : 타괴(打乖) 윤인서(尹仁恕: 생몰년 미상)의 자. 《내집》 권1의 139번 시에 보인다. 48세 때 지은 작품이다.

2 | 산함월(山銜月) : 당나라 이백(李白)의 〈하씨네 열두째와 악양루에 오르다(與夏十二登岳陽樓)〉 「기러기는 근심스런 마음 끌고 가고, 산은 좋은 달 머금고 오네.」(鴈引愁心去, 山銜好月來)

163. 次二樂樓韻[1]_戊申

이요루 시의 각운자를 써서 짓다_무신년(1548)

大水雄呑小水流
대 수 웅 탄 소 수 류

큰 물 씩씩하게
작은 물의 흐름 삼키고,

四山嵐翠撲紅樓
사 산 람 취 박 홍 루

사방 산의 푸른 이내
붉은 누대 치네.

風生絶塵涼虛簟
풍 생 절 진 량 허 점

바람 세속 초월한 곳에 이니
빈 대자리 서늘하고,

雨罷歸雲豁遠洲
우 파 귀 운 활 원 주

비 그쳐 구름 돌아가니
먼 모래섬 훤하다네.

坐久不知簷日側
좌 구 부 지 첨 일 측

오래 앉아 있는데 처마의 해
기욺 알지 못하겠고,

吟餘更覺洞天幽
음 여 갱 각 동 천 유

읊조리던 끝에 다시
신선세계 그윽함 깨닫네.

舊聞動靜皆天理
구 문 동 정 개 천 리

옛날에 듣자하니 움직임과 고요함
모두 하늘의 이치라 하였나니,

1 | 단양군 서쪽 단구협(丹丘峽)에 있던 누대. 김일손(金馹孫)이 지은 기문이 있으며, 기문에 의하면 편액의 글씨는 안평대군(安平大君)이 썼다고 한다. 이 시를 지은 연대와 《내집》 권42 〈단양의 산수 가운데 유람할 만한 곳에 대하여 이어 씀(丹陽山水可遊者續記)〉로 보면 퇴계가 단양군수로 있을 때 지은 것이다.

莫遣胸中著許愁
막 견 흉 중 저 허 수

가슴 속의 얼마쯤의 근심이라도
달라붙게 하지 말게 하였으면.

【원운시】

김내문(金乃文)[2]

洞府深深抱碧流

신선세계 깊고 깊어
푸른 흐름에 안겼는데,

峽中還見起高樓

골짜기 가운데 또
높은 누각 솟음 보이네.

峯巒縹渺環三島

산봉우리 아득하게
삼신산(三神山) 두르고,

笙鶴依俙下十洲

피리 학은 어렴풋이
십주로 내려온다네.

水落溪灣漁店少

물 시내 구비에 떨어지는데
생선 가게 적고,

雲生谷口石林幽

구름이 골짜기 어귀에 나니
돌 숲 그윽하다네.

深秋留滯江南客

깊은 가을에 머물러
지체하는 강남의 나그네,

盡向今朝洗舊愁

오늘 아침에야 묵은
근심을 다 씻노라.

2 | 원운시는 《신증동국여지승람》 권14에 수록되어 있으며, 번역은 그 책의 국역본을 참고하여 약간 고쳤다.

164. 寄贈李季眞之燕[1]

이계진이 연경에 감에 부쳐드리다

侵撓可驗堅貞在
침 요 가 험 견 정 재

침탈 당해봐야
굳고 곧음 징험할 수 있으니,

乖隔猶能臭味同[2]
괴 격 유 능 취 미 동

떨어져 있어도 오히려
취미 함께할 수 있다네.

萬里迢迢槎上漢[3]
만 리 초 초 사 상 한

만 리 아득히 뗏목
은하수에 오르는데,

歸來不必問嚴公[4]
귀 래 불 필 문 엄 공

무사하게 돌아올 때 엄군평에게
물을 필요 없다네.

1 | 이계진(李季眞) : 이 시를 권오봉과 정석태는 모두 48세 때 지은 것으로 편년하고, 권오봉은 여기 나오는 이계진을 중국에 가서 종계변무사건을 해결하고 온 이후백(李後白: 1520~1578)으로 보고 있으나, 그의 문집인 《청련집(靑蓮集)》의 한국고전DB의 해제를 보면 그가 중국에 간 것은 퇴계 사후인 1573년이기 때문에 연대가 맞지 않는다. 어떤 딴 사람인지 알 수가 없다.

2 | 취미(臭味) : 기미(氣味), 곧 향기라는 뜻이다. 지취(志趣)를 비유하는 말로 쓰인다.

3 | 사상한(槎上漢) : 사신으로 갈 때 이런 표현을 많이 쓴다. 위 130번 시의 주 17)을 참조하라.

4 | 엄공(嚴公) : 한나라 때의 점쟁이 엄준을 말한다. 진나라 황보밀(皇甫謐)의 《뜻이 높은 선비들의 전기·엄준(高士傳·嚴遵)》「(前漢의) 엄준은 자가 군평이며 촉땅 사람이다. 숨어 살면서 벼슬을 하지 않고 늘 성도의 저자거리에서 점을 쳐주며 먹고 살았는데, 하루에 백 전만 벌면 점치는 것을 그만 두고 가게의 문을 닫고 발을 내리고서는 책을 짓는 것을 일삼았다.」(嚴遵字君平, 蜀人也. 隱居不仕, 常賣卜于成都市. 日得百錢以自給, 卜訖則閉肆下簾以著書爲事)

165~167. 秋日書懷[1]

가을날 속마음을 쓰다

165

我是山中拙滯蹤 아 시 산 중 졸 체 종	나는 산 속에서 졸렬하게 발자취 머물게 하고자 하였는데,
如今百計墮虛空[2] 여 금 백 계 타 허 공	지금 모든 계책 허공으로 떨어졌다네.
求醫浪試千方驗 구 의 랑 시 천 방 험	의원 찾아 공연히 천 가지 효험 시험하여 보았다네.
作吏難酬一寸功[3] 작 리 난 수 일 촌 공	관리 되니 한 치의 공부 하여내기 어렵다네.
鴈引愁心天共遠[4] 안 인 수 심 천 공 원	기러기 근심스런 마음 끄니 하늘과 함께 멀고,

1 | 역시 48세 때 지은 것이다. 특히 9월에 휴가를 받고 고향으로 돌아오기 전에 지은 것으로 보인다. 《연표 I》 612쪽.

2 | 백계타허공(百計墮虛空) : 송나라 진여의(陳與義)의 〈악문경의 북원이라는 시의 각운자를 써서 짓다(次韻樂文卿北園)〉 「옛 동산으로 돌아가려던 계책 허공으로 떨어지니, 우짖는 새 마음 놀라게 함 곳곳에서 같다네.」(故園歸計墮虛空, 啼鳥驚心處處同)

3 | 일촌(一寸) : 일촌심(一寸心), 곧 마음을 말한다. 당나라 두보의 〈정부마의 별장에서 정광문을 즐겁게 만나 함께 마시다(鄭駙馬池臺, 喜遇鄭廣文, 同飮)〉 「백발 천 가닥 눈 같고, 한 치 붉은 마음 재 되었네.」(白髮千莖雪, 丹心一寸灰)

4 | 안인수심(鴈引愁心) : 위 162번 시의 주 2) 산함월(山銜月)을 보라.
천공원(天共遠) : 당나라 두보의 〈장강과 한수(江漢)〉 「조각구름은 하늘과 함께 멀고, 긴긴 밤 달과 함께 외롭네.」(片雲天共遠, 永夜月同孤)

風牽歸思水無窮 풍 견 귀 사 수 무 궁	바람 돌아갈 생각 당기나 물은 끝이 없다니.
重陽屈指催家釀 중 양 굴 지 최 가 양	중양절에 손가락 꼽으며 집에서 술 빚기 재촉하니,
莫負煌煌滿鈿叢[5] 막 부 황 황 만 전 총	번쩍번쩍 가득한 국화더미 저버리지 말게나.

166

荏苒年光劇駟馳 임 염 연 광 극 사 치	시나브로 세월 사두마차 달리듯 빨라져,
秋來先覺鬢霜欺 추 래 선 각 빈 상 기	가을 되니 먼저 귀밑머리 완전 서리처럼 느껴지네.
早知得鹿非眞境[6] 조 지 득 록 비 진 경	일찌감치 사슴 잡음 참된 경지 아님 알았고,

5 | 만전총(滿鈿叢) : 전은 황금빛 비녀 장식인데, 가을의 노란 국화를 이렇게 표현한다. 전총은 곧 국화 더미라는 뜻이다. 진나라 도연명이 중양절에 술을 빚으려고 집 울타리의 국화를 딴 적이 있다.

6 | 득록비진경(得鹿非眞境) : 《열자·주목왕(周穆王)》「정나라에 들에서 나무를 하던 사람이 있었는데 놀란 사슴을 만나 몰아서 때려잡아 죽였다. 남이 그것을 볼까 걱정하여 엉겁결에 구덩이 속에 숨겨놓고 덤불로 덮었다. 그 기쁨을 이기지 못하였는데 잠깐 만에 그 숨겨놓은 곳을 잃어버렸다. 마침내 꿈을 꾸었다고 생각하였다.」(鄭人有薪於野者, 遇駭鹿, 御而擊之, 斃之. 恐人見之也, 遽而藏諸隍中, 覆之以蕉, 不勝其喜. 俄而遺其所藏之處, 遂以爲夢焉) 이로 인해 사슴을 얻었다는 말은 나중에 허황된 인간세상의 부귀를 가리키는 말로 쓰이게 되었다.

寧信亡羊有衆歧[7] 영 신 망 양 유 중 기	양 잃음에 여러 갈래 길 있음이야 어찌 믿겠는가?
菊院亂蛩風勃窣 국 원 란 공 풍 발 솔	국화 핀 뜰에 귀뚜라미 어지럽고 바람 살랑살랑 이는데,
梧林翻鵲月參差 오 림 번 작 월 참 치	오동나무 숲에 까치 뒤치니 달 들쭉날쭉 하네.
平生自哂詞郊苦[8] 평 생 자 신 사 교 고	평소에 글 지음 맹교 괴롭다 스스로 비웃었는데,
此日人驚貌沈羸 차 일 인 경 모 침 리	이날 사람들 내 모습 매우 파리해졌다 놀란다네.

7 | 망양유중기(亡羊有衆歧) : 다기망양(多岐亡羊)을 말한다. 《열자·부절을 논함(說符)》「양자(곧 楊朱)의 이웃에 사는 사람이 양을 잃어버렸는데 온 일가를 다 모아놓고 또 양자의 아이종에게도 함께 쫓아갈 것을 청하였다. 양자가 말했다. 『히야! 양 한 마리를 잃어버렸는데 어찌하여 쫓는 사람이 이다지도 많은가?』 그러자 이웃 사람이 말했다. 『갈림길이 많아서입니다.』 돌아옴에 물었다. 『양은 찾았는가?』 『잃어버렸습니다.』 『어쩌다 잃어버렸는가?』 『갈림길 속에 또 갈림길이 있어서 제가 그 간 곳을 몰라 돌아오는 길입니다.』 심도자가 말했다. 큰 길에 갈래가 많아서 양을 잃는다면 배우는 자들은 방법이 많으면 방향을 잃는다.」(楊子之隣人亡羊, 旣率其黨, 又請楊子之豎追之. 楊子曰, 嘻, 亡一羊何追者衆. 隣人曰, 多岐路. 旣反, 問, 獲羊乎. 曰, 亡之矣. 曰, 奚亡之. 曰, 岐路之中, 又有岐焉, 吾不知所之, 所以反也. 心都子曰, 大道以多岐亡羊, 後者以多方喪生) 곧 갈림길에 서서 망설이다가 아무런 성취도 없음을 비유하는 말로 쓰인다.

8 | 사교고(詞郊苦) : 송나라 호자(胡仔)의 《초계어은총화(苕溪漁隱叢話)》 후집 권10 「(당나라) 맹교는 생각을 괴롭게 하면서 말하기를 『위장이 눌리어 달이고 볶는 것 같다.』고 하였다.」(孟郊苦思則曰, 腸肚鎮煎熠)

167

可憐病後人岑寂 가 련 병 후 인 잠 적	가련토다, 병든 후에 사람 쓸쓸해져서,
粗識年來事嶮巇[9] 조 식 년 래 사 험 희	대략이나마 근년에 세상일 험난함 알았다네.
種竹當軒塵已淨 종 죽 당 헌 진 이 정	대나무 헌함 앞에 심으니 먼지 이미 깨끗해졌고,
栽蔬替肉口堪資 재 소 체 육 구 감 자	푸성귀 심어 고기 대신하니 입에 딱 맞네.
幽花晩節空多思 유 화 만 절 공 다 사	그윽한 꽃 늦은 철에 공연히 생각 많게 하고,
獨鳥寒栖亦不欺 독 조 한 서 역 불 기	외로운 새 차가운 둥지 또한 속이지 않는다네.
昨夜燈前作鄕信 작 야 등 전 작 향 신	어젯밤 등불 앞에서 고향에 보내는 편지 썼는데,
爲言收拾□兒童[10] 위 언 수 습 □ 아 동	아이들에게 □ 수습하라 말해주었다네.

9 | 사험희(事嶮巇) : 당나라 진도옥(秦韜玉)의 〈낚시하는 늙은이(釣翁)〉「세상에는 험난한 일 끝도 없으니, 계산해보면 낚싯배에 들어오기 어려우리.」(世上無窮嶮巇事, 算應難入釣船來)

10 | 아동(兒童) : 《고증》「운(韻)이 맞지 않는다. 마땅히 어떤 글자로 고쳐야 한다.」(韻不叶, 當乙)

168. 挽權貳相_冲齋[1]

권찬성님을 애도하다_충재

戇直寧容智巧營[2] 당 직 영 용 지 교 영	우직하고 강직함 어찌 잔꾀와 속임수로 영위함 용납하셨으리,
此心要不負平生 차 심 요 불 부 평 생	이 마음 평생토록 저버리지 않을 것을 요구하셨네.
惟傷戴德危機迫[3] 유 상 대 덕 위 기 박	오직 덕 이고서도 위기 닥침 마음 아파하셨지,
豈料連兇巨禍嬰 기 료 연 흉 거 화 영	흉사 이어지고 큰 화에 걸릴 줄 어찌 생각하셨으리.

1 | 충재(冲齋) : 권벌(權橃: 1478~1548)의 호. 권벌에 대해서는 《내집》 권4 1번 시의 주 1)을 보라. 권충재는 1548년(퇴계 48세) 3월 26일에 삭주(朔州)의 유배지에서 별세하였으며 5월에 고향인 봉화로 반구한 뒤 11월 1일에 장사지낸 것으로 되어 있다. 장사를 지내기 전에 이 만사를 보냈을 것이므로, 이 만사는 10월 경에 지은 것으로 추정된다. 《연표Ⅰ》 615쪽 참조.

2 | 지교(智巧) : 잔꾀와 속임수. 《한비자·양권(揚權)》 「성인의 도는 잔꾀와 속임수를 없애야 하는 것이니 잔꾀와 속임수를 없애지 않으면 법도로 삼기 어렵다.」(聖人之道, 去智與巧, 智巧不去, 難以為常)

3 | 대덕위기박(戴德危機迫) : 《고증》 「상세하지 않다.」(未詳)

故里放歸方念咎[4]
고 리 방 귀 방 념 구

고향으로 쫓겨나 돌아가
바야흐로 허물 생각하셨고,

窮邊謫去竟含情[5]
궁 변 적 거 경 함 정

궁벽한 변경으로 귀양 떠났다가
끝내 억울한 정 머금게 되셨다네.

病中垂涕緣何事
병 중 수 체 연 하 사

내 병중에 눈물 떨굼
무슨 일 때문인가?

觀過知仁恐未明[6]
관 과 지 인 공 미 명

잘못 살피어 인 앎
아마 밝지 못할 듯함일세.

4 | 고리방귀(故里放歸) : 권벌은 중종 19년(1519년) 11월 기묘사화에 연루되어 파직당하여 귀향하였으며, 이후 15년간 고향에서 지냈다.

5 | 궁변적거(窮邊謫去) : 명종 2년(1547) 양재역 벽서 사건에 연루되어 귀양 간 것을 말한다. 처음에는 구례로 유배지가 결정되었으나, 곧 이어 태천(泰川)으로 바뀌었으며, 다시 삭주에 이배(移配)되었다.

6 | 관과지인(觀過知仁) : 《논어·마을에 인덕이(里仁)》「공자께서 말씀하셨다. 『사람의 과실은 각기 그 유(類)대로 하는 것이니 그 사람의 과실을 보면 그 사람의 인을 알 수 있다.』」(子曰, 人之過也, 各於其黨. 觀過, 斯知仁矣)

찾아보기

ㅁ

ㅂ

ㅎ

지은이

이 황 (李滉, 1501~1570)

호는 퇴계退溪, 시호는 문순文純으로 경상북도 예안에서 출생했다. 서른네 살에 문과에 급제하여 대사성, 부제학, 우찬성, 양관대제학 등의 벼슬을 지냈고, 도산서당陶山書堂을 통해 학문 연구와 후진 양성에 힘썼다. 기대승과 8년간의 서신 왕래로 인간의 심성과 선악에 대해 펼친 사칠논변四七論辯은 유성룡, 김성일, 정구 등에게 계승되어 영남학파를 이뤘고, 이이李珥를 중심으로 한 기호학파와 대립하며 조선 성리학의 발전에 크게 공헌했다. 저서로는 〈자성록自省錄〉을 비롯하여 16종의 시문집을 묶은 〈퇴계전서退溪全書〉, 〈주자서절요朱子書節要〉, 〈도산십이곡陶山十二曲〉등이 있다.

옮긴이

이장우 (李章佑 : 1939~)

경북 영해에서 태어나 서울대학교 중어중문학과를 졸업하고, 국립대만대학에서 석사, 서울대학교에서 박사학위를 취득하였다. 중국의 국립중앙연구원, 프랑스 파리 제7대학, 미국 스탠포드대학과 하바드대학 등지에서 연구와 강의를 하였으며 현재 영남대학교 중국언어문화학부 명예교수, 사단법인 영남중국어문학회 이사장, 동양고전연구소 소장으로 있다.

주요 역저로 『한유 시 이야기』(1988), 『중국문화통론』(1993), 『중국문학을 찾아서』(1994), 『중국시학』(1994), 『중국의 문학이론』(1994), 『고문진보 전·후집』(공역, 2001, 2003) 외 다수가 있다.

jangwu@yumail.ac.kr

장세후 (張世厚)

경북 상주에서 태어나 영남대학교 중어중문학과를 졸업하고, 같은 대학 대학원에서 석사학위와 박사학위(《주희 시 연구》)를 취득하였다. 영남대학교 겸임교수와 경북대학교 연구초빙교수를 거쳐 지금은 경북대학교 퇴계연구소의 전임연구원으로 재직하고 있다. 2003년 대구매일신문에서 선정한 대구·경북지역 인문사회 분야의 뉴리더 10인에 포함된 바 있다.

저서로는 《이미지로 읽는 한자》(연암서가, 2015), 《이미지로 읽는 한자 2》(연암서가, 2016)가 있고, 역서로는 《한학 연구의 길잡이(古籍導讀)》(이회문화사, 1998), 《초당시(初唐詩The Poetry of the Early T'ang)》(Stephen Owen, 中文出版社, 2000), 《퇴계 시 풀이·1~6》(이장우 공역, 영남대학교 출판부, 2006~2011), 《고문진보·전집》(황견 편, 공역, 을유문화사, 2001), 《퇴계잡영》(공역, 연암서가, 2009), 《唐宋八大家文抄·蘇洵》(공역, 전통문화연구회, 2012), 《춘추좌전 상·중·하》(을유문화사, 2012~2013), 《도산잡영》(공역, 연암서가, 2013), 《주자시 100선》(연암서가, 2013), 《국역 송계선생문집(竦溪先生文集)》(공역, 보고사, 2015), 《사기·열전 상·중·하》(연암서가, 2016), 《주희 시 역주·1~5》(영남대학교 출판부, 2017~2018) 등이 있다.